法律制裁中的赔偿理论研究

向朝霞 著

知识产权出版社
全国百佳图书出版单位

图书在版编目(CIP)数据

法律制裁中的赔偿理论研究/ 向朝霞著. —北京：知识产权出版社，2016.4
ISBN 978 – 7 – 5130 – 4134 – 8

Ⅰ. ①法… Ⅱ. ①向… Ⅲ. ①法律制裁—赔偿—研究 Ⅳ. ①D913.04

中国版本图书馆 CIP 数据核字(2016)第 069337 号

内容简介

本书面对法律制裁的后果由传统的封闭性转向开放性趋势，提出运用赔偿范式应对法律制裁后果的不可预测性。基于此，以赔偿为主线，通过探讨法律制裁的正当性与赔偿的关系，论证赔偿的正当性；法律制裁的基础与赔偿的关系，论证赔偿的适应性；法律制裁的变迁与赔偿的关系，论证赔偿的人道性；我国法律制裁体系与赔偿的关系，论证赔偿的现实性；最终得出赔偿可以作为一种更可行和更道德的法律制裁范式这一命题。

责任编辑：王　辉　　　　　　　责任出版：刘译文

法律制裁中的赔偿理论研究
FALÜZHICAIZHONG DE PEICHANG LILUN YANJIU

向朝霞　著

出版发行：知识产权出版社有限责任公司		网　址：http://www.ipph.cn	
电　话：010 – 82004826		http://www.laichushu.com	
社　址：北京市海淀区西外太平庄 55 号		邮　编：100081	
责编电话：010 – 82000860 转 8381		责编邮箱：wanghui@cnipr.com	
发行电话：010 – 82000860 转 8101/8029		发行传真：010 – 82000893/82003279	
印　刷：北京科信印刷有限公司		经　销：新华书店及相关销售网点	
开　本：720 mm × 1000 mm　1/16		印　张：12.5	
版　次：2016 年 4 月第 1 版		印　次：2016 年 4 月第 1 次印刷	
字　数：225 千字		定　价：42.00 元	
ISBN 978 – 7 – 5130 – 4134 – 8			

出版权专有　侵权必究
如有印装质量问题，本社负责调换。

摘　要

在我国现代法律制裁的理念中，犯罪被认为是侵害了国家利益，当事人之间不能用赔偿的方式"私了"；民事制裁主要是补偿性的，一般也不允许惩罚性的赔偿。由于现代法律制裁理念的影响，导致了受害人和社会其他人的利益被忽视。在当今风险社会，案件的后果和法律制裁的后果由传统的封闭性转向了开放性。即由以前后果的可控制性转向了后果的不可预测性。赔偿作为一种新的制裁范式既可以很好地兼顾受害人、行为人和社会其他人等各方利益，又可以很好地适应法律制裁后果的开放性问题。

然而法律制裁体系并没有给予赔偿作为一种惩罚方式更多的发展空间，没有真正地释放出赔偿作为一种惩罚方式的优越性，而更多地看到了赔偿诸多不足，表现出对赔偿的悲观态度。本书带着一种乐观的心态，认为赔偿是未来一种重要的惩罚方式，并运用规范分析和能动的实用主义的进路挖掘出赔偿的一系列积极因素，来论证赔偿比报应、威慑和修复更具有正当性，更具有广泛的覆盖性。因此，应该抛弃对赔偿的偏见，理解赔偿在生活中解决纠纷的意义。

本研究以赔偿为主线，探讨赔偿的积极因素以此说服人们接受赔偿作为重要的惩罚方式。这个目的并不仅仅是一种乐观态度，而且有着理论和现实的支撑。对这一主题的阐述共分七部分，由绪论和六个章节组成，其主要内容可以概括为四个方面。

赔偿具有正当性。报应、威慑和传统修复作为惩罚正当性原理，都有其优点和缺陷，都不具有完全的覆盖性。而赔偿向后看，兼具了报应的一面；赔偿涉及了不利后果，不仅强调了补偿性，还强调了惩罚性赔偿，因而也具有威慑一面；赔偿兼具对受害人和犯罪人的双重修复，赔偿主要以受害人为中心，补偿或赔偿了受害人的损失，达到修复受害人损失之目的。也即是说，赔偿兼具了报应、威慑和传统修复的各自优点，比后三者有着更广泛的覆盖性。但基于中国的国情以及赔偿本身的不足，本研究并不认为赔偿完全取代报应、威慑和修复作为唯一的惩罚正当性原理基础，而是主张融合了赔偿、报应、威慑和修复的综合论。

赔偿具有适应性。报应与责任有着密切的联系，责任是报应的一个重要条件。威慑和修复并不是绝对的否定责任，它们也认真地对待责任，只是责任不是它们的重要条件。赔偿也是向后看,因此赔偿也与责任有着密切的联系。通过分析凯恩责任的人际性理论和诺里责任的关联性理论,由此推出赔偿也具有人际性和关联性。赔偿的人际性要求,在赔偿条件下,以受害人为中心,同时兼顾行为人和社会其他人,在这种情形下才真正地把受害人、犯罪人和共同体三者利益都兼顾起来。赔偿的关联性要求把行为人的行为与社会情境或社会背景联系起来,赔偿的额度有时会基于社会情境或背景而变化。赔偿具有人际性和关联性,比报应、威慑和传统修复更好地适应社会的各种情形。

赔偿具有人道性。由严酷的肉刑和死刑转向监禁的自由刑,被认为是刑事制裁的轻缓化或人道化的表现。由监禁刑向保安处分、社区矫正等转变,这种转变也被认为是刑罚轻缓化或人道化的表现。但按照福柯理论,这些转变都不过是权力策略使用得更隐蔽和更有效,其惩罚的本质没有改变,即规训和社会控制。只有赔偿才真正地实现了刑事制裁的轻缓化或人道化。因为在赔偿理论下,对于受害人而言,其损害得到充分补偿;对于加害人而言,当其给予受害人充分补偿后,国家不得再进一步地给予惩罚;只有在案件涉及了国家和社会其他人的利益时国家才可以施以补偿以外的惩罚。赔偿理论限定了国家权力介入惩罚的条件,给予当事人双方自由选择的权利。也就是说只有在赔偿理论下,人成为"主体"而不是"客体",这时赔偿作为刑事制裁范式才真正地实现了轻缓化或人道化。

赔偿的现实性。组织性是赔偿兴起的一个重要因素。在过去组织性表现为家族或家庭,现在表现为集体或单位,故中国社会长期存在并且更容易以赔偿方式解决纠纷。就中国法律制裁体系与赔偿的关系而言,现状正好吻合本书采取的报应、威慑、修复和赔偿的综合论。

通过上述四个方面的分析,本研究最终得出结论:赔偿可以作为一种更可行和更道德的法律制裁范式,特别是赔偿可以替代或部分替代刑罚,因此赔偿成为一种刑事制裁的新范式。赔偿作为一种更可行和更道德的惩罚范式,不仅仅表明了一种乐观的心态和信念,它还具有充分理由。

序

朝霞是我指导的首届博士研究生,亦算是我的博士开门弟子,其博士论文要公开出版,嘱我作序,虽杂务缠身,亦乐于勉力为之。

作为赔偿的法律制裁方式在目前我国法律制裁方式中占有重要地位,但在学界却很少有学者专门对赔偿理论进行深入的研究。C.赖斯·米尔斯曾说:"我们的时代是焦虑与淡漠的时代,但尚未以合适方式表述明确,以使理性和感受力发挥作用。"而法律制裁中的赔偿,正是解决我们时代所表现出焦虑或淡漠态度,使理性和感受力发挥作用的良方。例如,在"许霆案"中,法律制裁的方式好几种,为什么单单适用刑事制裁?法律制裁中的赔偿方式为什么不能作为制裁的选项?而在社会经济高速发展的今天,我们能否摈弃对赔偿作为一种制裁方式的偏见,选择一种乐观的心态,使其弥补报应主义、威慑主义、修复主义等法律制裁方式的不足?

在第一章"律法制裁相关问题"中,作者首先阐述了法律制裁在本体论中的地位演变,指出奥斯丁和凯尔森在其理论中阐明制裁是法律概念的核心部分。自近代以来,法律制裁由散见于各种哲学、政治和法律的理论中变成为法律的构成要素,并影响很多国家的立法。而奥斯丁和凯尔森的理论,把法律制裁上升到法律概念的要素。其次阐述了法律制裁与责任的关系问题,法律制裁正当性的原理主要包括报应主义、威慑主义及修复主义。作者认为就法律制裁而言,威慑主义强调了预防,修复主义强调了治疗,甚至在侵权法领域,强调了救济,但都淡化了惩罚。那么这是否意味着惩罚与责任在未来发展中的消灭呢?通过对法律制裁的基础原理进行论述,作者关注了惩罚在法律制裁中的"奖赏"作用,进而提出了自己的观点:"我们对惩罚的关注远远地超过了对奖赏的关注,以至于我们忽视甚至怀疑奖赏还是一种制裁方式。"

在第二章"法律制裁的正当性与赔偿理论的兴起"中,作者分别对报应主义、威慑主义、修复主义进行分析,指出报应、威慑和修复作为惩罚正当性原理基础各自存在不足之处,提出赔偿可以作为惩罚正当性原理基础比其他三个更具有优势。第一,报应主义主要包括三个要素:应得、责任和公平。这三个要素可以很好地论证国家对违法者的惩罚在道德上是允许的,也是正当的。但从今天的刑事政策观点来看,仍有其缺陷存在。一是其思想过于僵化;二是其思想显得消极;三是其强调个人自治,而忽视其他社会因素的影响。因此,报应主义有其合理的部分,也有其不合理的部分,作为一个国家惩罚正当性的原理基础不完全具有充分理由。第二,威慑主义与报应不同,它不关注犯罪人行为的本质,也不关注受害人和其他人的满足,相反,它关注犯罪行为再犯的可能性。威慑主义的不足在于:其一,在威慑主义下,法律可以惩罚一个无辜者或者放纵有罪者。其二,在威慑主义下,把人作为一个工具,合理的侵犯人权。其三,忽视人的主体性。其四,惩罚的不合比例。因此,威慑主义作为惩罚的正当性基础原理是不充分的。第三,修复主义其实质是改造论。改造论是为了少数人的善,主要是违法者的善。具体来说,把违法者视为弱者,强调对违法者要仁慈。但无论是偏向于犯罪人的修复主义还是以受害人为中心的修复主义,又都有两个共同的不足:一是威慑性不足;二是不具有充分的责备性。因而,修复主义作为国家惩罚正当性的原理基础不具有充分理由。

在对报应主义、威慑主义、修复主义的不足之处进行分析后,作者提出了弥补性方案,即赔偿理论。"有一种惩罚方式,即融合了报应、威慑和修复的惩罚方式作为一个国家惩罚制度正当性基础原理,这个方式就是赔偿。综合上述四种赔偿理论,赔偿理论优于报应、威慑和修复作为惩罚的正当性基础的原因有以下几个方面:第一,赔偿理论强调关注受害人的利益。第二,赔偿理论强调了自决原则。第三,赔偿理论增加了人类福利。第四,在一定程度上,赔偿融合了报应、威慑和修复的一些优势。"

在第三章"法律制裁的基础与赔偿"中,作者关注了法律制裁的基础——责任,并分析了法律制裁中人际性、相关性与赔偿的关系。认为"责任也是赔偿的一个重要条件,赔偿很好地兼顾了法律制裁的人际性和关联性"。法律制裁同时关注行为人、受害人和共同体,关注行为人与社会情境之间的关联关系。赔偿是法律制裁正当性的一种形式,从逻辑上,赔偿也应该具有人际性和关联性。赔偿的人际性解释了因关注受害人的利益,所以要对受害人的损害给予赔偿,又因要关注加害人的权利保障,所以对加害人不得在赔偿后再给予惩罚。赔偿的关联性要求把行为人的行为与社会情境或社会背景联系起来,赔偿的额度有时会基于社会情境或背景而变化。

在第四章"法律制裁的变迁与赔偿"中,作者分析了刑事制裁与民事制裁变迁的两种趋势。首先,刑事制裁的变迁趋向轻缓化。"赔偿一定程度是一种对人的解放,也在一定的程度上意味着惩罚本质的改变,也就是说,在刑事法律中赔偿的复兴,才真正地使得刑事制裁人道化或轻缓化成为现实"。同时,作者关注了我国"赔偿减刑"现象,认为"赔偿减刑"是我国刑事制裁轻缓化的表现,体现了报应、威慑、修复的综合,但并没有真正的体现"赔偿作为惩罚的正当性原理"。其次,民事制裁的变迁趋向严厉化。作者关注了我国惩罚性赔偿现象,提出"民事制裁在以前只是补充性赔偿,现在转向惩罚性赔偿,即民事制裁出现了严厉化的趋势"。最后,作者阐述了自己的观点:不管是刑事制裁的变迁还是民事制裁的变迁最后都指向了赔偿方式。因此,赔偿方式是法律制裁的变迁的必然性结果。赔偿集合了报应、威慑和修复三者的功能,面对需要用惩罚性赔偿解决的问题,在目前来说,没有其他方式可以比这种方式更好。

在第五章"当代中国法律制裁体系与赔偿"中,作者论述了中国法律制裁的正当性原理基础及其与赔偿的关系。我国法律制裁的正当性原理基础历经了三个阶段,一为"由改造向报应的转变"阶段,二为"报应和威慑的综合"阶段,三为"修复和赔偿"阶段。在法律制裁的正当性原理与赔偿的关系中,作者论证了组织性在赔偿中的作用以及组织性、责任与赔偿三者之间的关系。

目前我国法律制裁体系并没有给予赔偿作为一种惩罚方式更多的发展空间,没有真正的释放出赔偿作为一种惩罚方式的优越性,而更多地看到了赔偿诸多不足:威慑不足、补偿不足和社会谴责不足等,对赔偿表现出悲观的态度。而本书以一种积极和乐观的心态,认为赔偿可以作为一种更可行和更道德的法律制裁范式,特别是赔偿可以替代或部分替代刑罚。赔偿理论的意义有以下方面:一是赔偿理论冲击了我们传统的惩罚方式的共识信念,要求我们打破固有的观念,接受在刑事司法过程中用赔偿的方式解决纠纷。二是赔偿的方式增进了人类福利,促进了人们的优质生活。我们主张一个国家惩罚问题是复杂和多样的,不能用一种方式作为其正当性的原理,而是综合论,即结合了报应、威慑、修复和赔偿的这些要素,才能让我们满意它们作为一个国家惩罚正当性的基本原理。

本书的价值在于探讨人们对赔偿表现出来的焦虑和淡漠态度的原因,并努力消除人们的焦虑和淡漠的态度。学术方面,它结合了我国历史和现实情况,阐述和丰富了法律制裁和赔偿理论,同时扩展了法律制裁正当性原理的范围。实践方面,它突破人们对法律制裁理念的误区,指出法律制裁未来发展趋势进而指导我们未来的行为。其目的在于告诉人们赔偿比报应、威慑和修复更具有正当性,我们要抛弃对赔偿的偏见,接受赔偿在生活中存在的意义,虽然赔偿存在这样或那样的不足,但是迈出对赔偿接受的第一步,意义重大。

罗洪洋
2016 年 2 月

目 录

绪论 ··· 1
  一、研究的缘起与意义 ··· 1
  二、国内外有关本题研究的动态 ·· 6
  三、研究途径与研究方法 ··· 13
  四、本研究的结构安排 ··· 15

第一章 法律制裁相关问题 ·· 18
第一节 法律制裁的界定 ·· 18
第二节 法律制裁在本体论中的地位演变 ······················ 22
  一、制裁作为法律概念的核心：奥斯丁和凯尔森的理论模型 ······ 23
  二、制裁被排除法律概念之外：哈特的理论模型 ······················ 29
  三、法律强制力观念的弱化 ·· 32
第三节 法律制裁的原理基础 ·· 37
  一、国家制裁（惩罚）制度的原理基础问题 ····························· 37
  二、法律制裁正当性的原理基础：报应、威慑、修复及其他 ······· 38
  三、我国法律制裁正当性的原理基础 ····································· 43
第四节 法律制裁与责任的关系问题 ····························· 45
  一、制裁与责任的消灭 ·· 46
  二、责任作为法律制裁的必要条件 ······································· 49
  三、责任与制裁的关系在我国的现状 ··································· 51

第二章 法律制裁的正当性与赔偿理论的兴起 ············· 55
第一节 报应主义的正当性 ·· 55
  一、基于应得的报应主义 ··· 55
  二、基于责任的报应主义 ··· 57
  三、基于公平的报应主义 ··· 58

四、对报应主义的批判 ································ 60
　第二节　威慑主义的正当性 ································ 62
　　一、功利主义的基本原理 ································ 62
　　二、威慑理论 ·· 63
　　三、对威慑主义的批判 ································ 66
　第三节　修复主义的正当性 ································ 68
　　一、对违法者有利的修复主义：两种修复模型 ············· 68
　　二、转向受害人的修复主义 ···························· 69
　　三、对修复主义的批判 ································ 70
　第四节　赔偿的正当性——赔偿理论的兴起 ················· 72
　　一、赔偿的概念 ······································ 73
　　二、赔偿理论 ·· 74
　　三、赔偿的正当性——与报应、威慑和修复的正当性之比较 ··· 81
　　四、几个反对赔偿的观点 ······························ 84
　　五、对赔偿理论的评析 ································ 86

第三章　法律制裁的基础与赔偿 ···························· 88
　第一节　法律制裁的基础 ································· 88
　　一、责任的含义 ······································ 88
　　二、责任的种类 ······································ 90
　　三、法律责任的人际性和关联性 ······················· 93
　第二节　法律制裁对责任的影响 ···························· 99
　　一、通过法律制裁更好理解责任 ······················· 99
　　二、法律制裁促进责任 ······························· 101
　第三节　法律制裁的人际性、关联性与赔偿 ················· 107
　　一、法律制裁的人际性和关联性 ······················· 107
　　二、法律责任是赔偿的基础 ··························· 109
　　三、赔偿的人际性和关联性 ··························· 111

第四章　法律制裁的变迁与赔偿 ···························· 115
　第一节　法律制裁的原初形式及其发展 ····················· 115
　　一、初民社会的制裁形式：复仇和赔偿的兴起 ··········· 115
　　二、从复仇、赔偿到报应——赔偿的衰落 ················ 118

    三、赔偿在近代法律制裁中的复兴 …………………………………… 120
  第二节　刑事制裁的变迁与赔偿 ……………………………………………… 123
    一、刑事制裁的变迁 ……………………………………………………… 123
    二、刑事制裁人道化/轻缓化的原因 …………………………………… 127
    三、刑罚与赔偿的关系之实证——以我国的"赔偿减刑"现象
       为例 …………………………………………………………………… 130
  第三节　民事制裁的变迁与赔偿 ……………………………………………… 137
    一、惩罚性赔偿的历史变迁 ……………………………………………… 137
    二、我国惩罚性赔偿现状 ………………………………………………… 142

第五章　当代中国法律制裁体系与赔偿 ………………………………………… 145
  第一节　当代中国法律制裁的正当性原理基础：报应、威慑、
       修复与赔偿 …………………………………………………………… 145
    一、由改造向报应的转变 ………………………………………………… 145
    二、报应和威慑的综合论 ………………………………………………… 146
    三、我国法律制裁体系正当性原理的新发展：修复和赔偿 …………… 149
  第二节　当代中国法律制裁的基础与赔偿 …………………………………… 153
    一、赔偿本身的变量因素：组织性在赔偿中的作用 …………………… 154
    二、赔偿在我国制裁体系中的过去、现在与未来 ……………………… 156
    三、组织性、责任与赔偿 ………………………………………………… 161

第六章　结论 ……………………………………………………………………… 168
  第一节　解释的问题 …………………………………………………………… 168
  第二节　充分理由：赔偿作为一种更可行和更道德的法律制裁范式 … 170
    一、赔偿的正当性 ………………………………………………………… 170
    二、赔偿的适应性 ………………………………………………………… 172
    三、赔偿的必然性和人道性 ……………………………………………… 172

参考文献 …………………………………………………………………………… 174
    一、中文类 ………………………………………………………………… 174
    二、外文文献 ……………………………………………………………… 183

后　记 ……………………………………………………………………………… 185

绪 论

一、研究的缘起与意义

(一)选题的缘起和中心主题

《规训与惩罚——监狱的诞生》一开头就栩栩如生地复述了1757年3月2日对谋刺国王路易十五未遂的罪犯达米安执行五马分尸死刑的实况记录,紧接着的是引用一座监狱在19世纪30年代日常作息的明细表。福柯试图用这样两个特写镜头的鲜明对比来展现法律制裁机制在短短几十年的时间里曾经发生过的历史剧变——从一种基于"制造无法忍受的痛苦"的刑罚转向了一种基于"剥夺权利的经济学"的刑罚;从基于将身体烙印化的惩罚转向了基于规则实行和制度性规制的惩罚。[1]

为什么法律惩罚会发生这样的变化?在惩罚的问题上,涂尔干和福柯都觉察到了近代以来残酷惩罚的衰落,并对从酷刑到监禁的历史变迁做了分析。涂尔干认为从压制性制裁转向恢复性制裁,从酷刑转向监禁,其原因在两个方面:其一是社会分工的结果;其二是集体意识的衰减。福柯认为最根本的动因是经济,即对廉价劳动力的需求及工厂劳动的效益;另外一个主要动因就是权力策略的更新。从涂尔干和福柯对惩罚的变迁的解释来看,涂尔干坚持道德的观点和道德分析思路,而福柯坚持的是政治观点。

在对我国惩罚变迁的分析中,学者们也主要是利用上述两位的思想来解释。但是,在中国现代化转型时期,道德观点和政治观点分析中国的惩罚变迁过程存在诸多不足。在现代语境下,涂尔干关于惩罚的这一道德理论面临着问题和挑战。一方面,涂尔干把道德与所谓集体意识直接联系在一起,这很大程度上在"天理"与"公理"或"公共意见"之间划开了一道裂缝,而这道裂缝恰是所谓"现代性问题"据以产生的主要渊源之所在。另一方面,由于个人自由和权利在现代社会成为主导价值,人的道德情感和所谓集体意识的作用空间实际上有所衰

---

[1] [澳]迈克尔·R 达顿.中国的规制与惩罚——从父权本位到人民本位[M].郝方昉,崔杰,译.北京:清华大学出版社,2009:2.

减,这也为涂尔干的道德理论带来了挑战。从这两个方面看,人的道德在现代社会可谓更趋平面化,而以往那种直通"天理"的道德的立体超验维度则显得越发柔弱,惩罚因此也更容易沦为功利手段和政治工具。❶ 即现代惩罚看上去越来越社会化和政治化。

就福柯的权力策略而言,规制社会的国家权力没有弱化,而是由于规制的经济学变得隐蔽。当社会发生冲突时,国家对冲突控制的行为能力是超强大的,个人在国家面前显得弱小,国家可以以其国家战略来对违反社会规则的行为采取各种不同的规制方式。在我国,国家对违反社会规则的行为控制能力是过度的,但是国家对规制违法者的制裁后果的预知能力是不足的。也就是说国家有能力规制社会,但没有能力预知规制的风险。法律制裁在社会的运作以及它对社会产生的广泛影响,我们今天的法律研究者对此缺乏认识和敏感性。

以发生在广州的"许霆恶意取款案"为例,此案受到媒体、法律人和民众的强烈关注。对许霆案的主要事实并无太大争议,但对适用刑法还是民法产生了巨大的争议。传统的刑法和民法区分,使得法律人形成了根深蒂固的刑事与民事制裁理念,这些理念妨碍了二者的对话和交流。然而在某些具体情况下,实际上民法和刑法的界限并不清晰。

正如哈伯特 L. 哈克认为:"在面对是否要将某种行为犯罪化(如今这种情况出现得很多)或者是否要继续对某种行为适用刑事制裁的问题时,明智的立法者会问自己还有没有什么别的社会控制方式可用。当他这样自问时,他就摸索进了一片为法学冷落已久的领域,即制裁领域。"❷我们知道规范性理论与社会理论之间存在着"应然"和"实然"的差别,规范性理论必然不同于社会理论以及经验研究,同时又不能完全脱离"实然"。如果一个规范性理论与实践脱节很大,却又支配着人们的思维方式,就会造成理论与实践的种种问题。回到许霆案,人们对此案一审判决的不满意正是规范性理论与实践脱节造成的。同时,也反映了国家权力在规制对象的后果上不再是封闭的,而是开放的。正是基于法律制裁后果的开放性,我们不能再仅仅局限于传统的法律制裁理念,而应该建立一种新的法律制裁的理念,或者说在中国进行法律制裁范式的转变,那就是作为赔偿的制裁方式可以很好地面对法律制裁后果的开放性的问题。在"许霆案"中,法律制裁的方式好几种,为什么单单适用刑事制裁?法律制裁中的赔偿方式

---

❶ 胡水君.社会理论中的惩罚:道德过程与权力技术[J].中国法学,2009(2):53.
❷ [美]哈伯特·L 帕克.刑事制裁的界限[M].梁根林,王亚凯,周折,译.北京:法律出版社,2008:247.

为什么不能作为制裁的选项？

在我国司法实践中,存在一些"赔钱减刑"现象。就司法系统而言,获得部分法律人的认同,并认为这种制裁方式有利于社会和谐。但对于广大百姓而言,可能存在很大的争议。我们发现赔偿作为法律制裁的方式在我国广泛存在,大量的运用,但很少有理论对此进行深入探讨,对这种实践中存在的现象我国法律界似乎忽视了。在国外,已经进行深入的探讨,从巴内特的《赔偿:刑事司法中的一种新范式》到大卫·鲍尼因(David Boonin)的一种纯粹的赔偿理论。虽然我不完全赞同这些法学家的观点,但结合我国现实和司法实践,作为赔偿的法律制裁方式可以在我国法律制裁方式中占有重要地位。今天,我们应该摒弃对赔偿作一种制裁方式的偏见,接纳一种新的法律制裁范式。

(二)学术意义和实践意义

在国际政治和经济中,制裁成为一个经常性看到和听到的关键词。而作为法律的一个重要组成部分的制裁,在法理学中却少有研究。翻开当今中国绝大部分法理学教材,对法律制裁谈到者很少,即使谈到者也是泛泛而谈。当然在刑法学和民法学中谈到了法律制裁,但都是局限在各自部门法内部的一种认识,而且这种部门法的制裁理念妨碍了制裁方式的转变,因此需要超越或统领各部门法的制裁理论。

特别是法律制裁中的赔偿,我们的时代表现出焦虑或淡漠的态度,即当赔偿在司法中运用时,一些人不知珍惜赔偿的价值,但却觉察到了赔偿可能带来的威胁,产生一种不安、焦虑的体验;另一些人既不知珍惜赔偿的价值,也未感到其威胁,表现出一种淡漠的态度。正如 C. 赖斯·米尔斯所说:"我们的时代是焦虑与淡漠的时代,但尚未以合适方式表述明确,以使理性和感受力发挥作用。"[1]

本研究的学术意义和实践意义就在于探讨人们对赔偿表现出来的焦虑和淡漠态度的原因,并努力消除人们的焦虑和淡漠的态度。

1. 学术意义

其一,结合我国历史和现实情况,阐述和丰富了法律制裁和赔偿理论。正如燕树棠认为"法律制裁问题,放开言之,关乎政治社会之性质及法律之根基。"[2]这凸显了法律制裁在法律中的重要地位。各大法学流派也都表达了它们的制裁观。但本研究不是从整体上探讨法律制裁的问题,而主要是探讨法律制裁中的

---

[1] [美]C 赖斯·米尔斯.社会学的想象力[M].陈强,张永强,译.北京:生活·读书·新知三联书店,2008:10.

[2] 燕树棠.公道、自由与法[M].北京:清华大学出版社,2006:88.

赔偿理论和赔偿制度问题。虽然本书介绍和借鉴了西方赔偿理论,但是其关注的是中国当代的现实生活,是把西方赔偿理论和我国的现实情况结合起来,提出自己的命题和赔偿理论。正如苏力教授指出的,就实际可能性而言,绝大多数中国学者也不可能在研究其他国家的司法制度上做出重大的贡献。中国学者在研究上的比较优势只可能在于研究中国的法律和司法。……中国的法学界应当在追求理论的同时,更多地务实,从中国当代的社会变革和法治建设的实践中获得更多滋养,这是我们的根,是最贴近、最可及也最为丰富、独特的本土资源。❶

其二,扩展了法律制裁正当性原理的范围。对于本书关注的主题赔偿而言,是基于中国的现实问题有感而发,并不是为了研究和介绍国外的赔偿理论,回答国外是如何做的,我们应该怎么做,而是借鉴西方赔偿理论的合理因素并结合我国的实践提出符合中国国情的赔偿理论,进而解释存在的现象并指导实践。即我们是借鉴或学习国外赔偿的先进经验,同时,重视现实中国社会的法律实践可能具有的学理意义。如我们在探讨赔偿理论时,对国外的赔偿理论进行了系统的梳理,在此基础上,结合中国实践,我们提出了融合报应、威慑、修复和赔偿的综合论,作为惩罚的正当性原理基础,这就拓展了国家制裁原理的理论范围。一个国家制裁违法者是基于什么原理进行的,国家对违法者的惩罚是道德上允许的吗?也即国家制裁违法者的正当性是什么?关于法律制裁正当性,通说一般认为主要有三种方式:报应主义、功利主义和修复主义。当然也有综合论,即报应和功利的折中。就我国而言,也接受了来自西方的关于法律制裁正当性的理念,稍有不同的是,我国刑法学界大都接受综合论。如邱兴隆的功利限制报应的综合论,梁根林的报应与功利二元统一论。然而,我们看到我国关于法律制裁正当性的论述主要是针对刑法,而不包括民法和行政法,难道国家对违反民事和行政行为的制裁正当性就不需要论证吗?在西方,报应主义或功利主义是可以论证民事制裁的正当性的。所以,本书的理论意义有两个拓展,一是把法律制裁正当性的内容扩展到了赔偿领域,二是把法律制裁正当性的范围延伸到民事和行政领域。

此外,在探讨赔偿理论的同时,也深化了人们对法律制裁概念的认识。制裁分为两大类,奖赏和惩罚即积极制裁和消极制裁。然而,奖赏的制裁往往被忽

---

❶ 苏力.送法下乡——中国基层司法制度研究[M].北京:中国政法大学出版社,2002:18.

略。❶ 正如劳伦斯·M. 弗里德曼认为法学研究总的说来对奖赏注意不多。❷ 在我国，人们认识法律制裁主要局限在刑法方面，认为法律制裁主要是惩罚。而对民法和行政法，以及程序法方面的法律制裁认识不足，更对奖赏的制裁认识不足。

2. 实践意义

布罗姆利认为，社会化的本质就是信念的稳定化。稳定了的信念规定了什么是正常的、什么是自然的、什么是正确的、什么是公正的，除此别无其他。❸ 但是正如尼采给予我们的警告：不是谎言，而是坚定的信念构成了我们探求真理的最大的阻碍。❹ 就我国现实而言，由于传统的威慑主义构成了人们的共识信念，而这个信念成为改革制裁正当性原理基础的最大阻碍。而法律共同体吸收了西方的报应主义的价值信念，也构成了改革制裁正当性原理基础的阻碍。为此，本书的实践意义之一就是突破人们对法律制裁理念的误区；众所周知，理论与实践是相互联系的，理论来源于实践，又服务于实践。本研究的实践意义之二就是指导我们未来的行为。

其一，突破人们对法律制裁理念的误区。我们在移植西方法律制裁理念的时候，往往忽视了我国的现实国情，导致了规范性理论与实践的脱节，进而产生一些社会冲突。为此，我们必须打破刑事制裁的惩罚性和民事制裁的补偿性理念误区。大陆法系规定刑事制裁是惩罚性，民事制裁是补偿性，这种制裁理念移植到我国，并在我国法律共同体中形成一种价值信念，用这种理念指导我国立法和司法实践，不仅不能解决社会冲突，有可能让冲突激化或长久化。如果突破这种传统的法律制裁理念误区，引入赔偿的制裁方式，可能会更好地解决社会冲突。目前制约赔偿作为制裁方式的新范式，主要来自于传统制裁理念；❺ 其次是

---

❶ 如何理解奖赏是一种积极制裁，莱塞尔认为，奖赏就是指给符合规范的行为提供好处和奖赏，举例来说，有赞扬、肯定、祝贺、授予称号和奖励、授予勋章和荣誉称号或礼物；此外，还有任命、涨薪和提升，以及提供非物质特权，例如给予特别愉快的工作条件。参见：[德]托马斯·莱塞尔. 法社会学导论[M]. 上海：上海人民出版社，2008：204-205.

❷ [美]弗里德曼. 法律制度——从社会科学角度观察[M]. 北京：中国政法大学出版社，2004：91.

❸ [美]丹尼尔·W 布罗姆利. 充分理由：能动的实用主义和经济制度的含义[M]. 上海：上海人民出版社，2008：1.

❹ [美]丹尼尔·W 布罗姆利. 充分理由：能动的实用主义和经济制度的含义[M]. 上海：上海人民出版社，2008：2.

❺ 在现实中，当我们作为智性的个体听到一个特定学科的共识信念时，我们没有任何特别的义务停止我们现在所做的事情去马上采纳那个信念；我们有权要求能够证明我们抛弃现在的信念是正确的理由。如果专家提供的理由是不完善的，他们便没有给我们价值信念。实用主义者坚持认为，相信什么是我们自己的选择，而不是他们的。参见：[美]丹尼尔·W 布罗姆利. 充分理由：能动的实用主义和经济制度的含义[M]. 上海：上海人民出版社，2008：31.

一些大众对赔偿可能存在不足的忧虑。虽然赔偿理论有其不足,但赔偿理论可以解释生活中的一些制度,并指导人们的生活。与报应主义、功利主义以及修复主义相比,更具有优势。赔偿理论中的赔偿关注的是人际性的问题,因此很好地解决生活中的问题。人们从赔偿理论中获得优质生活,从而打破人们对赔偿的拒绝的态度。

其二,指出法律制裁未来发展趋势进而指导我们未来的行为。一些学者认为,法律制裁变得越来越宽和。❶但在考察了刑法和民法的制裁现状后,指出法律制裁出现了二元趋势,即刑事制裁变得越来越宽和,而民事制裁却有越来越严厉的趋势。通过对法律制裁的变迁分析,发现在全球化和市场化的今天,刑事制裁有去惩罚的趋势,民事制裁有变惩罚的趋势,而赔偿作为惩罚方式能够很好地融合这种趋势。笼统的认为法律制裁变宽和,不利于我国市场经济的发展。特别是在全球化的过程中,固守传统法律制裁理念,可能会给中国带来巨大损失。因为在风险社会,结果由以前的封闭性转向了开发性。在以前,一个事件的结果导致的危害后果是可控的,而现在任何一个国家政府都没有绝对的能力清楚预测后果并控制后果。即在当今社会,出现了两种后果的开放性:一是事件导致后果的开放性,即不清楚后果影响的范围,如三鹿奶粉事件。二是对案件制裁后果的开放性,即不能预测或控制制裁导致的风险。

二、国内外有关本题研究的动态

关于法律制裁的研究,在国外已经进行的比较深入,特别是对赔偿理论研究已经取得了相当大的成就,有一系列的著作问世。反观国内,在法律制裁方面已经冷落很久,不系统。特别是对赔偿理论的研究更是缺乏。所以,选题既是在国外法律制裁理论基础上暂时的借用,同时基于我国的具体实践也是批判性的。

(一)国外对本题研究的动态

1. 各大法学流派对法律制裁的观念

(1)分析法学派的制裁观。分析法学派的奥斯丁和凯尔森都建立了以制裁为中心的理论模型,奥斯丁将命令、义务、制裁视为三位一体;凯尔森的规范理论将制裁视为必不可少的要素。也就是说,他们都把"制裁"视为法律概念的核心。但是,新分析法学派的哈特却认为奥斯丁和凯尔森的理论是一种"化约论",是一种对法律统一的寻求。在哈特看来,法律现象的基点是内在观点,也就是说,即使不存在与制裁相关的内容,义务与对规则的遵守仍然可能存在。通

---

❶ 邓子滨就是持这种观点。参见:邓子滨.法律制裁的历史回归[J].法学研究,2005(6).

过内在观点的解释,哈特成功地将制裁从法律概念的组成要素中排除出去。当然,人们对哈特的内在观点与外在观点的二分存在很多争议。拉兹在《法律体系的概念》中,仍然强调了强制性制裁。如他认为法律的一般特征是规范性、制度化和强制性。❶

(2)自然法学派的制裁观。总体上,自然法学派重视法律规则的道德基础,而不注重法律的制裁。虽然自然法学派与新分析法学派在法律与道德的关系、法律的概念、法律体系的基础等问题上存在难以调和的分歧,但在弱化"制裁"的观念上是一致的。比较典型如富勒,他认为在现代法律中,有些规则根本没有使用武力或以武力相威胁的机会,人们没有理由将这些规则视为非法律。然而在自然法学派中,也有强调强制制裁的。如约翰·菲尼斯在《自然法与自然权利》中就认为法律制裁是对人类需求的一种回应。❷

(3)历史法学派的制裁观。历史法学派以历史的方法研究法律的渊源,认为法的本质是"民族精神"。他们认为法律是被发现的而不是被创造的,不相信立法的作用,反对分析法学派的命令说。总体上,历史法学派认为人们遵守法律是由于社会的压力。

(4)社会学法学派的制裁观。社会学法学派用比较的方法研究法律,视法律为社会现象的一种,法律的力量在于社会利益与社会目的,故此派不注意法律制裁的问题。但是该派的霍姆斯却从"坏人"视角,强调了"制裁"的重要作用。霍姆斯认为人们对义务的履行,只是由于人们考虑到法律制裁的不利后果。然而,哈特对霍姆斯的这种观念给予批评,他认为霍姆斯的"法律预测理论"只根据"坏人"的视角理解法律,却忽视了实际生活中很多对法律持有内在观念的人群的存在。

从几大法学流派的观念来看,自然法学派、历史法学派和社会学法学派总体上来说,是认为法律制裁不一定是法律的重要要素。分析法学派总体上认为法律制裁是法律的重要要素。无论哪个流派,其中必定有赞成者也有反对者。这几大流派共同要回答一个问题:人们为什么遵守法律?分析法学派认为人们遵守法律是基于对法律制裁的恐惧,但其中哈特却认为主要是基于人们对法律规则的认同;历史法学派认为是基于对习惯的服从和社会的压力;自然法学派认为是基于道德或理性;社会法学派认为是基于社会利益或社会目的。但无论哪个流派都不能否认制裁在人们遵守法律中的作用。因此,争论的核心在于制裁在

---

❶ [英]约瑟夫·拉兹.法律体系的概念[M].吴玉章,译.北京:中国法制出版社,2004.
❷ [美]约翰·菲尼斯.自然法与自然权利[M].董娇娇,等译.北京:中国政法大学出版社,2005.

让人们遵守法律中起多大作用,制裁是否是法律要素的核心?

2. 西方对法律制裁研究的现状

在上述中梳理了各大流派对法律制裁的观念,回答为什么要遵守法律? 现就这几大流派之外的对法律制裁研究有贡献的观念进行梳理,回答为什么要制裁以及制裁的具体内容和变迁。

关于为什么要制裁? 被中国学者引用比较多而且用来解释中国现象的,当属涂尔干的《社会分工论》和福柯的《规训与惩罚:监狱的诞生》中提出的制裁理论。涂尔干把制裁分为"压制性制裁"和"恢复性制裁",在他看来,压制性制裁对应着机械团结,恢复性制裁对应着有机团结。如果违反了集体意识,就实行压制性制裁,相应的恢复性制裁不完全属于集体意识的范围。❶ 福柯在《规训与惩罚》一书中,运用谱系学的方法,对现代社会的权力运行机制进行了深入的分析。通过对监狱制度和惩罚制度的研究,他指出,监狱制度和惩罚制度的转变其实是一种权力策略的转变,并揭示出一种新的权力策略——规训权力的形成。在此基础上,他进一步揭示出权力与知识之间的一种依存关系:权力与知识之间并非不相容,恰恰相反,它们之间有着一种直接相连的紧密关系。❷

关于制裁的正当性理论,主要有三种:报应主义、威慑主义和恢复主义。Leo Zaibert 在其著作《惩罚与报应》主张惩罚的正当性在于报应主义。J. Angelo Corlett 教授在其著作《责任与惩罚》一书中基于应受惩罚性中包含的两个基本要素:责任和比例原则主张惩罚的正当性在于报应主义。Göran Duus–Otterström 在其著作《惩罚与个人责任》一书中认为要采取报应主义,主要基于两个理由:一是制度原因;二是象征性原因。

关于制裁的具体内容和变迁,劳伦斯·M.弗里德曼在《法律制度——从社会科学角度观察》中论述了制裁的概念、目的、对象、运行和执行。❸ 托马斯·莱塞尔在《法社会学导论》中论述了制裁的概念、有效性和规范性。❹ 皮特·凯恩在《法律与道德中的责任》中论述了制裁与责任的关系。❺ 迈克尔·R.达顿在

---

❶ [法]埃米尔·涂尔干.社会分工论[M].渠东,译.北京:生活·读书·新知三联书店,2008.

❷ [法]米歇尔·福柯.规训与惩罚:监狱的诞生[M].刘北成,杨远婴,译.北京:生活·读书·新知三联书店,2007.

❸ [美]劳伦斯·M 弗里德曼.法律制度——从社会科学角度观察[M].李琼英,林欣,译.北京:中国政法大学出版社,2004.

❹ [德]托马斯·莱塞尔.法社会学导论[M].高旭军等,译.上海:上海人民出版社,2008.

❺ [澳]皮特·凯恩.法律与道德中的责任[M].罗李华译,张世泰校.北京:商务印书馆,2008.

《中国的规则与惩罚——从父权本位到人民本位》论述了惩罚的变迁过程。❶ 另外,京特·雅科布斯在《规范·人格体·社会》中认为,当一个人违反规范,他就丧失了人格性,因此他只具有形式上的人格性,不具有实质上的人格性,这就为制裁规范的违反者提供了可能性。❷ 杰克·奈特在《制度与社会冲突》一书中认为制裁成了某些策略的成本,能够影响人们对于策略偏好的排序。❸

关于制裁范式的新发展,主要是赔偿理论作为法律制裁的主要范式的兴起。巴内特在1977年发表了《赔偿:刑事司法中的一个新范式》,❹提出抛弃传统刑事惩罚的模式,用强制补偿受害人的赔偿模式取代刑事惩罚。查尔斯·F. 阿贝尔和富兰克·H. 马斯在其合著的《惩罚与赔偿:刑事犯罪的一个赔偿方式》中指出赔偿是一种惩罚,并论证了赔偿的正当性。❺ 大卫·鲍尼因(David Boonin)在其著的《惩罚的问题》一书中提出了纯粹的赔偿理论;❻大卫·鲍尼因在巴内特理论的基础上把赔偿理论推进到了纯粹赔偿理论阶段,否认赔偿具有惩罚性,只具有补偿性,并认为纯粹赔偿是法律制裁正当性的最好范式。彼得·J. 费拉拉(Peter J. Ferrara)在其论文《报应与赔偿:一个合成理论》中提出了报应和赔偿合成的理论。❼ 费拉拉认同巴内特提出的赔偿作为法律制裁一个新范式,但是他也认为仅仅靠赔偿无法解决一些问题,比如谋杀、强奸这样的犯罪,无法用赔偿解决,所以还需报应来规制。

关于侵权行为法与赔偿的关系。P. S. 阿蒂亚在其《中彩的损害赔偿》中将人身损害赔偿制度体系喻为"乐透"彩票,并主张应该全面废弃现有的人身损害诉讼制度。❽ 格哈德·瓦格纳在其《损害赔偿法的未来——商业化、惩罚性赔偿、集体性损害》中讨论一种新的损害赔偿法的观念,提出"预防"是损害赔偿法的使命,并以此建构未来的损害赔偿法。❾

---

❶ [澳]迈克尔·R 达顿. 中国的规制与惩罚——从父权本位到人民本位[M]. 郝方昉,崔杰,译. 北京:清华大学出版社,2009.

❷ [德]京特·雅科布斯. 规范·人格体·社会——法哲学前思[M]. 冯军,译. 北京:法律出版社,2007.

❸ [美]杰克·奈特. 制度与社会冲突[M]. 周伟林,译. 上海:上海人民出版社,2009.

❹ Randy E Barnett,Restitution:A new paradigm of criminal justice,Chaper Ⅳ Criminal Law.

❺ Charles F Abel,Frank H Marsh,Punishment and Restitution:A Restitutionary Approach to Crime and the Criminal. Westport, Conn. ;Greenwood Press,1984.

❻ David boonin,The Problem of Punishment, New York ;cambridge university press,2008.

❼ Peter J Ferrara. Retribution and Restitution:A Synthesis,The journal of Libertarian Studies,v1(2)(Spring 1982).

❽ [英]P. S. 阿蒂亚. 中彩的损害赔偿[M]. 李利敏,李昊,译. 北京:北京大学出版社,2012.

❾ [德]格哈德·瓦格纳. 损害赔偿法的未来——商业化、惩罚性赔偿、集体性损害[M]. 王程芳,熊丙万,李翀校,译. 北京:中国法制出版社,2012.

关于国家责任与赔偿的关系。卡罗尔·哈洛在其《国家责任:以侵权法为中心展开》中考察了赔偿文化,指出大规模的侵权行为及其责任追究使得赔偿诉讼已经对国家及其现有司法资源形成一种巨大的冲击。❶

(二)国内对本题研究的动态

国内对本题研究有以下几个方面:

(1)关于制裁是否是法律的重要要素。对这个问题的回答也像各大法学流派一样有很大争议。刘星教授在《语境中的法学与法律—民主的一个叙事立场》一书中阐述了"强制力"观念弱化,也间接地表明制裁不是法律重要要素。❷ 周永坤教授在其论文《论法律的强制性与正当性》中,认为法律的基本特征是正当性而不是强制性。❸ 而山东大学钱锦宇在其博士论文《论法律的基本必要性规范》中指出"必须制裁违法",认为制裁是法律的基本要素。❹ 吉林大学郭欣在博士论文《法律强制理论研究》中对法律强制理论进行了梳理,将主张法律强制理论与对其批判的争论放在历史中加以阐释,可惜在论文中郭欣没有阐明自己的立场或选择。❺

(2)关于制裁变迁的原因。这方面的研究主要有:强世功的《惩罚与法治——当代法治的兴起(1976—1981)》一书,在该书中其运用福柯的"知识—权力"模型来解释我国刑罚由弥散化走向职能化和理性化,指出这种转变关键在于知识与权力的结合,这种结合服务于政治目的,同时进一步指出法治的兴起是由于现代国家的治理策略发生了根本的转型。❻ 北京大学葛磊在其博士论文《刑事制裁体系近代史纲》中指出,刑罚由监禁为中心到保安处分再到社区矫正的变迁,其原因并不是如涂尔干所说的集体意识的消散或弱化,而是如福柯所说是一种精心计算的惩罚权力经济学,是为了建立一个控制得更为有效的而不是更为公正的惩罚机制。❼

(3)关于制裁发展的趋势。在法理学方面,邓子滨在论文《法律制裁的历史回归》认为法律制裁是从宽和—严厉—宽和这样一个轮回过程。❽ 桑本谦在其

---

❶ [英]卡罗尔·哈洛.国家责任:以侵权法为中心展开[M].涂永前,马佳昌,译.北京:北京大学出版社,2009.
❷ 刘星.语境中的法学与法律—民主的一个叙事立场[M].北京:法律出版社,2001.
❸ 周永坤.论法律的强制性与正当性[J].法学,1998(7).
❹ 钱锦宇.论法律的基本必要性规范[D].济南:山东大学,2008.
❺ 郭欣.法律强制理论研究[D].长春:吉林大学,2006.
❻ 强世功.惩罚与法治——当代法治的兴起(1976—1981)[M].北京:法律出版社,2009.
❼ 葛磊.刑事制裁体系近现代史纲[D].北京:北京大学,2007.
❽ 邓子滨.法律制裁的历史回归[J].法学研究,2005(6).

博士论文《私人之间的监控与惩罚》从经济学的进路分析了制裁由国家层面向私人之间发展趋势,利用成本收益法分析了在一定的程度上,私人之间的监控和惩罚是必要的和经济的。❶ 在刑法学方面,刑罚有向轻缓化方向发展的趋势。如杜雪晶在其博士论文《中国非刑罚化论纲》中指出了中国刑罚发展有向非刑罚化发展的趋势。❷ 上述的葛磊的博士论文也体现了刑罚轻缓化的发展趋势。在民法学方面,出现了民事制裁向惩罚性方向发展的趋势。如黄鸿图博士论文《惩罚性损害赔偿制度之研究——兼论两岸＜消保法＞之法制》、李开国博士论文《惩罚性赔偿研究》、金福海博士论文《惩罚性赔偿制度研究》。在诉讼法方面,有向程序性制裁方向发展趋势,如陈瑞华著《程序性制裁研究》。

(4)关于制裁正当性。主要集中在刑法领域,邱兴隆在其著作《刑罚理性评论——刑罚的正当性反思》一书中指出刑罚的正当性对应五种形态:报复刑、威慑刑、等价刑、矫正刑与折衷刑,并把这五种形态作为反思对象。❸ 梁根林在其著作《刑事制裁:方式与选择》一书中指出刑罚的正当性(目的)有两个方面:报应与功利,但他认为我国刑罚正当性应该定位报应与功利二元综合论。❹

(5)关于赔偿理论的研究。在法史方面,中国政法大学的田振洪博士论文《汉唐时期的损害赔偿制度》论述了汉唐时期财产赔偿、契约赔偿和侵害人身行为的赔偿,并认为汉唐赔偿规定已经制度化、系统化。❺ 河北大学的宋乾硕士论文《宋代赔偿制度研究》论述了宋代赔偿的种类、实现方式和免责。❻ 南开大学的张群硕士论文《元、明、清时期人命赔偿法制研究》论述了基于当时整个社会稳定的重大问题,规定了烧卖银、赎罪银和命价银,对当时受害人特别是生命受害人的保护和赔偿。❼ 在民法方面,体现在两个方面:一是惩罚性赔偿研究,有关这方面研究的博士和硕士论文大量出现,主要的论点就是主张在我国民事制裁中实行惩罚性赔偿;二是纯粹经济损失的赔偿研究,这方面的研究博士和硕士论文也很多,主要论点是认为这种纯粹经济损失也应该赔偿。在刑法方面,中国政法大学的瓮怡洁博士论文《刑事赔偿制度研究》,对我国刑事赔偿制度的历史、刑事赔偿制度的理论基础、刑事赔偿制度的立法模式、刑事赔偿的归责原则、

---

❶ 桑本谦.私人之间的监控与惩罚[D].济南:山东大学,2005.
❷ 杜晶雪.中国非刑罚化论纲[D].长春:吉林大学,2005.
❸ 邱兴隆.刑罚理性评论——刑罚的正当性反思[M].北京:中国政法大学出版社,1999.
❹ 梁根林.刑事制裁:方式与选择[M].北京:法律出版社,2006.
❺ 田振洪.汉唐时期的损害赔偿制度[D].北京:中国政法大学,2008.
❻ 宋乾.宋代赔偿制度研究[D].石家庄:河北大学,2005.
❼ 张群.元、明、清时期人命赔偿法制研究[D].天津:南开大学,2003.

刑事赔偿的范围和标准、刑事赔偿的程序等进行了研究。[1] 还有一些硕士论文对犯罪被害人赔偿权利进行了研究。在国家赔偿方面,吉林大学的冯娜在其博士论文《国家赔偿责任理念与机制研究》论述了国家赔偿责任不仅仅是一种对法律救济,而且也是一种激励机制。[2] 在司法赔偿方面,张红著的《司法赔偿研究》一书论述了司法赔偿的归责、构成要件、范围、主体和赔偿请求权的实现。[3] 在法理学方面,主要体现在恢复性司法上,如周长军、于改之主编的《恢复性司法——法理及其实践展开》,而恢复性司法的一个重要措施就是赔偿。[4]

(6)政治和经济方面的制裁研究。武汉大学的阮建平博士论文《二战后美国对外经济制裁》,专门对第二次世界大战后美国发起实施的对外经济制裁进行了研究。[5] 中央党校的刘超杰博士论文《国际政治中的制裁研究》则对国际政治中存在的各种制裁进行了研究,并提出了对待制裁的态度与举措。[6] 上海社会科学院的邵亚楼博士论文《国际经济制裁:历史演进与理论探析》分析了不同时期国际经济制裁出现的背景和影响,并对发展中国家如何面对国际经济制裁提出了政策建议。[7] 张曙光著的《经济制裁研究》一书,在比较和分析这些国际经济制裁的外交案例基础上,评析经济制裁外交的动机与绩效因素及理论假设,构建以分析经济制裁外交动机的理论框架。[8]

(7)就我国目前研究现状来看,部门法对制裁的专门性研究较深入,但大部分局限在制度层面和描述性方面,很少有分析性和建构性的。在法理学方面关于制裁理论探讨不多,即使有一些探讨也不能为部门法提供指导性和解释性的作用。另外,对制裁本身内容的研究也比较少。说明我们在广度和深度方面还有待加强。特别是对赔偿理论的研究还局限在部门法上,从法理学的角度研究赔偿理论还不深入,主要体现为恢复性司法上,而恢复性司法主要体现在刑法上,更为严重性不足在于没有论证赔偿的正当性。

综上所述,在国外分析实证主义法学派对制裁是否是法律的重要要素进行了百年论战,到现在仍然没有形成定论。但这不影响人们对制裁的研究,在国外制裁理论已经比较成熟,特别是把赔偿作为法律制裁的一种新范式,进行了深入

---

[1] 瓮怡洁.刑事赔偿制度研究[D].北京:中国政法大学,2006.
[2] 冯娜.国家赔偿责任理念与机制研究[D].长春:吉林大学,2008.
[3] 张红.司法赔偿研究[M].北京:北京大学出版社,2007.
[4] 周长军,于改之.恢复性司法——法理及其实践展开[M].济南:山东大学出版社,2008.
[5] 阮建平.二战后美国对外经济制裁[D].武汉:武汉大学,2004.
[6] 刘超杰.国际政治中的制裁研究[D].北京:中央党校,2006.
[7] 邵亚楼.国际经济制裁:历史演进与理论探析[D].上海:上海社会科学院,2008.
[8] 张曙光.经济制裁研究[M].上海:上海人民出版社,2010.

和系统的研究。反观国内:①对制裁理论研究不够重视,对制裁概念的理解还比较狭隘,主要把制裁理解为惩罚,对奖赏却忽视了。②在部门法中关于制裁的研究各自独立,不相互关联,各说自话,影响了制裁在法律体系中整体作用。③对制裁理念的变迁法理学界没有引起足够的关注,虽然在部门法学界已经有所反应,但没有上升到理论的高度。④在经济和政治领域出现了对制裁研究的博士论文,而在法律领域针对制裁这个主题全面深入研究还没有出现。⑤在国外法律制裁的领域已经研究到了赔偿领域,甚至有的法学家喊出抛弃惩罚,赔偿可以解决一切。虽然我们不能这么极端,但也说明赔偿解决问题的重要性,而我国在这方面的研究,特别在法理学领域对赔偿进行研究,还不是很多。

三、研究途径与研究方法

按照方法论的定义,研究途径与研究方法不同。戴尔伯特·米勒指出,研究者必须先确定所要采取的研究途径,然后才能选择所要使用的研究方法。[1] 研究途径指选择问题与相关资料的标准,以便建立一个有组织的概念或一套概念来探讨该主题与相关问题,也即确定研究的方向与切入问题的角度问题。研究方法指搜集、处理资料的程序、技巧与手段。主要是指作者针对自己所欲探讨的主题与相关问题,打算如何进行搜集和分析资料。[2]

(一)研究进路

对法律制裁的研究进路(途径)目前主要有经济学的进路、谱系学的进路、规范分析的进路、社会科学的进路。徐昕在其著作《论私力救济》和桑本谦在其著作《私人之间的监控与惩罚》中采用了经济学的进路分析私人之间的惩罚。福柯在其著作《规训与惩罚:监狱的诞生》中采取谱系学的进路解释惩罚的变迁原因。王立峰在其著作《惩罚的哲理》中采取了规范性的分析进路论证了惩罚的正当性。弗里德曼在其著作《法律制度——从社会科学角度观察》采取社会科学的进路分析了制裁的基本内容。本研究主要采取规范分析、实用主义和语境论的进路。

1. 规范分析的进路

在奥斯丁和凯尔森看来,法律制裁本身是法律规范性要素的一部分。虽然哈特不同意奥斯丁和凯尔森的这种看法,主张把制裁排除在规范性要素之外,但

---

[1] [美]米勒,萨尔金德.研究设计与社会测量导引[M].风笑天,译.重庆:重庆大学出版社,2004.
[2] 张金翠.从维护"人权"到防止"威胁"——1989年美国对华军事制裁研究[D].上海:复旦大学,2007.

是,不可否认的是,如果法律没有制裁,那么法律秩序就无法正常维持,因为一定有不认同"承认规则"的人存在。就是在国家法之外存在的私人空间,也存在私人之间的控制与惩罚,没有惩罚私人之间的秩序就会出现混乱或崩溃。这已经被罗伯特·阿克赛尔罗德在其著作《合作的进化》中证实。

既然制裁在法律中必不可少,那么规范性的分析进路就不可或缺。之所以强调规范性进路,是因为规范性是法律与其社会规范区别开来的要素之一。坚持规范性进路,我们才能坚持法律责任作为法律制裁的基础。因为私人之间的监控和惩罚对责任的要求不是很严格,这就导致了私人之间的惩罚可能比例不相称,大部分有实力对比来决定,而不是基于责任的大小来确定。这就是为什么坚持要控制或减少私人之间的惩罚,而主张国家主导的法律制裁的原因。规范性的进路其目的就是强调制裁的界限,而私力救济或私人之间的惩罚的界限无法控制。

当然这里强调的规范性的进路并不否定与实践的联系。首先,规范性的制裁理论要对人类的惩罚实践在相当大程度上的认可并进而指导实践。一个规范性的理论不仅从实践中来,而且还要回到实践中去,对当下的实践提供指导。其次,规范性的进路不仅仅是对实践的反应,而且还要对实践有一定的批判。理论是"应然"的,而实践是"实然"的,所以理论一定要高于实践,带有一定的目的性或理想性。因此,法律制裁的理论对我国现实情况而言既是指导性的也是批判性的。具体体现在对制裁正当性的批判上。

2. 实用主义的进路

实用主义的方法,不是什么特别的结果,只不过是一种确立方向的态度。这个态度不是去看最先的事物——原则、范畴和假定是必需的东西,而是去看最后的事物——收获、效果和事实。❶ 实用主义的进路对法律来说其重要性主要在三个方面:一是实用主义强调对问题的适度的把握;二是不提供答案,而是希望根据各种具体的情况去把握对问题的解答;三是实用主义最多只是为解决问题提供一些可能的方向,或者说明哪些方向可能是"此路不通",甚或有些问题根本"无解"。❷ 因此,本书采取实用主义的进路,其目的针对我国法律制裁中出现的问题提出一个可能的解答和方向,比如本文的中心论题:赔偿可以成为法律制裁的主要方式,就是根据实用主义进路得出的。

3. 语境论的进路

苏力认为"语境论"这一进路坚持以法律制度和规则为中心,力求语境化地

---

❶ [美]詹姆斯.实用主义:一些旧思想方法的新名称[M].陈羽纶,孙瑞禾,译.北京:商务印书馆,1997:31.

❷ 张芝梅.美国的法律实用主义[M].北京:法律出版社,2008:184-186.

(设身处地地、历史地)理解任何一种相对长期存在的法律制度、规则的历史正当性和合理性。语境化总体而言,这一进路反对以抽象的、所谓代表了永恒价值的大词来评价法律制度和规则,而是切实注重特定社会中人的生物性禀赋的以及生产力(科学技术)发展水平的限制,把法律制度和规则都视为在诸多相对稳定的制约条件下对于常规社会问题做出的一种比较经济且常规化的回应。❶ 因此,本书语境背景是中国当下的社会现实,命题的假定和论证都是以中国为背景,并受我国社会生活各方面条件的限制。

(二)研究方法

在本研究中,主要采取的研究方法包括归谬法、历史分析法、文献分析法等。

首先是归谬法。归谬法是指首先假设对方的论点是正确的,然后从这一论点中加以引申、推论,从而得出极其荒谬可笑的结论来,以驳倒对方论点的一种论证方法。本研究在论证赔偿的正当性时,就是运用归谬法来论证的。在某些条件下,无法证明赔偿的正当性,在这种情况下,我们首先假定报应主义和功利主义是具有正当性的,然后推出其不可信的结论,从而来论证赔偿相对报应主义和功利主义更有优越性。

其次是历史分析法。法律制裁有着悠久的历史传承,从历史中,我们看到了解它变迁的过程及其原因,对今天法律制裁的路径选择提供借鉴意义。

最后是文献分析法。所谓的文献分析方法,就是引用原始文件、官方数据及规范的学术著作和论文等,以此作为资料的来源与分析的基础。文献分析法是本研究的主要方法,主要是利用学术著作和论文,对其进行资料的收集和整理,加工和提炼,从而论证本文的命题。

四、本研究的结构安排

本研究的主要思路:提出问题→解决问题。首先探讨法律制裁值得关注的几个问题,即一个国家法律制裁的基础原理是什么? 制裁与责任是什么关系? 其目的是提出问题;其次,探讨法律制裁的正当性并对其进行批判,提出论文的核心命题:赔偿理论,并对赔偿理论进行论证,认为赔偿是法律制裁的主要方式,可以作为法律制裁的原理基础,即论证了赔偿理论的正当性。然后,探讨法律制裁的基础与赔偿的关系,由责任的人际性推导出法律制裁的人际性,再由法律制裁的人际性联系到赔偿的关系,论证了赔偿理论的适应性。再次,探讨法律制裁的变迁与赔偿的关系,从法律制裁变迁的过程中论证了赔偿理论的必然性;最

---

❶ 苏力.语境论——一种法律制度研究的进路和方法[J].中外法学,2000(1).

后,运用实证的方法来验证赔偿理论的实用性。

本研究对赔偿这一主题的阐述共分七部分。即绪论和六个章节。在绪论部分,主要介绍了为什么要研究赔偿问题、国内外对该问题的研究现状和选题的意义,以及对赔偿研究采取的研究进路和研究方法。

第一章主要分析法律制裁相关问题。首先是法律制裁是否还有必要？奥斯丁和凯尔森都认为制裁是法律概念的重要组成部分,他们强调了法律的强制性一面,而哈特却把制裁排除在了法律概念之外,强调了法律的承认(或认同)的一面。因此,制裁没有被排除在法律概念之外,也没有从社会生活中被排除。其次是一个国家制裁(惩罚)制度的正当性问题。关于惩罚制度正当性的基本原理,主要有报应、威慑和修复三种形式。但是这三种方式都有其优点和缺点。在考察了目前世界上主要的三种惩罚正当性基本原理后,指出我国主张报应和威慑的二元综合论目前获得普遍认可。然报应和威慑的综合论作为惩罚制度的正当性基本原理并不具有完全覆盖性。再次是制裁(惩罚)与责任的关系问题。一般看来,报应主义是向后看,把责任作为惩罚的基础;威慑主义是向前看,不把责任作为惩罚的基础。随着功利主义在当代的兴盛和报应主义的衰落,似乎责任有消灭的危险。本书认为责任在当代没有消灭,只是责任的范围缩小,法律责任是法律制裁的必要而非充分条件。

第二章着重分析法律制裁的正当性原理和赔偿理论的兴起。通过对报应、威慑和修复作为惩罚正当性原理基础分析,指出这三种惩罚正当性基本原理有其各自的优点和缺点。在对这三种正当性基本原理进行批判的基础上,提出了赔偿理论,并指出赔偿也是一种惩罚正当性基本原理,而且赔偿作为惩罚正当性原理基础比其他三个更具有优势。但是,本研究并不认为赔偿完全取代报应、威慑和修复作为唯一的惩罚正当性原理基础,而是主张融合了赔偿、报应、威慑和修复的综合论。

第三章分析了责任与赔偿的关系。报应主义与责任有着密切的联系,责任是报应的一个重要条件。同时指出,威慑主义和修复主义并不是绝对的否定责任,它们也认真的对待责任,只是责任不是它们的重要条件。赔偿也是向后看,因此赔偿也与责任有着密切的联系。通过分析凯恩的责任的人际性理论和诺里的责任的关联性理论,由此推出赔偿也具有人际性和关联性。赔偿的人际性,要求在用赔偿解决纠纷时考虑到受害人、行为人和社会其他人三个方面,通过赔偿的人际性很好地解释了我国民法中惩罚性赔偿的合理性问题。赔偿的关联性要求在用赔偿解决纠纷时考虑社会情境或背景,即看到纠纷发生背后的原因,只有看到背后的原因,才能从根本上解决纠纷,实现和谐。

第四章分析法律制裁的变迁与赔偿的关系。首先指出法律制裁原初形式是复仇和赔偿,也就是说,赔偿在初民社会就出现了,并成为一种重要的纠纷解决方式。但是随着国家兴起,因国家独占刑罚权的缘故,赔偿逐步衰落,不过到了近现代,赔偿又开始复兴。其次,通过阐述刑事制裁和民事制裁的变迁过程,指出刑事制裁的轻缓化趋势和民事制裁的严厉化趋势,在这章中论证了只有赔偿才能兼具让刑事制裁变得轻缓化和民事制裁变得严厉化,而且还指出,只有在赔偿范式下,刑事制裁的轻缓化或人道化才真正成为现实。

第五章分析了当代我国法律制裁体系与赔偿的关系。在第二章中,已经指出作为惩罚正当性基本原理本书采取报应、威慑、修复和赔偿的综合论。经分析我国法律体系在现实中的表现,发现现状正好吻合了这种综合论。如在"文革"时期采取改造的方式,到了改革开放时由改造转向了报应,但在法学领域一般主张报应和威慑的综合论,随着恢复性司法在我国的兴起,修复和赔偿开始出现,所以目前在我国现实中存在这四种融合的综合情形,但这四种形式的综合论目前在理论上没有被普遍接受。在本章中除了指出我国现实情况出现了融合赔偿的综合论外,还指出我国在古代就存在赔偿形式,这主要与组织性在我国长期存在有关,组织性是赔偿兴起的一个重要因素,但是由于组织性的存在,影响了责任在赔偿中的作用,因为组织性下的赔偿部分地基于严格责任。

第六章是结论。通过上述几章的分析,本研究最终得出结论:赔偿可以作为一种更可行和更道德的法律制裁范式,特别是赔偿可以替代或部分替代刑罚,因此赔偿成为一种刑事制裁的新范式。赔偿作为一种更可行和更道德的惩罚范式,不仅仅表明了一种乐观的心态和信念,它还具有充分理由。

第一章 法律制裁相关问题

在法律规范中的制裁,其中一个重要功能就是发信号。作为信息的法律制裁已经发出,一定会改变行为人可选策略的排列顺序。[1] 法律制裁一旦实施一定会影响人们的日常生活的事务,它改变了违法者的现实生活,以及其他人的可能生活。然而法律制裁在西方法理学的本体论的变革中,其地位越来越弱化,甚至被哈特排除在了法律要素之外。在西方对法律制裁在法律本体论中的地位进行一百多年的论争,我国却在法律的本体论中很少探讨这个问题。如果法律制裁是不必要,我们今天探讨的主题就显得没有意义。如果法律制裁是必要的,那么它的基础是什么?在我国,一般把责任看作法律制裁的基础,但是面对责任的变迁,我国法律制裁理论没有随着责任的变迁而变迁。如果法律制裁是必要的,我国法律制裁的正当性是什么?我们看到法律制裁的正当性仅仅在刑罚中探讨过,而在民事制裁和行政法制裁很少谈及。更为严重的是,面对世界法律制裁范式的转变,我国在制裁范式转变方面明显滞后。在本章中,我将指出,虽然法律制裁在本体论中的地位衰落,但是制裁仍然是本体论中一个重要部分。在 21 世纪,责任归责发生了变迁,法律制裁也应随之变迁。基于我国法律制裁的正当性究竟是什么的探讨,我们看到了一种新的法律制裁范式的出现。

第一节 法律制裁的界定

根据《现代汉语词典》的解释,制裁是指用强力管束并惩处,使不得胡作非为。《布莱克法律词典》认为,制裁是由于不遵守法律、规则或命令而产生的刑罚或强制措施。从这两个词典对制裁的界定来看,把制裁视为一种惩罚,而且是对制裁的一种描述性的界定。

就国内学者而言,也主要把法律制裁的概念界定为惩罚。如沈宗灵先生认为法律制裁泛指特定国家机关对违法者实行某种惩罚措施。法律制裁不同于一

---

[1] [美]杰克·奈特.制度与社会冲突[M].周伟林,译.上海:上海人民出版社,2009:65.

般所讲的违纪处分,也不同于道德或其他社会规范、规章中所讲的制裁。法律制裁的根据是法律。这种制裁是由国家机关(行政和司法机关)做出决定并实施的。❶ 沈宗灵先生还把法律制裁分为刑事制裁、民事制裁、行政制裁和违宪制裁四种,并指出法律制裁与国家强制力密切联系的。

孙国华、朱景文主编的《法理学》教材认为,法律制裁是国家司法机关和国家授权的专门机关对违法者依其所应当承担的法律责任而采取的惩罚措施。这种法律制裁是国家保护和恢复法律秩序的强制性措施,包括恢复权利性措施和对构成违法、犯罪者实施的惩罚性措施。❷

张文显主编的《法理学》教材认为惩罚即法律制裁,是国家通过强制对责任主体的人身、财产和精神实施制裁的责任方式。惩罚是最严厉的法律责任实现方式。惩罚主要针对人身进行,国家使用强制力对责任主体的人身、精神施加痛苦,限制或剥夺财产,使责任主体受到压力、损失和道德非难,从而起到报复、预防和矫正的作用,平衡社会关系,实现社会的有序发展。❸ 该教材也把法律制裁分为民事制裁、行政制裁、刑事制裁和违宪制裁。

邓子滨指出,英语中"sanction"一词在与汉语"制裁"相通的意义上可有三种所指:一是法律之外的制裁,即国与国之间,尤其是强国与弱国、多国对一国,所采取的政治、经济方面的打压;二是法律之内的制裁,即一国国内针对违法者所进行的惩罚;三是指具有威慑力的惩罚性后果本身。因此,他认为,法律制裁应指国家机关根据法律和授权对违法者进行的惩罚。它既是一种活动,也是一种后果,与英文"Punishment"所具有的"惩罚""处罚"甚或"刑罚"同义,即有权机关依法对触犯法律或规则的人采取的使之遭受痛苦、损失或者其他损害的方法。❹

可见,国内学者基本上把法律制裁视为法律惩罚,而且对法律制裁有广义说和狭义说之分。广义说即认为法律制裁包括刑事制裁、民事制裁、行政制裁和违宪制裁,而狭义说即认为法律制裁仅仅是刑事制裁。就我国而言,大部分学者主张广义说。

就国外而言,主要从实证主义法学和法社会学的角度界定了法律制裁的概念。实证主义法学派的代表人物凯尔森认为,制裁是由法律秩序所规定以促使实现立法者认为要有的一定的人的行为。法律制裁具有上面所讲的那种意义上

---

❶ 沈宗灵.法律责任与法律制裁[J].北京大学学报(哲学社会科学版),1994(1):40.
❷ 孙国华,朱景文.法理学[M].北京:中国人民大学出版社,1999:390.
❸ 张文显.法理学[M].第2版.北京:高等教育出版社,2003:149.
❹ 邓子滨.法律制裁的历史回归[J].法学研究,2005(6):68.

的强制行为的性质。最初它只有一种制裁——刑事制裁,即狭义的惩罚,涉及生命、健康、自由或财产方面的惩罚。最古老的法律只是刑法。后来制裁中才有区分:除惩罚外,还出现了一种特定的民事制裁,民事执行,也就是对财产的强制剥夺,旨在提供赔偿,即补偿非法造成的损害。❶ 拉兹认为,凯尔森的制裁概念还可以分为两种观念,即它是一种针对侵犯法律的行为而发生的,而且,它还是一种对于违法者本人不利的行为。还有,凯尔森的制裁概念还与责任概念有非常密切的关系。如果一个人对他自己的不法行为负有责任,他就有责任接受一种由此而来的制裁。❷ 从凯尔森对法律制裁的定义来看,他也是把制裁看作是一种惩罚。虽然民事制裁是补偿性的,但是他认为民事制裁与刑事制裁的不同主要是民法和刑法之间的不同,这两种情况下的社会技术却基本上是一样的。❸

新分析实证主义法学派的代表人物拉兹认为,法律规范的一个特点是批评性反映。批评性反映的功能被有组织的制裁提高到相当的程度,而这就是法律的特点。但是就制裁而言,它在下面四个方面不同于批评性反映❹:

(1)制裁是指剥夺法律权利或地位,强加法律义务,甚至包括剥夺生命、自由、健康和占有,以及其他一些与之类似的措施。每个社会的制裁或有不同。而批评性反映,正如上面所说的,只包括各种各样的表现。

(2)法律制裁的特点在于,通过使用武力来防止可能出现的破坏,相当数量的制裁的实现都应该得到保障。这可能是,但不一定就是社会规范的情况。

(3)制裁的本质是由相对准确的法律规定决定的,只有很少的和事先确定的制裁可以普遍地适用于每一种违反义务的行为。社会规范的特点在于,针对违反义务的批评性反映的本质仅仅由规范本身模模糊糊地规定,而且对于这些批评性反应也没有固定的限度。

(4)法律制裁的适用是有组织的,有义务或被允许实施制裁的人们是由法律严格规定的。更重要的还在于,制裁的适用是由人们特别(当然也并不总是如此)规定的,而这些人的社会职能就是规定制裁的适用。就社会规范而言,就没有这种专门机构。

在拉兹看来,法律制裁与社会规范中的制裁的区别仅仅在于法律制度中的多数制裁都有这样的特点。他认为制裁已经在很大程度上取代批评性反映,但是,制裁并没有彻底取代批评性反映。因为侵犯法律义务会遭遇到批评性反映

---

❶ [英]凯尔森.法与国家的一般理论[M].北京:中国大百科全书出版社,2003:54.
❷ [英]约瑟夫·拉兹.法律体系的概念[M].北京:中国法制出版社,2004:97.
❸ [英]凯尔森.法与国家的一般理论[M].北京:中国大百科全书出版社,2003:55.
❹ [英]约瑟夫·拉兹.法律体系的概念[M].北京:中国法制出版社,2004:180 - 181.

仅仅因为它们破坏了法律义务,然而缺乏这样的批评性反映并不意味着法律义务还不存在。❶ 总之,拉兹把制裁与义务联系起来。无论什么时候,只要某种适当种类的不利被当作是行为的后果而强加到某个个人身上,而且被认为是必要的,不管是为了恢复原状,为了赔偿由某人之行为所引起的损害,还是作为对该人行为的惩罚,这种不利就是制裁,而该人的行为就可以被视为违反义务。从这个角度看,无论是刑事惩罚还是各种各样的民事救济都是伴随义务而来的制裁。由此,我们看到拉兹把制裁看作为是一种不利后果,不管是惩罚性的不利还是救济性的不利,都是一种制裁。

实证主义法学家凯尔森和拉兹把制裁看作是一种惩罚,不是一种奖赏,而是一种不利后果。而从法社会学的角度来看,法律制裁不仅包括惩罚而且还包括奖赏。弗里德曼认为制裁是实施准则或规则的方法。法律制裁是由法律规定或授权的制裁。每个法律规则都含有或暗示法律后果的声明。这些后果就是制裁,即许诺或威胁。在弗里德曼看来,很多法律的社会精力以及很多社会对法律的投资都用于支持实施或威胁制裁的制度,然而对法律制裁及其对人们举动的影响的研究才开始。大部分的研究集中在一个问题,即惩罚是否能够起制止作用。他认为任何制裁理论首先必须接受下列事实,即惩罚的威胁有助于制止,正如奖赏有助于鼓励受奖赏的举动。❷ 然而法学研究总的说来对奖赏注意不多。表面上看,法律制度似乎使用惩罚比奖赏多;从某种意义上说,惩罚似乎更有效。仅仅威胁要惩罚就有制止作用,而奖赏的希望则刺激很小。❸ 但是在弗里德曼看来,这不能否认奖赏作为制裁一部分。他把制裁分为两类,奖赏和惩罚即积极和消极制裁。立法者认为被称为"惩罚"的制裁实际上痛苦,而"奖赏"实际上令人愉快,因而希望的举动结果会多少自动地产生。消极制裁一般是罚款和监禁、死刑等,在古代还表现为肉刑和其他体罚。现代其他惩罚还包括谴责、降级和丧失权利等。积极制裁一般形式就是做后给钱,其他形式还包括称号、荣誉、奖章和权力职位,还有微笑、握手和表扬等。❹ 究竟奖赏和惩罚哪个更有效,弗里德曼认为,很难计算和比较正式惩罚和正式奖赏为了要以经验为根据衡量法律使用惩罚或奖赏更有效。

---

❶ [英]凯尔森.法与国家的一般理论[M].北京:中国大百科全书出版社,2003:181.
❷ [美]劳伦斯·M 弗里德曼.法律制度——从社会科学角度观察[M].北京:中国政法大学出版社,2004:80-82.
❸ [美]劳伦斯·M 弗里德曼.法律制度——从社会科学角度观察[M].北京:中国政法大学出版社,2004:91.
❹ [美]劳伦斯·M 弗里德曼.法律制度——从社会科学角度观察[M].北京:中国政法大学出版社,2004:89-91.

托马斯·莱塞尔与弗里德曼对制裁概念表达相似,他把制裁分为两类:惩罚和奖赏,即消极制裁和积极制裁。消极制裁就是对违法者施加痛苦或恐吓。其目的首先是消除由违法行为造成的社会秩序紊乱。为了更好地理解消极制裁,他把消极制裁分为三组:第一组是最轻微的语言制裁,违法者的行为会遭到反对和谴责,犯人则会被嘲笑或咒骂,他会得到一个要求或警告。第二组是有形制裁,从体罚到剥夺自由的所有形式,包括死刑。第三组是可以把社会和经济制裁汇集起来。如货币和财产惩罚、公开展示等。积极制裁是指给符合规范的行为提供好处和奖赏。如赞扬、肯定、祝贺、授予称号和奖励、授予勋章和荣誉称号或礼物;还有任命、涨薪和提升以及提供非物质特权等。❶

关于积极制裁是否应该包含在制裁概念中,即制裁是否包含了奖赏?在目前没有一个统一答案。凯尔森、哈特和拉兹都不认为制裁包含了奖赏,他们认为法律制裁是一种法律惩罚。但是弗里德曼和莱塞尔却认为法律制裁包含了奖赏和惩罚。在莱塞尔看来,奖赏和惩罚是经常可以交换的。为了促使拾到失物者将相关的失物归还失主,法律既规定了悬赏,也规定了对私吞失物行为的惩罚措施。毫无疑问,悬赏比惩罚恐吓具有更大的归还动力。从本质上看,奖赏和惩罚都是一种社会控制的方式,也不宜把二者分开。法律用积极后果和消极后果、有效性作为和无效性作为向人们提供各种选择,借以疏导个人的私法自治行为,使他们遵循一般规则模式并将他们向指定的方向进行引导。因此,莱塞尔认为法律制裁包含积极制裁和消极制裁两个方面。但是他认为虽然奖赏和惩罚经常交换并在本质是不宜分开,但是并不意味着奖赏和惩罚没有区别,二者的区别表现为:对任何正常的行为都给予奖赏,是无意义的。❷

在这里,我们结合弗里德曼和莱塞尔的观点,认为法律制裁应指国家机关根据法律或授权对违法者进行的惩罚或给符合规范的行为提供好处和奖赏。

第二节 法律制裁在本体论中的地位演变

随着风险社会的来临,法律成为解决社会矛盾的一个重要方式。然我国现行法律制裁理念仍然偏重法律的强制性,而忽视法律的认同性,导致了我们总是寄希望法律的"严刑峻法"来消解冲突。在当今信息化社会,案件的后果和法律

---

❶ [德]托马斯·莱塞尔.法社会学导论[M].上海:上海人民出版社,2008:203-205.
❷ [德]托马斯·莱塞尔.法社会学导论[M].上海:上海人民出版社,2008:205.

制裁的后果由传统的封闭性转向了开放性,即由以前后果的可控性转向了后果的不可预测性。故此,不能再一味地用强制力的方式解决社会冲突,而必须考虑法律的认同性。然而,自20世纪50年代末开始,西方法理学各种理论在表达各自观点的同时却不约而同地对"强制力"观念予以弱化(有时甚至是消解),其主要表现形式是:承认在某些境遇中法律的实施有赖于"强制力"作为后盾,但取消"强制力"在法律概念理论中的基本特征的地位。❶ 这种弱化是否会最终取消制裁?本节将分析法律制裁在法律概念中的地位演变过程,指出仅强调法律概念的强制性排除认同性,抑或强调法律概念的认同性排除强制性,都是不全面的,强制与认同都是法律概念的两个基本要素。其目的在于引起人们重视法律的认同性,这有利于我国法律制裁理念的更新。本节将从三个方面加以论述:首先指出奥斯丁和凯尔森都在其理论中阐明制裁是法律概念的核心部分;其次,叙述哈特把制裁(主要是惩罚)从法律概念中排除出去;最后对制裁(强制)在法理学本体论的地位进行评析。

一、制裁作为法律概念的核心:奥斯丁和凯尔森的理论模型

在"前国家时期",制裁就出现了,当发生社会冲突时,主要是以赔偿来解决他们之间的纠纷。就中国原始社会而言,制裁侧重训导,同时辅之金钱抵赎。❷ 自国家出现后,最早的法律制裁,主要以刑罚尤其是死刑和肉刑为主,并且不断发展延续至近代。❸ 特别是在西方,出现了大量的法律制裁方面的思想。比如古希腊的柏拉图的惩罚改造论。❹ 中世纪神学自然法倡导者阿奎那主张:"法律有两个基本的特点:第一个是指导人类行动的规则的特点;第二个是强制力量的特点。"❺ 自近代以来,法律制裁由散见于各种哲学、政治和法律的理论中变成为法律的构成要素,并影响很多国家的立法。把法律制裁上升到法律概念的要素,归结为两个伟大的分析实证法学派的法学家:奥斯丁和凯尔森。

(一)奥斯丁的法律命令理论

说到奥斯丁就不得不提及边沁,他曾指出法律是主权者自己发布或所采纳的命令之总和,是国家力量处罚犯罪的威慑性命令。法律把义务强加给公民,并

---

❶ 刘星.法律"强制力"观念的弱化——当代西方法理学的本体论变革[J].外国法译评,1995(3):17.
❷ 邓子滨.法律制裁的历史回归[J].法学研究,2005(6):70.
❸ 邓子滨.法律制裁的历史回归[J].法学研究,2005(6):69.
❹ 吴新民.柏拉图的惩罚理论[D].杭州:浙江大学,2007.
❺ [意]T·阿奎那.阿奎那政治著作选[M].马清槐,译.北京:商务印书馆,1982:121.

制裁对法律的违抗。在边沁看来,主权者、命令和制裁成为理解法律概念的关键性要素。❶ 虽然边沁比奥斯丁早提出制裁成为法律概念要素的观点,但是由于对后世理论发展并无奠基作用,边沁的著作只是有助于理解奥斯丁理论的过程。因此,奥斯丁的理论模型就成为研究的首要对象。❷

奥斯丁的理论有两个命题:分离命题和法律命令理论。分离命题主张:"法律的存在是一回事,其好与坏是另外一回事;法是否存在是一个问题,它是否符合某一假设的标准是另外一个问题;一个实际存在的法就是法,即使我们恰巧不喜欢它。"❸在奥斯丁看来就是实证法与实证道德的分离,即法律与道德之间必然分离。奥斯丁的法律命令理论主要表现在三个方面:一是所有"法"或"规则"(作为能够准确地给予最为丰富含义的术语),都是"命令"。我们也可以这样认为:人们所说的准确意义上的法或规则,都是一类命令。命令是理解法理学和伦理学内容的一个关键。❹ 二是一个命令是一个愿望的表达,一旦愿望不被服从,可以施加不利的后果。一个命令区别于其他种类的要求的特征,不在于表达要求的方式,而在于命令一方自己要求没有被服从的情形下,可以对另外一方施加不利后果,或者痛苦,并且具有施加的力量,以及目的。❺ 三是在主权理论的支持之下,并非所有的命令都是法律,只有政治优势者对于政治劣势者颁发的命令或者由具有统治权的理智人对于其治下的理智人颁布的命令,才是适当意义的法律用法。❻ 奥斯丁把法律同命令联系起来的主要目的有二:其一,是想借助命令的含义解释法律、义务、制裁等相关术语的含义及其相互之间的联系;其二,区分作为法律的普遍命令与不具备法律性质的个别命令之间的界限,以便进一步明确法学的研究对象。❼ 为此,可以把奥斯丁的命令理论模型归纳为三个方面:第一,某人设想他人应该行为或不为的愿望或意欲;第二,如果后者拒绝将会出现来自前者实施的不利后果;第三,意志用言语或其他标记来表达或宣布。❽ 从这一理论模型中,我们看到奥斯丁把命令与不利后果紧密联系起来,不利后果成为命令的意义中的不可或缺的组成部分。在奥斯丁看来,命令、义务和制裁是分开而又相互联系的术语,每个都具有与其他两个术语相同的含义,当说"命令"

---

❶ 钱锦宇.论法律的基本必为性规范[D].济南:山东大学,2008:157.
❷ 陈景辉.法律的界限——实证主义命题群之展开[M].北京:中国政法大学出版社,2007:36.
❸ 陈景辉.法律的界限——实证主义命题群之展开[M].北京:中国政法大学出版社,2007:38.
❹ [英]约翰·奥斯丁.法理学的范围[M].刘星,译.北京:中国法制出版社,2003:17.
❺ [英]约翰·奥斯丁.法理学的范围[M].刘星,译.北京:中国法制出版社,2003:18.
❻ [英]约翰·奥斯丁.法理学的范围[M].刘星,译.北京:中国法制出版社,2003:14.
❼ 陈景辉.法律的界限——实证主义命题群之展开[M].北京:中国政法大学出版社,2007:39.
❽ 刘星.法律是什么[M].北京:中国政法大学出版社,1998:19.

时,是指愿望的表达或宣布;当说"义务"时,是指发生恶果的可能性;当说"制裁"时,是指付诸实施的恶果本身,即不利后果。❶ 由此推论,奥斯丁就把制裁当成了法律概念的组成部分。

值得指出的是,奥斯丁也意识到,法律不一定完全等同于命令。于是奥斯丁把命令分为两类:法律与个别命令。把法律混同于命令也正是后来哈特批判奥斯丁法律命令理论之一。既然法律是一种命令,那么抢匪下的命令、教师对学生下的命令,如何与法律相区别?于是引出了奥斯丁法律命令理论的第二个要素:具有统治权的政治优势者。在奥斯丁看来,法律不但是具有普遍性的命令,而且这一命令也必须来自于政治优势者。政治优势者就是在独立的国家和独立的政治社会中,行使最高统治权力和次等统治权力的人。❷ 奥斯丁认为,只有政治优势者才能取代本质、神谕与理性等概念,为法律提供权威性。也即主权者的命令这个事实充当了法律权威性的来源。政治优势者这一要素,清楚的点出了规范中的上下位阶秩序的关系。但是这个的等级是在命令的发出者与命令的接受者之间而言的。至于命令发出者之间的效力等级,奥斯丁认为是同等级的效力,这就为凯尔森批判奥斯丁的命令理论提供了基础。

(二)凯尔森的规范制裁理论

奥斯丁的命令理论可以这样来理解,通过主权者的政治优势,使得其命令具有产生义务的功能。其中,由命令到义务还需要附加制裁的概念,最终命令、义务、制裁三位一体。奥斯丁认为一个命令只有在对于所针对的人有约束力、这个人应当做命令所要求的事的时候,这个命令才是一个规范。凯尔森认为奥斯丁对命令所做的分析是错误的,他从两个方面对奥斯丁的命令理论模型进行批评,一是规范约束力的来源问题;二是法律规范内部缺乏明确的效力等级。在此基础上提出了规范制裁理论。

1. 规范约束力的来源

奥斯丁认为规范约束力来源于政治优势者,凯尔森认为奥斯丁把"命令"与"有约束力的命令"两个概念等同起来,但是并不是每个具有优越性权力的人所发出的命令都是有约束力的。一个盗匪发出的命令是没有约束力的,即使该盗匪实际上能强行实现他的意志。凯尔森认为,一个命令之所以有约束力,并不是因为命令人在权力上有实际优势,而是因为它"被授权"或"被赋权"发出有约束力的命令。而他之所以"被授权"或"被赋权",是由于一个预定是约束力的规范

---

❶ 刘星.法律是什么[M].北京:中国政法大学出版社,1998:20.
❷ [英]奥斯丁.法理学的范围[M].刘星,译.北京:中国法制出版社,2003:14.

性命令授予它这种能力,即发出有约束力命令的权限。因而,即使命令人对接受命令人事实上并没有什么实际权力,但他指向另一人行为的那种意思表示,便是一个有约束力的命令。命令的约束力并不来自命令本身,而却来自发出命令的条件。❶ 也就是说,具有约束力的命令成为法律规范,是因为这些命令是由有权限的机关所作出的,而这个机关是不具有人格性的。

因此,凯尔森认为将法律规范视为一种命令的说法只有在一种有限的意义上才能成立。在奥斯丁看来,使法律成为命令者正是法律的约束力,即当我们将法律称为一种命令时,我们所说的法律表示的仅是一种"规范"的事实。在分离命题上,奥斯丁和凯尔森没有多大差别,但是在命令理论上二人出现了分歧。凯尔森的理论继承了新康德主义的基本立场,新康德主义的哲学传统认为知识并非来自经验,而是来自特定概念。基于此,凯尔森认为,不能从"是"推出"应当",而只能从一个"应当"推出另一个"应当"。法律是规范,属于"应当"的领域。规范的效力来源只能是另一个规范,而不能来自于事实。凯尔森认为:"一个规范效力的理由始终是一个规范,而不是一个事实。探求一个规范效力的理由并不导致回到现实去,而是导致回到由此可以引出第一个规范的另一个规范。"❷ 也就是说,一个规范的效力根据始终是另一个规范(其上位规范)而不是一个事实(如主权者命令)。在这种意义上,凯尔森与奥斯丁在规范约束力的来源上区分开来。

2. 规范的效力等级

凯尔森了解到奥斯丁对于法律性质的命令理论解释的缺失,但他没有完全否定奥斯丁的命令观点,而是将命令的定义修改为由一个不具有人格的机关所组成,但仍保留原先存在于命令概念中的上下位阶关系,并以此建构他的规范理论,所谓的规范就是一种不具人格性的命令。

我们从奥斯丁的命令理论中看到,法律规范内部的效力等级是不明确的,这就意味着奥斯丁的实在法内部不存在紧密的联系。一个法律规范与另一个法律规范之间缺乏效力上的联结,每一个法律规范都只是作为政治优势者的单个命令而存在,因此它们都是具有同等效力的。❸ 然而,一旦法律内部缺乏明确的效

---

❶ [英]汉斯·凯尔森.法与国家的一般理论[M].沈宗灵,译.北京:中国大百科全书出版社,1996:33.

❷ [英]汉斯·凯尔森.法与国家的一般理论[M].沈宗灵,译.北京:中国大百科全书出版社,1996:125.

❸ Joseph Raz. The Concept of a Legal System: An Introduction to the Theory of Legal System. New York : Oxford University Press,1980:5-6.

力等级,将会破坏法律的统一性与规范效力的链条。❶ 在命令理论中,虽然法律内部的等级效力是不明确的,但是等级的效力在命令的发出者与接受者之间是明确的,命令接受者必须服从命令,否则就会遭受不利后果。然而在凯尔森看来,命令发出者与接受者之间的等级效力,只是一个事实描述,而不是一个规范性的或是"应然"的。假如这种情况发生在契约的场合下,就会出现一个人既发出命令又受到命令的拘束。严格地说,任何人都不可能命令他自己。但规范可由受规范所拘束的同一个人所创造。❷

凯尔森在批判了奥斯丁的规范效力等级后,提出了"基础规范"假设,来论证法律内部的效力等级。凯尔森认为一个国家的法律构成一个逻辑严密的等级体系,好像一个逐级授予效力的金字塔。每一个层次中规范的效力都来自它上一层次规范的授权,依次向上,直到最顶端的规范——宪法。人们还会进一步追问,宪法的效力来自何处? 这就问到我们遵守法律的终极原因。凯尔森在此提出了基础规范概念:所有法律的效力来自宪法;宪法的效力又来自最早的宪法。最早宪法的效力来自一个基础规范。于是我们就停在了那个最终为其他一切规范提供效力的规范上,这个"不能从一个更高规范中得来自己效力的规范,我们称之为'基础'规范。可以从同一个基础规范中追溯自己效力的所有规范,组成一个规范体系,或一个秩序。"❸正是由于基本规范在效力链条中所处的最终地位,使得所有的法律规范组合成为等级明确、条理分明的法律体系。那么基本规范的效力来自何处? 凯尔森认为基本规范的效力不是来自事实,也不是来自另一规范,而是来自一种超验逻辑的预设。

3. 规范制裁理论

凯尔森批判了奥斯丁的命令理论,但是二人在两个方面是有共同点的,一是分离命题;正是二人对分离命题的坚守,使得把二人的理论归于实证主义名称之下。由于分离命题不是本文论述的重点,所以本文没有过多论述。二是两个人的理论模型都是以制裁为中心的。奥斯丁和凯尔森不仅坚持分离命题,他们各自还提出了命令理论和规范理论,只是相比分离命题而言,命令理论和规范理论显得次要。命令理论和规范理论都是以制裁为中心,比如奥斯丁将命令、义务、制裁视为三位一体;凯尔森的规范理论同样将制裁视为必不可少的要素。凯尔森认为,不论是在实证法秩序还是实证道德秩序,制裁都是规范的必要成分,因

---

❶ 陈景辉.法律的界限——实证主义命题群之展开[M].北京:中国政法大学出版社,2007:45.
❷ [英]凯尔森.法与国家的一般理论[M].沈宗灵,译.北京:中国大百科全书出版社,1996:38.
❸ [英]凯尔森.法与国家的一般理论[M].沈宗灵,译.北京:中国大百科全书出版社,1996:126.

为制裁确保了整个规范秩序的实效,而实效是规范效力的条件之一。在道德秩序下,行为规范是主要规范,制裁规范是次要规范,二者之间没有本质上的联结。但是,在法律秩序下,制裁规范是主要规范,而行为规范是次要规范,法律中的行为规范往往蕴含在制裁规范之中。

因此,凯尔森的规范制裁理论模型可以归结为三个方面:(1)法律只能透过在行为违反规范时课予制裁的方式,来命令或要求某个行为;(2)制裁形式是所有法律规范的特征。只有以制裁形式出现的规范才能视之为法律规范,授权规范只是依附性的规范;(3)对于法律规范而言,要求为某种行为的行为规范是多余的。因为法律义务来自于制裁规范,其可以从制裁规范中逻辑的导出。❶

奥斯丁的命令理论和凯尔森的规范理论在制裁上的共同点在于法律制裁与法律义务的关联关系。奥斯丁认为命令、义务和制裁是三位一体的,在此不必再多叙述。在制裁与义务的关系上,凯尔森论述道:"法律是一种秩序,通过一种特定的技术,为共同体每个成员分配义务从而决定他们在共同体中的地位;它规定一种强制行为,对不履行义务的共同体成员加以制裁,如果我们忽略这一要素,我们就不能将法律秩序与其他社会秩序区别开来。"❷奥斯丁与凯尔森在法律制裁上的不同体现在两个方面:一是奖赏是否为制裁一部分。奥斯丁认为奖赏不是制裁。❸虽然洛克、边沁等认为制裁包括惩罚和奖赏,即制裁包括不利后果和有利结果,但是奥斯丁认为将"制裁"或"强制服从"这些术语不加限制地使用,不可避免地将会导致许多混乱,而且,将会使人深感困惑。将奖赏说成是服从命令和履行义务的制裁,或者强制,肯定是远远偏离了这一术语的原有意思。事实上,对那些依奖赏规定的行为人来说,这是授予了一项权利,而非设定了一项义务。因为仅仅是由于发生不利后果的可能性,义务才具有了制裁性,或者强制性。恰恰是实施实际的不利后果的目的和权力,而不是给予有益结果的目的和权力,才赋予了"要求"的表达以命令的形式。❹而凯尔森则认为奖赏是制裁的一部分。在凯尔森看来,制裁有两种类型,即在不服从时所威胁的不利(最广义的惩罚)与服从时所约许的利益(奖赏)。但凯尔森认为奖赏的作用没有惩罚的作用大。对奖赏的期望只有次要的意义。❺ 二是制裁中是否存在心理因素。

---

❶ 杨道弘.纯粹性的追求——Hans Kelsen 的基本规范理论[D].中国台湾:台湾大学,2006.
❷ [英]凯尔森.法与国家的一般理论[M].沈宗灵,译.北京:中国大百科全书出版社,1996:29-30.
❸ [英]约翰·奥斯丁.法理学的范围[M].刘星,译.北京:中国法制出版社,2003:21.
❹ [英]约翰·奥斯丁.法理学的范围[M].刘星,译.北京:中国法制出版社,2003:22.
❺ [英]凯尔森.法与国家的一般理论[M].沈宗灵,译.北京:中国大百科全书出版社,1996:18.

在奥斯丁的定义中,对于制裁的恐惧是法律的性质的一部分,"简单来说,我是因为害怕失去利益和害怕不利后果,而决定或打算服从别人的要求的。……仅仅是因为存在着发生不利后果的可能性,我才被迫或者必须去服从别人的要求。"❶但在凯尔森看来,对于命令内容的分析不能建立在恐惧的心理事实之上。在法学的定义中出现像恐惧之类的心理学概念的要素是不对的,于是凯尔森对法律义务定义道:"经由遵守法律义务的行为,不法因而被避免,因此该行为的违反便构成了制裁的条件。"❷把心理学、道德、政治、社会学等因素排除法律科学领域,这也是凯尔森纯粹理论中纯粹性的一个保证。因此,凯尔森把规范的约束力不是建立在心理现象或道德现象之上,而是建立在规范的客观性之上。❸

奥斯丁和凯尔森作为实证主义的重要代表人物,两人的理论模型中都包含了"分离命题"和把"制裁"视为法律概念的核心。比如凯尔森认为,一个规则之所以是法律规则(而不是别的规则),是由于它规定了一个制裁。❹ 由于我们过于注重他们提出的分离命题,而忽视了他们提出的"制裁"在法律概念中的重要地位。事实上,在奥斯丁和凯尔森的理论模型中,分离命题与制裁是有着紧密的联系的,因为分离命题割断了法律与道德或者法律义务与道德义务之间的必然联系,那么法律的约束力来自何处?或者人们为什么服从法律?制裁则提供了独立于道德义务的法律义务的解释。也就是说,奥斯丁和凯尔森把分离命题和制裁二者联系起来,作为实证主义成立的两个基本要素,因而,制裁也就成为法律概念的核心要素。制裁真的是法律概念的核心要素吗?这个问题为哈特的理论的兴起奠定了基础。

二、制裁被排除法律概念之外:哈特的理论模型

陈景辉在其著作《法律的界限:实证主义命题之展开》一书中,把哈特的理论模型主要概括为分离命题和承认规则两个方面。❺ 本书也认同这种概括。虽然凯尔森对奥斯丁的命令理论进行了批判,但是二人在分离命题和制裁作为法

---

❶ [英]约翰·奥斯丁.法理学的范围[M].刘星,译.北京:中国法制出版社,2003:22.
❷ [英]凯尔森.法与国家的一般理论[M].沈宗灵,译.北京:中国大百科全书出版社,1996:67.
❸ 说某人应当在一定的方式下行为,并不意味某个他人意欲他如此,或是命令他这样做,也不意味着他实际上就是如此行为。规范仅表示出这样的观念:某件事应当发生,特别是一个人应当以某种方式行为。所以认为一个人应当以某种方式行为亦即意味着,这个行为是由一个规范所规定的。因此,应当不过表示出人类的行为受到一个规范的规定这个特殊的意义。即客观性。正是因为规范的客观性,使得凯尔森与奥斯丁把制裁建立在恐惧的心理学之上区别开来,也使得规范与盗匪的命令区别开来。
❹ [英]凯尔森.法与国家的一般理论[M].沈宗灵,译.北京:中国大百科全书出版社,1996:30.
❺ 陈景辉.法律的界限:实证主义命题之展开[M].北京:中国政法大学出版社,2007:82.

律概念的核心上是相同的,二人都主张制裁是法律概念的核心要素。但哈特认为,以制裁(惩罚)为中心来看待法律概念这是一种外在观点的认识,他通过内在观点对法律规范性或约束力的解释,否定了制裁(惩罚)与分离命题的联系,进而把制裁排除在法律概念之外。下面论述哈特是如何把制裁排除法律概念之外的。

(一)哈特的分离命题与最低限度内容的自然法

在分离命题这个中心主题上,奥斯丁、凯尔森和哈特的认识基本上是相同的,比如奥斯丁认为法律的存在是一回事,其好坏是另一回事;凯尔森基于价值相对主义对于法律之道德评价的否认;哈特以承认规则的论证坚持法律与道德之间的区分,都表明三人坚持分离命题。正是基于分离命题我们把三人归为实证主义的代表人物。

分离命题的核心就是坚持法律与道德的区分,奥斯丁和凯尔森坚持法律与道德之间没有必然的联系,道德问题对法律来说没有太重要的意义,所以把道德的研究排除在法学领域之外。然而,哈特与奥斯丁、凯尔森不同,哈特认为法律与道德间的某些关联是很难否认的,任何社会或时代的法律发展,事实上都会受到特定社会群体里约定俗成的道德和理想深远的影响。但是我们不应该非法引用这个事实,借以证明其他不同的命题:也就是说,法律体系必须和道德或正义有特别的一致性关系,或是必须奠基在人们普遍接受的想法上,认为守法是道德上的义务。再者,即或这个命题在某个意义下为真,但是我们并不能因此推论说,法律体系中特定法律的法律有效性判准,无论是外显或内隐的,都必须和道德或正义有关。❶ 从哈特这段话逻辑推出:一方面,哈特承认在法律与道德之间事实上存在多种关系;另一方面,即使存在上述状况也无法推导出法律必须遵循道德要求的结论。总之,哈特认为,法律和道德是有联系的,但并无必然的联系。

正是法律与道德有一定的联系,为哈特的"最低限度自然法"提供了基础。哈特认为最低限度自然法表明法律与道德存在某些最为基本的共同之处,但并不意味着法律必须满足基本的道德要求,最低限度自然法不属于道德领域,而是社会得以存在的最为基本的条件。最低限度自然法使得哈特与奥斯丁、凯尔森区分开来,但是最低限度自然法并不能否定分离命题,因此,我们把哈特归为新实证主义的代表人物。

(二)承认规则与内在观点

奥斯丁、凯尔森和哈特三人在分离命题上具有一致性,但是,凯尔森和哈特

---

❶ [英]H L A 哈特.法律的概念[M].许家馨,李冠宜,译.北京:法律出版社,2008:173-174.

都对奥斯丁的命令理论进行了批判,因为命令理论模型最大问题在于无法为法律的规范性提供说明,也不能很好的解释法律内部的效力等级问题。虽然凯尔森和哈特都认同法律的规范性,但是二者也有区别的,凯尔森的法律规范性体现在基础规范上,而哈特的法律规范性体现在承认规则上。

哈特通过假设某一只有课予义务的规则在简单的社会,存在不确定性、静态性和无效率性三个缺陷,分别引进承认规则、改变规则和裁判规则加以补救。哈特认为一切规则中,承认规则居最高地位,因为它是判定其他规则是否足以具备法律身份的基准。承认规则会指出某个或某些特征,如果一个规则具有这个或这些特征,众人就会决定性地把这些特征当作正面指示,确认此规则是该群体的规则,而应由该社会的压力加以支持。❶ 在鉴别法体系中的特定规则时,法院或其他人对于未经明述的承认规则之使用,正好表明这是一种内在观点。使用这些承认规则的人以此表明他们接受承认规则作为引导。❷ 对于持内在观点的人,对于规则,人们作为某一群体的成员不但接受这些规则,而且用它们来指导自身行为。而对于外在观点的人,对于规则,人们站在观察者的角度,而本身并不接受规则。❸

哈特通过承认规则和内在观点,对奥斯丁的命令理论进行了批判。奥斯丁认为人们服从法律主要是害怕法律制裁,哈特承认在社会中的确存在拒绝接受规则并且当判断违反规则会遭到制裁时才关心(或被迫接受)规则的人,但这类人是持外在观点的人。奥斯丁忽视了另外一类人,即社会中作为官员、法律工作者或者私人,他们在反复出现的情况中,使用这些规则来指导社会生活中的行为,并以之作为主张、要求、允许、批判或惩罚的基础。这类人是一种持内在观点的人。持内在观点的人认为义务不等同于被强迫,也不是将义务视为对于不利后果出现的预测,更非某种神秘的心理压迫感,义务只不过是规则提供的行为标准之一。即使没有被强迫、不利后果或压迫感,遵循义务的行为仍将存在,因为行为人已经将义务所在的规则当作自己行为的正当标准。❹ 当我们由外在观点转向内在观点,奥斯丁围绕着制裁展开的理论构想将失去解释力度,因为制裁不过是对于某种行为所引发的征兆的外在描述而已,即使所有违法义务的行为都会引致某种程度的惩罚,但是惩罚依然不是认识法律(义务)的关键点,因为法律更多地表现为行为人以规则作为指导自身行动的标准这个内在面向。所以即

---

❶ [英]H L A 哈特.法律的概念[M].许家馨,李冠宜,译.北京:法律出版社,2008:89.
❷ [英]H L A 哈特.法律的概念[M].许家馨,李冠宜,译.北京:法律出版社,2008:96.
❸ [英]H L A 哈特.法律的概念[M].许家馨,李冠宜,译.北京:法律出版社,2008:84.
❹ 陈景辉.法律的界限:实证主义命题之展开[M].北京:中国政法大学出版社,2007:67.

使不存在与制裁相关的内容,义务与对规则的遵守仍然可能存在。正是通过内在观点的解释,哈特成功地将惩罚从法律概念的组成要素中驱逐出去。❶

三、法律强制力观念的弱化

奥斯丁和凯尔森两人的理论模型的共同点是分离命题+制裁作为法律概念的核心,从中我们看到法律的强制力在法律概念中占据重要地位。而哈特的理论模型提出了分离命题+承认规则,把制裁(惩罚)排除在法律概念之外,进而弱化了法律的强制力观念。

（一）西方法理学学界对法律强制力观念弱化的分歧

在刘星看来,"强制力"一词与"制裁"的概念密切相关,可以认为,"制裁"就是"强制力"的具体实现。❷ 奥斯丁和凯尔森提出制裁作为法律概念的核心以后,对西方法理学的本体论产生了重要影响。奥斯丁和凯尔森提出制裁作为法律概念的重要组成部分,也获得不少人的支持。就自然法学派而言就有两位重要人物:罗尔斯和约翰·菲尼斯。还有来自实用主义法学的霍姆斯。具体而言,罗尔斯认为:"在一个组织良好的社会里,为了社会合作的稳定性,政府的强制权力在某种程度上也是必要的。"❸强调了强制与制裁对社会秩序的重要性。菲尼斯认为:"法律需要具有强制性(首先是通过惩罚性制裁,其次是通过防范性的干涉和限制)。"❹他还强调制裁有两大功能:一是对社会成员的教育功能;二是对正义或公正的维护功能。正是基于这两大功能,菲尼斯强调制裁是法律的必要因素,一个缺乏制裁力的法律不是真正的法律。❺ 霍姆斯则从坏人的视角对法下定义,❻与奥斯丁的立场是一致的。霍姆斯认为:一项所谓的法律义务并非别的,而是一个预测,即,如果某人作为或不作为一定的事情,那么他将会遭受

---

❶ 陈景辉.法律的界限:实证主义命题之展开[M].北京:中国政法大学出版社,2007:67-68.
❷ 刘星.法律"强制力"观念的弱化——当代西方法理学的本体论变革[J].外国法译评,1995(3).
❸ [美]约翰·罗尔斯.正义论[M].何怀宏,等译.北京:中国社会科学出版社,1988:230.
❹ [美]约翰·菲尼斯.自然法与自然权利[M].董娇娇,等译.北京:中国政法大学出版社,2005:213.
❺ 吕世伦.现代西方法学流派(上卷)[M].北京:中国大百科全书出版社,2000:59.
❻ 霍姆斯指出:如果你只想知道法律而不是其他什么东西,那么你就一定要从一个坏人的角度来看法律,而不能从一个好人的角度来看法律,坏人只关心他所掌握的法律知识能使他预见到的实质性后果,而好人则总是在模糊的良心许可状态中去寻找他的行为的理由,不论这种理由是在法理之中还是在法律之外。……如果我们采取我们的朋友(坏人)的观点,那么我们就会发现,他毫不在乎什么公理或者推论,但是,他确实想知道马萨诸塞州或英国的法院事实上将做什么。我很同意这种人的观点。我所说的法律,就是指法院事实上将做什么的预言,而绝不是其他什么空话。参见:[美]E 博登海默.法理学:法律哲学与法律方法[M].邓正来,译.北京:中国政法大学出版社,2001:152.

由法院做出的这样或那样的判决所引发的制裁。❶ 在霍姆斯的法律义务定义中,制裁占据重要的地位。

反对上述把制裁作为法律概念重要组成部分的哈特,也不是孤单的。其中有一位有重要影响力的盟友(主要指在反对制裁作为法律概念的核心上而言),那就是新自然法学派的富勒。富勒将法律本身与强制力分割开来。在他看来,为了抑制暴力,强制力的运用在某些时候是必需的,但强制力的运用并不是法律的特征,它只是法律自身以外的一个为实现某种目的的一种工具。正如:"现代自然科学严重依赖于各种度量和实验设备;没有这些设备它就不可能取得其已经取得的这些成就。但没有人会因此就得出结论说:自然科学应当被定义为度量和实验设备之使用。"❷

关于法律强制力是否弱化的观念,争论仍然在进行,不断有学者加入其中的某一边。

(二)法律强制力的弱化

对于一个规则我们究竟是被迫服从还是认同而欣然接受?这其实就是奥斯丁与哈特争论的缘由。哈特认为法律规则包括两种:初级规则与次级规则。❸ 初级规则是课予义务,其规范的对象是人们具体的行为或变动;次级规则是授予权力,包括公共的或私人的,其运作方式不只是导致了具体行为或变动的规则,也产生了责任或义务的创设或改变的规定。❹

对于初级规则或次级规则而言,哈特认为民众对这两种规则的接受是法体系存在的前提条件。对于课予义务的初级规则,其约束力的基础乃在于多数人对它们的接受,而且多数人还会对不合作的社会成员施加强大的压力迫使其遵守这些规则。❺ 也就是说,制裁是在多数人对规则的认同和接受的基础上产生的。❻ 对于授予权力的次级规则,哈特认为法律的真正基础在于作为整体的社会接受一项基本的次级规则(主要是承认规则)。因此,在哈特的理论中,民众对次级规则或承认规则的接受在绝大部分法体系中是相对重要的。特别是作为

---

❶ [美]斯蒂文·J 伯顿.法律的道路及其影响:小奥利弗·温德尔·霍姆斯的遗产[M].张芝梅等,译.北京:北京大学出版社,2012:325.

❷ [美]富勒.法律的道德性[M].郑戈,译.北京:商务印书馆,2005:29.

❸ 次级规则分三类:承认规则、变更规则与裁判规则。

❹ [英]H·L·A 哈特.法律的概念[M].许家馨,李冠宜,译.北京:法律出版社,2008:77.

❺ [美]博登海默.法理学:法律哲学与法律方法[M].邓正来,译.北京:中国政法大学出版社,1999:126.

❻ 也就是说制裁必须有来自民众的认同和接受或者主权者认同或接受。没有认同和接受,就不会产生正确性的判断和对偏离行为者的批判,也就无所谓制裁了。

次级规则的承认规则,一定被政府官员接受,并作为官员行为的共同批判标准。

归纳起来,无论是初级规则还是次级规则,都一定存在被接受或认同。根据哈特的理论,在常态的法体系中,具体表现在两个方面:一是民众一般对初级规则或承认规则的接受;二是政府官员必须接受承认规则以及民众可以接受承认规则。但后来,哈特又提出了最低限度的法体系,对常态法体系进行了修正,指出法体系主要满足两个条件就可以:一是一般人民服从初级规则;二是政府官员接受次级规则作为官员行为的共同批判标准。❶

至此,笔者认为,哈特所描述的常态法体系,在法律概念中排除强制而仅强调认同,只是在一定意义上才能成立。一是基于政府官员对承认规则的接受和认同,哈特把制裁排除在法律观念之外。虽然有民众对初级规则或承认规则的认同和接受,即不排除有些人从内心的认同法律规则,但从古到今,无论在哪个社会都没有出现过所有民众都认同法律规则。然哈特在法律规则中强调了承认规则在法体系中占据重要地位,他认为承认规则必须被接受,我们认为这个观点的成立,只能建立在政府官员一定接受承认规则这一点上。也只有在这个意义上,哈特才能把制裁排除在法律概念之外。二是基于统治者共同体对初级规则的共识和认同,哈特把制裁排除法律概念之外。就算是在初级规则中,民众不接受它,被迫服从初级规则,但是哈特潜藏着另外一层含义,即初级规则中课予的义务可能来自主权者的意志,主权者的意志体现了统治者共同体的共识和认同。也就是说,初级规则得不到民众的认同和接受,也会得到主权者的认同和接受,否则就不会出现批判标准。所以法律强制力的弱化,其实质是在法律概念中弱化强制性,让法律的认同性在法律概念中占主导地位。

就哈特最低限度的法体系而言,是一个高贵梦,因为当今世界,大部分国家在"实然"方面没有做到政府官员一定要接受承认规则,只有一种"应然"的可能性而已。

(三)强制与承认作为法律概念的两个基本要素

上述论及哈特把制裁排除法律概念之外,是一个高贵的梦。如果奥斯丁和凯尔森仅仅把制裁作为法律概念的核心要素,不重视对规则的认同和接受,那么规则得不到民众的认同和接受,仅仅靠统治者的强制力付诸实施,法律规则治理会让国家和社会付出极大的成本。实际上,哈特把制裁排除法律概念之外,只是从统治者共同体或法律共同体这个角度来看问题,而忽视了法律的一般受众的

---

❶ 苗炎.哈特法律规范性理论研究——以法律实证主义传统为背景的分析[D].长春:吉林大学,2007:94.

认同问题。在哈特的法律概念中,规则得到统治者共同体或法律共同体的认同或承认,规则就是存在的并且也是正当的。至于规则是否得到民众的认同和接受,不影响法律规则的存在。相反,奥斯丁和凯尔森仅仅把制裁作为法律概念的核心要素,不重视对规则的认同和接受,即使规则得不到民众的认同和接受,仅仅靠统治者的强制力也可付诸实施。

到目前为止,主张摒弃"强制力"(尤其是国家强制力)为法律的基本特征的主要观念,除了哈特的内在观点外,还有主张社会合意的理论以及权威理论等。这些理论都持这样的态度:人类遵行法律,并非被迫如此,而是他们同意,至少默许它的运行,法律体系所能够发挥功用,就是由于这种同意,而非强制力的威胁。❶ 这些理论都看到了国家权力在社会治理中得到限制,甚至隐藏起来。因此,奥斯丁和凯尔森等主张的制裁作为法律概念的核心的理念,是有失偏颇的。就社会现实而言,今天的法律也不完全如奥斯丁等所说强制力占据核心地位,法律的制定和实现也需要民众的认同和接受。因为对规则的认同和接受是一个普遍的现象,大部分人基于共同的信念期待,为了共同的优质生活,遵守规则(包括社会规则和法律规则),而不是基于制裁的恐惧。另一方面,哈特等主张把制裁排除在法律概念之外,否定法律的强制力(或弱化法律的强制力),这种认识过于极端。目前支持法律强制力的理论,除了奥斯丁和凯尔森的理论外,还有人性恶论、统治者权力至上说、立法意志说和功利主义等。这些理论无一例外的强调了国家权力在制裁中的作用。我们也可称为国家强制。丹尼斯·罗伊德发出这样的疑问:我们是否可以废除强制力?❷ 弗洛伊德指出人类有一种强烈的侵略性,这种侵略性可以压制、可以升华,但不能消灭,因此强制力确有必要。即使大部分人可以通过伦理教条来规训其侵略性,但总有一部分人的侵略欲无法用伦理教条控制。在罗伊德看来,之所以看到强制力的弱化,是因为强制力的使用变得越来越有规律,也越来越能有效地施于不服从它的人,强制力逐渐退居幕后已是进步国家法律上的一项特色。❸ 但这绝不能说强制力退出法律概念之外。也正如福柯所言,惩罚并不是越来越人道化,只不过是知识——权力策略的使然。如果就此认为强制力弱化,在奥利福克罗纳看来是一种"致命的幻觉"。他认为,真正的武力深藏幕后,法律运行不会受到干扰,这是现代国家一种奇迹,武力的正当使用减少的非常多,简直快要被人忽略。这种情形,很容易造成一种观

---

❶ [英]丹尼斯·罗伊德.法律的理念[M].张茂柏,译.北京:新星出版社,2006:23.
❷ [英]丹尼斯·罗伊德.法律的理念[M].张茂柏,译.北京:新星出版社,2006:26.
❸ [英]丹尼斯·罗伊德.法律的理念[M].张茂柏,译.北京:新星出版社,2006:28.

念,以为武力是法律题外之物,或是只居次要的地位。这是一种致命的幻觉,武力的使用能够减少到目前程度的一个重要因素,是法律所支配的力量势不可挡,任何可能和它作对的人都难以抗衡。这是根据现代观念所建国家的共同目标。因此,反抗根本无济于事。❶

奥斯丁和凯尔森等主张制裁作为法律概念的重要组成部分,而不纳入认同和接受,这种观念过于极端,一个法律完全依赖强制力,这种现象也曾出现过,比如纳粹德国。但是这样社会秩序只能在短时期内存在,长期而言,很难维持。另一方面,确实存在出于内在观点人对法律规则的认同和接受。就哈特等主张把制裁排除法律概念之外,认为承认和接受是法律规则的核心要素。这种观念也过于极端。国家权力深藏幕后,不能就此认为强制力弱化,而只是权力策略的使然和权力力量的势不可挡。因此,笔者认为,认同和强制是法律的两个基本要素。在这里特别指出的是,哈特的理论中其实已经隐含了认同和强制是法律的两个基本要素。那就是哈特提出的最大限度的法体系:民众对初级规则的服从和政府官员对次级规则的承认。只是哈特因为强调他的承认规则,生硬地把制裁(强制)排除在法律概念之外。托马斯·莱塞尔也认为:强制与承认作为法律的两个基本要素。在他看来,对一个规范的自愿承认与强制性的服从不是相互排除的两个选择项,而是法律效力的两个在现实中彼此纠缠、相互转变、通过不断变动不同的相对强度共同作用的互补要素。❷

就我国现行法律制裁理念而言,仍停留在奥斯丁和凯尔森描述的法律概念之中,坚持法律的强制性,忽视哈特强调的法律的认同性,没有随着法律强制力观念的弱化而变更我国法律制裁的理念。其结果表现为:在一些立法中忽视民意,不寻求民众的认同,导致法律执行难;在司法中无视社会价值观,裁判结果引起社会巨大分歧,导致社会对立;在民众中,严刑峻法思想仍然很严重,阻碍了"宽严相济"政策的推行。要改善这些问题,需要吸纳法律的认同性,把强制和认同作为法律概念的两个基本要素,来改革我国现行法律制裁理念。尤其哈特强调的政府官员和法律共同体必须认同法律规范,作为批判标准,对我国法律实施有着重要的现实意义。

---

❶ [英]丹尼斯·罗伊德.法律的理念[M].张茂柏,译.北京:新星出版社,2006:29.
❷ [德]托马斯·莱塞尔.法社会学导论[M].高旭军,等译.上海:上海人民出版社,2008:167.

第三节　法律制裁的原理基础

　　法律制裁包括惩罚和奖赏,这种认识获得了边沁、凯尔森、弗里德曼和托马斯·莱塞尔等人的认同。现在奖赏作为一种制裁方式在理论上成为法律共同体的价值信念,但奖赏没有获得民众的认同而成为共识信念。遗憾的是,我们对惩罚的关注远远地超过了对奖赏的关注,以至于我们忽视甚至怀疑奖赏还是一种制裁方式。这主要是因为作为积极制裁即奖赏起的作用显然要比消极制裁即惩罚小得多。正是基于这个原因,我们谈论的法律制裁主要指的是法律惩罚。

　　在第一节中我们论述了法律制裁没有被排除在法律概念之外,制裁是法律的两个基本要素之一。从法条来看,制裁规定在大部分条文中。从实践来看,制裁确确实实在生活中发挥对人的影响作用。也就是说,法律制裁无论在理论上还是在实践上,都客观的存在。很久以前,国家主导着惩罚的实践,在很大程度上没有受到挑战。人们不问国家为什么有权利惩罚,也不问惩罚的正当性何在？在边沁看来,惩罚是一种恶,它会对人进行故意伤害,因而面对惩罚人们充满着困惑。

一、国家制裁(惩罚)制度的原理基础问题

　　从古至今,不管任何时代,任何形态的社会,都必然存在不同形式的制裁(惩罚)。一个没有惩罚的社会,几乎是不可想象的。对于现代人而言,许多人盲目地相信或期待惩罚制度可以像万灵丹一样,解决所有眼前烦人的社会问题。不安的是,当惩罚真正的行使或实践时,必定会对一些人的财产、自由或生命产生不利后果。因此,一些法学家致力于探询国家得以合理或正当发动惩罚的条件与界限,并对惩罚特别是刑罚的发动与否,抱有一定的谨慎的态度。无奈的是,由于惩罚制度在社会中确实起到了一定的效果或作用,以至于民众认为凡是社会难解问题,就依靠惩罚解决,这种认识始终占据社会的主流。对于一个国家制裁(惩罚)制度的原理基础往往给忽视了。

　　GöranDuus – Otterström 在其著作《惩罚与个人责任》一书中问道：什么原理或原则应该作为一个国家惩罚制度的基础？[1] 对这个问题的回答首先要寻找哪

---

[1] Göran Duus – Otterström. Punishment and Personal Responsibility[D]. Göteborg：Department of Political Science, Göteborg University, 2007：9.

种原理能够正当化惩罚的实践。由于一个国家惩罚制度在实践中的特质可能有好有坏,回答这个问题的意义,在于寻找到最好的国家惩罚制度。如果我们找到了惩罚制度的原理基础,就能判断不同国家惩罚是好还是坏,也可以构建特别惩罚制度。在 Göran Duus – Otterström 看来,一个国家惩罚制度的原理基础主要指的就是惩罚的正当性原理。

惩罚的正当性原理问题令哲学家和法学家们冥思苦想仍感困惑。如罗尔斯和哈特就是其中两位。罗尔斯指出:"惩罚问题一直是一个令人困惑的道德问题。关于惩罚的困惑不在于人们在惩罚是否具有正当性上持有不同意见……很少有人完全拒绝惩罚……困难在于如何证明惩罚的正当性:道德哲学家们为此进行了各种各样的争论,提出了各种各样的理论,但没有一种理论获得普遍的接受,没有一种理论能够远离嫌恶。"[1]哈特指出:现在,很多人被一种怀疑所困惑,这种怀疑来自一种观点,就是在关于惩罚正当性的所有问题的回答上,只有一个合适的最高价值或目的(如威慑、报复、改造),而不知怎么,这个观点是错的……这些不同的价值或目的是什么,或者,在惩罚的正当性证明上,这些不同的价值或目的如何协调一致,没有一个理论能够说清楚。[2]

罗尔斯和哈特对惩罚的正当性原理的困惑,在笔者看来,主要是说没有一种正当性的原理能够取得占支配性的意见。对于惩罚的正当性原理,一般来说有三种:一是报应主义(retributivism);二是威慑主义(deterrentism);三是修复主义(rehabilitationalism)。[3] 那么最好的国家惩罚制度的正当性原理究竟是其中哪一个还是其中组合呢? 或者还有其他更好的作为惩罚正当性原理的方式?

二、法律制裁正当性的原理基础:报应、威慑、修复及其他

报应、威慑和修复等作为国家制裁的正当性原理基础,在不同时代和国家,会有所不同。在当今它们之间存在着相互竞争和融合的关系。当然还有其他一些观点可能作为惩罚正当性的原理基础。

(一)报应主义作为惩罚正当性的原理基础

作为惩罚正当性的原理的报应主义可能是最古老和最具争议的,报应主义经历了不同阶段的演变,才成为今天广为接受的一种正当性原理。

---

[1] John Rawls, Two Concepts of Rules[J]. The Philosophical Review,1955,64:3 – 32.
[2] Hart H L A. Punishment and Responsibility: Essays in the Philosophy of Law[M]. Oxford: Clarendon Press, 1995,p. 2.
[3] 在我国惩罚的正当性主要分为:报应主义、功利主义和二者结合的综合论。这种分类主要是梁根林在其著作《刑事制裁:方式与选择》中体现出来。再有是王立峰著作《惩罚的哲理》中也有体现。

从文献记载来看,西方世界的报应思想,可以追诉至汉谟拉比法典中的同害报复原则。汉谟拉比法典中曾以"以牙还牙、以眼还眼"作为伤害罪的处罚方式。在旧约圣经中也出现这样的字句。同害复仇原则可以说是报应主义的雏形,在现代社会已经废弃了这种赤裸裸的报复手段。使报应主义变得更文明和可接受性,并体现现代意义的知识内涵,被众多学者称之为报应主义的代表人物之一德国哲学家康德功不可没。

康德主张人是目的而不是达致其他任何目的的手段,这就使得康德区别于功利主义的观点。因此,康德反对国家的惩罚偏离报应思想,以及被滥用成为统治上的功利性工具,或为了达成其他政策目的的手段。同时康德认为人是自由意志与理性的,犯罪是犯罪人自由意志决定下的产物,他必须对他自己为恶的行为负法律上的责任。报应主义的重点在于对于犯罪人过去所为的恶害,犯罪人必须为自己为恶的决定负责。由此可知,康德的报应主义有两个基本要素应得和责任。❶ 关于"应得",康德认为,惩罚的正当性的首要证明在于"让每个人都可以认识到自己言行有应得的报应",所以即使在一个公民社会行将解散,对于监狱里的最后一个谋杀犯,也应该处死他,然后才执行解散决定。❷ 在国家对犯罪的问题上,康德把应得作为首要的伦理考虑。关于责任,由于康德的哲学强调个人主义,个人具有自由意志,因而个人要对其行为负责,所以个体责任是作为报应主义的一个重要特征。

作为报应主义的代表,康德是个等量报应主义者。如康德指出,任何一个人对人民当中的某个个别人所做的恶行,可以看作是对他自己作恶。因此,也可以这样说:"如果你诽谤别人,你就是诽谤了你自己;如果你偷了别人的东西,你就是偷了你自己的东西;如果你打了别人,你就是打了你自己;如果你杀了别人,你就杀了你自己。"这就是报复的权利。❸ 很明显,康德这段话表明惩罚的比例原则,这个比例是有关量度的比例。

报应主义者的另一代表人物黑格尔,其报应主义有别于康德的报应主义,他是一种等价报应主义者。黑格尔论述道:犯罪的扬弃是报复,因为从概念说,报复是对侵害的侵害,又按定在说,犯罪具有在质与量上的一定范围,从而犯罪的否定,作为定在,也是同样具有在质与量上的一定范围。但是这一基于概念的同一性,不是侵害行为特种形状的等同,而是侵害行为自在地存在的性状的等同,

---

❶ 当然也有人认为康德不仅具有报应主义思想还兼有功利主义的思想。如王立峰就认为康德的报应主义是主要的,功利居其次地位。参见:王立峰.惩罚的哲理[M].北京:清华大学出版社,2006:77.
❷ [德]康德.法的形而上学原理[M].沈叔平译.北京:商务印书馆,1991:167.
❸ [德]康德.法的形而上学原理[M].沈叔平译.北京:商务印书馆,1991:165.

即价值的等同。❶ 也就是说,黑格尔认为刑罚与犯罪必须是价值平等,可以相互抵消的。刑罚是对犯罪做出等价的再报应。由此可知,在黑格尔的报应理论中,报应的实质意义其实已经丧失,因为刑罚非一种具象地在犯罪人身上施加痛苦恶害,而是与犯罪具有等价关系,可以用来取消犯罪,恢复原有法秩序的手段。❷

从报应主义的历史演变来看,康德的等量报应相比同害报复要进步的多。而黑格尔的等价报应则比等量报应又前进了一步,为现代的惩罚方式提供了理论基础。同时,黑格尔的等价报应也成为功利主义思想来源之一。作为报应主义者两个重要代表人物,康德和黑格尔都把报应作为国家惩罚的正当性原理。尤其指出的是,康德把"应得"和"责任"作为报应主义的两个基本要素,黑格尔强调了惩罚的比例原则,两人的这些思想奠定了报应主义基本内容,为日后的报应主义者所继承和发展。

(二)威慑主义作为惩罚正当性的原理基础❸

威慑主要表现在两个方面:特殊威慑即对被惩罚者的事后遏制和一般威慑即以威胁或实力达到的事前遏制。威慑主义在一定意义上如同弗里德曼所说的制止,任何制裁理论首先必须接受下列事实,即惩罚的威胁有助于制止。在弗里德曼看来,制裁的制止分一般制止与特别制止。❹ 在笔者看来,制止的分类类似于一般预防与特别预防,它们在内涵上具有一致性。不管是威慑、制止还是预防,都是属于功利主义的。它们都是结果导向性的,即注重惩罚的结果。

以严刑峻法来威慑人们不敢犯罪,古今中外都有,也是统治者最常用的惩罚手段。把威慑理论化,边沁是一个重要代表人物,他提出了威慑模型,假定一个彻底的快乐主义者,一个追求快乐的最大化和痛苦的最小化为目标的彻底的理性人。对这样一个反复掂量实施犯罪的可能性的人来说,是否犯罪的决定取决于一种计算:我做这件事会有多少获益? 如果我被抓获会有多大损失? 我逃脱的可能性有多大? 如果忽视掉被捕的可能性,则获益和损失之间的平衡情况又会如何? 根据这一模型,刑事惩罚的目的就是把对损失和获益的充分预期加入到前述计算中去,从而使可能的获益的吸引力降低或者降至零。❺

边沁的威慑模型遭到了心理学家的批判,心理学家们提出了受制于无意识

---

❶ [德]黑格尔.法哲学原理[M].范扬,张企泰,译.北京:商务印书馆,1996:103.
❷ 王皇玉.刑罚与社会规训[M].中国台湾:元照出版公司,2009:6-7.
❸ 威慑其实质内涵即制止或预防。
❹ [美]劳伦斯·M 弗里德曼.法律制度——从社会科学角度观察[M].李琼英,林欣,译.北京:中国政法大学出版社,2004:83.
❺ [美]哈伯特·L 帕克.刑事制裁的界限[M].梁根林,王亚凯,周折,等译.北京:法律出版社,2008:40.

冲动的人的模型。❶ 这种人在现实中是存在的,即他们犯罪比如杀人、强奸等可能是在缺乏控制能力的情况下实施的,这些犯罪不像边沁所说是经过理性的利益算计。因此,边沁的威慑模型不能解释所有的问题,只能解释人类行为的某些问题。但这不能否定边沁威慑模型的意义。

边沁的威慑模型是建立在他的功利主义思想基础之上,他认为,惩罚是一种恶,这种恶被使用的主要着眼点在于威慑和预防犯罪,应使设定的惩罚给犯罪人带来的恶相当于犯罪所获之利,以致使潜在犯罪人打消和放弃犯罪念头。所以,对一个违法者惩罚的正当性就在于产生有利于大多数人的结果,特别是能够威慑到未来的违法者。

(三)修复主义作为惩罚正当性的原理基础❷

修复像威慑和报应一样是惩罚正当性的原理。但是,作为惩罚的正当性原理,修复是伴随着现代科学、医疗科学的产生和监狱的激增而出现的。功利主义的威慑主要是预防和减少犯罪,但是它不能根除犯罪。要根除犯罪的发生的原因,用恐惧的威慑是不能够达到目的的。然而修复主义却可以在一定程度上根除或减少犯罪。修复主义者认为,对违法者施加痛苦的惩罚是原始的和不合理的。惩罚政策是应该有效地减少犯罪,特别是减少累犯。因此,我们应该抛弃惩罚的观念,特别是罪行与报复相联系的观念。❸

19世纪后半期,修复主义的运用对西方惩罚政策产生了巨大的影响。比如假释、模糊的宣判、非监视的宣判等都是修复原理的产物。修复主义认为惩罚实践的首要目的是改变引起犯罪的因素。特别是改变犯罪人的欲望和需要。正如Hudson指出:消除犯罪的欲望是改造论者或修复主义的目的。改造或修复的目标就是使犯罪人在接受一定期限的惩罚后重新回归社会。❹ 因此,采取不同的修复模式依赖于引起犯罪的因素。比如由于缺乏教育和无能力在人才市场竞争引起的违法,修复就是给违法者提供教育,而不是惩罚。如果是精神病导致的违法,国家就应该提供精神病的治疗。如果是吸毒引起的违法就应该帮助他们克服这些毒瘾。

修复主义促使我们谨慎的运用惩罚。虽然修复也会故意对违法者施以一定

---

❶ 这些心理学家主要是沃特布隆伯格和格里高利·齐伯格。参见:[美]哈伯特·L 帕克. 刑事制裁的界限[M]. 梁根林,王亚凯,周折,等译. 北京:法律出版社,2008:40.

❷ 修复主义在内涵上与改造论有一致性。

❸ Göran Duus – Otterström. Punishment and Personal Responsibility[D]. Göteborg : Department of Political Science, Göteborg University,2007:13.

❹ Göran Duus – Otterström. Punishment and Personal Responsibility[D]. Göteborg : Department of Political Science, Göteborg University,2007:73.

的痛苦或剥夺一定的自由,但是故意施加的这些措施是一种治疗模式。修复主义作为惩罚的正当性原理有三个理由:其一,修复改善了违法者。在故意施加一定程度的痛苦或剥夺自由,让违法者认识到他或她的错误,并进而成为一个更好的人。其二,修复是违法者的权利。为了克服违法者的问题,他们需要修复。提供修复也是一种人道的义务。修复是给予违法者一种获得一种好生活得最好工具。其三,修复是一种保护潜在刑事受害人的最好方式。❶

总之,修复主义主要关注的是违犯规则的个人,它不关注社会结构。它代表了一种乐观主义,假定个人是能够改正的。威慑归属于功利主义,它是向前看,着眼于对未来犯罪的预防。在惩罚的主体上,威慑和修复都强调了主体性。报应主义强调了公平和应受惩罚性,其有三个核心要素:责任、应得和比例原则。在惩罚的主体上,强调了主体间性。当然作为惩罚的正当性原理不仅是这个三个,还有其他方式作为惩罚的正当性原理,比如赔偿。

(四)惩罚正当性的原理基础选择

上述主要论证了报应、威慑和修复等可以作为一个国家惩罚制度的正当性原理基础,它们各有其支持者,都在某一些方面有其合理性。在现代社会,三者形成了一种融合和竞争的关系。那么究竟哪一个或者其中组合抑或还有其他更好的方式能够成为一个国家惩罚制度正当性的最好原理基础?❷ 在西方,现在仍然是一个争议很大的问题。

Göran Duus – Otterström 和 Leo Zaibert 都主张报应作为惩罚制度的正当性原理基础。❸ 哈伯特 L. 帕克认为功利(功利主义中的威慑)是惩罚制度的正当性原理基础,报应只是一个限制性原则,而非行动的正当性根据。❹ 大卫·鲍尼因则认为报应、威慑和修复都不是最好的惩罚正当性原理基础,赔偿才是最好的惩罚正当性原理基础。❺ 彼得 J. 费拉拉却认为报应和赔偿的合成可以作为惩罚的正当性原理基础。❻ 本文认为赔偿也可以作为惩罚的正当性原理基础。具体

---

❶ Göran Duus – Otterström. Punishment and Personal Responsibility[D]. Göteborg :Department of Political Science, Göteborg University,2007:74 – 75.

❷ 这里的"最好"是指在现阶段的最可行性和接受性。

❸ Göran Duus – Otterström 在其著作《惩罚与个人责任》和 Leo Zaibert 在其著作《惩罚与报应》中都主张报应作为惩罚制度的正当性原理基础。

❹ 哈伯特·L 帕克认为功利(功利主义中的威慑)是惩罚制度的正当性原理基础,报应只是一个限制性原则,而非行动的正当性根据。参见:[美]哈伯特·L 帕克.刑事制裁的界限[M].梁根林,王亚凯,周折,等译.北京:法律出版社,2008:66.

❺ Dabid Boonin 在其著作"The Problem of Punishment"一书中表达了这个中心主题。

❻ Peter J. Ferrara 在其论文"Retribution and Restitution:A Synthesis"中提出了这个观点。

内容在第二章中详细论述。

三、我国法律制裁正当性的原理基础

在西方,关于制裁(惩罚)正当性的原理基础进行了长久争论,形成了报应和功利交互占主导地位的格局。随着现代科学的发展,修复也成为制裁正当性原理之一。特别是到了 20 世纪 80 年代,出现了把融合报应、功利和修复的赔偿作为制裁正当性的原理。

在我国,法律制裁正当性的原理基础也经历相当悠久的历史变迁。在早期是以报复的形式出现的。如在中国商、周二代,报复是公允而受法律保护的行为,只不过实施报复行为前必须经过登记而已。❶ 但是,报复是一种结果责任的,很多情况下不问是非、也不问是过失还是故意,总之,出现了损害后果,就可以进行报复。随着重礼轻刑、明德慎刑和出礼入刑等思想的兴起,在西周,礼成为规范国家活动与人们行为的根本准则,由此惩罚不再是赤裸裸的报复,而要求在定罪惩罚时,考虑主观责任,这就使得报复进步为道义报应。在春秋时期,以商鞅、韩非等为代表的法家出现,法家主张法制,倡导严刑峻法,开启了重刑威慑主义。自此以后,在历朝历代中统治者根据社会情势选择道义报应和威慑主义作为惩罚的正当性原理基础。

虽然我国有着长久和丰富的报应和威慑实践经验,但是关于惩罚正当性的理论研究却甚为缺乏,没有像西方那样形成系统的理论体系。无论在宏观上还是微观上都不能达到西方有关惩罚正当性的原理研究的高度和深度。在 21 世纪,我国法律制裁的正当性原理基础究竟是什么?这关乎我国如何立一部适合我国国情的法,以及在实践中如何运用司法?因为立法和司法影响一般大众的行为,并进而影响人们的可能生活。

近年来,我国学者开始研究惩罚的正当性原理基础。陈兴良和周光权主张刑法正当根据在于确立公民对刑法的忠诚。他们认为刑法的正当性既不仅在于满足报应,也不仅在于实现功利,在更为根本与重要的意义上说,在于"确定忠诚"。❷ 邱兴隆则认为刑罚的正当性根据在于一体论(即主张报应与功利相统一为基本立论)。在他看来,这个一体论是报应限制功利。❸ 张明楷也表达了报应限制功利的思想。他认为量刑必须以刑罚的正当化根据为指导,并合主义要求

---

❶ 邱兴隆.刑罚理性评论——刑罚的正当性反思[M].北京:中国政法大学出版社,1999:10.
❷ 陈兴良,周光权.超越报应主义与功利主义:忠诚理论——对刑法正当根据的追问[J].北大法律评论,1998,1(1).
❸ 邱兴隆.穿行于报应与功利之间——刑罚"一体论"的解构[J].法商研究,2000(6):32.

妥善处理好责任刑与预防刑的关系。(即报应与功利的关系)法官必须区分影响责任刑的情节与影响预防刑的情节,并且只能在责任刑的点之下考虑预防犯罪的目的,不能为了一般预防的需要对被告人从重处罚,任何场合都不得在责任刑的点之上量刑。❶ 梁根林认为我国刑罚的目的应该定位于报应与功利的二元论,❷在他看来,唯有以正义报应为基础,在此基础上追求刑罚的功利目的,才是报应和功利关系的最佳选择。在以报应为本质的社会正义观念还左右着人们的价值判断的当代社会,报应观念始终应当是确定刑罚限度的决定性的依据。❸

从目前我国学者对惩罚的正当性理论研究来看,在法学界似乎形成了报应限制功利的价值信念。也就是说经过改革开放三十年的法治发展,我国一个重大成就就是在法律共同体中形成了报应主义的观念。报应主义强调责任、应得和比例原则,在张明楷看来,这是尊重人权的基本要求。因为在我国报应还有另外一层含义,对权力的限制。随着我国改革开放深入发展,我国政治、经济和文化等各方面取得了长足进步,然而在社会转型时期,犯罪现象急剧增加,因此,国家和民众认为通过严厉的法律来威慑犯罪人或潜在的犯罪人,达到减少犯罪的目的。所以在国家层面和普通大众中有着威慑主义的倾向。比如运动式的"严打"和民众反对废除死刑。正是因为我国法学界大多数人,强调了报应在理论上的意义和威慑在现实中的需求,报应限制功利被当下认定为我国法律制裁(惩罚)的正当性原理基础。

然而,在笔者看来,西方的报应主义中强调的责任是个人主义责任,比如康德哲学就是个人主义的。所以我们看到西方基于报应主义会出现承担责任的主体,也会出现规训主体。在中国语境下,我们关注集体的活动,是一种集体主义的,因此承担责任的主体不一定是个人,这就可能导致我国没有规训主体。因此我国将个人责任融入整体生活境遇之中。瞿同祖在《中国法律与中国社会》中说我国法律的基本精神是阶级和家庭,这种判断一定程度上在我国目前仍然是有效的。也即是说在我国个人是融入阶级和家庭之中,惩罚一个人可能不仅仅是对违法者个人的惩罚,可能牵涉到阶级和家族。在这种情况下,责任可能不是个体化或者私人化,而可能是在个体、共同体和社会之间分配。❹ 所以,威慑主义在我国总是被打折扣,法律的表达威严无比,但在实践中却因为各种的牵连

---

❶ 张明楷.责任主义与量刑原理——以点的理论为中心[J].法学研究,2010(5).
❷ 因为在西方把报应和功利看做惩罚的正当性,而梁根林把报应和功利当作刑罚的目的,因此,我们把梁根林认为的刑罚的目的在一定意义上看作是刑罚的正当性。
❸ 梁根林.刑事制裁:方式与选择[M].北京:法律出版社,2006:30.
❹ [英]艾伦·诺里.刑罚、责任与正义[M].杨丹,译.北京:中国人民大学出版社,2009:110.

关系让法律的权威降低。这正如黄宗智所说,说的是一回事,做的是另外回事。❶ 就目前我国现实情况而言,由于没有建立一个有效地权力制约机制,抛弃报应主义在我国可能会导致权力的寻租和侵犯人权,为此报应主义必须坚持,我国目前应该培育承担责任的个体,而不是因为缺乏承担责任个体抛弃报应主义。另外,威慑主义在我国由于各种关联关系,出现了表达和实践的背离,为此笔者主张用赔偿替代或部分替代威慑。也就是说,笔者主张报应、威慑、修复和赔偿的综合论作为我国法律制裁的正当性原理基础。具体内容将在第二章详细论述。

第四节 法律制裁与责任的关系问题

一般认为,法律制裁与法律责任有着紧密的联系。法律制裁是承担法律责任的一个重要方式。法律责任是前提,法律制裁是结果或体现。❷ 在西方有法学家认为责任与法律制裁有联系。如纯粹法学派创始人凯尔森认为,"法律责任的概念是与法律义务相关联的概念,一个人在法律上对一定行为负责。或者他在此承担法律责任,意思就是,如果做相反行为,他应受制裁。"❸然而,在考虑法律制裁的正当性原理基础:报应、威慑和修复等时,法律制裁并不是和责任一一对应的。如威慑主义和修复主义就不是以责任为制裁的前提的。只有在报应主义下,责任才是制裁的前提。随着功利主义在当代的兴盛和报应主义的衰落,似乎责任有消灭的危险。另外,就我国侵权责任法的发展来看,王利民教授认为,侵权法主要有救济和预防两大功,其中救济功能是侵权法的首要功能。❹ 无论是侵权责任法的救济功能还是预防功能,均不是建立在以法律责任为基础之上的。就法律制裁而言,威慑主义强调了预防,修复主义强调了治疗,甚至在侵权法领域,强调了救济,但都淡化了惩罚。那么是否意味着惩罚与责任在未来发展中的消灭呢? 带着这个疑问,本节将从三个方面加以探讨,一是从应然角度论证法律责任与法律制裁不是一一对应的;二是探讨法律责任是法律制裁的必要条件;三是探讨我国法律责任与法律制裁关系即表达与实践的不一致。

---

❶ 黄宗智.过去和现在——中国民事法律实践的探索[M].北京:法律出版社,2009:5.
❷ 张骐.论当代中国法律责任的目的、功能与归责的基本原则[J].中外法学,1999(6):30.
❸ 凯尔森.法与国家的一般理论[M].沈宗灵,译.北京:中国大百科全书出版社,2003:73.
❹ 王利民:《论侵权责任法的救济》,http://www.civillaw.com.cn/article/default.asp? id=51346,2015年10月5日访问。

一、法律责任不一定是法律制裁的前提

哈特在《惩罚与责任》一书中表达了这样了担忧,惩罚与责任的消灭。在理想主义者看来,随着科学和功利主义的兴盛,责任有可能消灭。按照这种逻辑推理,责任的消灭,意味着惩罚的消灭。因为在传统观点看来,法律责任是法律制裁的前提或基础,没有了责任,制裁(惩罚)也就不存在。笔者认为功利主义没有完全把责任消灭,惩罚也没有消灭。随着科学的发展,风险社会的来临,责任越来越多表现为严格责任,惩罚则退居幕后,但并不表明惩罚消灭,而是因为现代国家中法律所支配的力量势不可挡。也就是说,制裁的隐藏与责任的消退没有必然联系。在这一部分中,将论证哈特担忧制裁的消失,是一种幻觉,制裁仍然是必要的;责任也没有消灭,在民事制裁领域,责任还得到了拓展;惩罚与责任没有向哈特担忧那样消灭,从惩罚正当性原理来看,法律责任不一定是法律制裁的前提。

(一)制裁消灭的幻觉与制裁的必要性

1. 制裁消灭的幻觉

哈特在《法律的概念》一书中,把制裁排除在法律概念之外,让人误认为制裁可能要消灭。但是奥斯丁则认为制裁是法律概念的要素之一,他认为人们服从法律主要是害怕法律制裁。哈特通过承认规则,对奥斯丁的命令理论进行了批判。哈特承认在社会中的确存在这样的人,因为害怕拒绝接受规则或者判断违反规则会遭受制裁,才关心或被迫接受规则。但是奥斯丁忽视了另外一类人,即持内在观点的人,这类人认为即使没有被强迫、不利后果或压迫感,遵循义务的行为仍将存在,因为行为人已经将义务所在的规则当作自己行为的正当标准。基于承认规则和内在观点,哈特把制裁排除在了法律概念之外。

哈特把制裁排除法律概念之外,并不是很成功,他只是抓住了法律的认同性一面,而忽视了法律的强制性一面。哈特确实看到了时代发展的诉求,即弱化法律强制性,让法律的认同性在法律概念中占主导地位。在现代社会,表面上看,似乎法律强制性在弱化,但这绝不能说强制力退出法律概念之外。

由此可知,制裁的消灭其实是一种"致命的幻觉",它其实反映的是现代国家真正的武力深藏幕后,而法律运行不会受到干扰,这一切是法律所支配力量的势不可挡,而不是制裁的消灭。同时,它也反映了现代国家要求人们(特别是政府官员和主权者)对法律规则的接受和认同。

2. 制裁的必要性

在社会层面,王立峰博士认为惩罚的社会必要性主要体现在两个方面:一是

保障安全；二是维护社会团结。❶ 保障安全是人类自始至终追求的一个法律价值。在古典自然法学的思想家看来，人们首先是出于安全的需要和追求，才制定法律。用法律的惩罚来保护社会和国家安全是当今很多国家普遍做法。比如美国发生"9.11"事件"后，美国通过了《美国爱国者法案》，通过该法案来打击恐怖主义。该法案在一定的程度上为了国家安全牺牲了一部分自由。理查德·波斯纳面对美国出现的两难：强烈的安全关切与长期确立之自由的威胁在增大的时代，如何努力保持二者的均衡？波斯纳基于他一贯的实用主义强调权利应依据环境而调整，来平衡个人自由与社区安全。甚至他强调有时为了安全，应该优先考虑的必须是迫在眉睫的情境，而不是规则。❷ 惩罚能够促进社会团结，这是涂尔干在《社会分工论》中的一个重要论点。在涂尔干看来，惩罚是一种事关社会道德和社会团结的社会制度。正是因为社会团结才使惩罚成为可能，也就是说，社会道德的强有力的联系，是产生惩罚的条件；反过来，惩罚的结果是维护了社会团结和道德凝聚力。

在制度层面，制裁可以保障制度的有效运行。"制度要有效能，总是隐含着某种对违规的惩罚"❸因为"制度———尤其是附属于它们的惩罚———能使人们做出既有承诺得到切实履行的可靠约定。人的本性是如此，自利的个人经常会满口应承却在后来忘得一干二净或自食其言。"❹当制度不能获得民众的认同自觉服从时，惩罚又不能及时跟进，制度这时就不能纠正或制止偏离制度的行为，那么制度也就失效了，也就不能对人们的行为发生约束和限制作用了。使制度正式化，并设置针对违规行为的惩罚措施，以强化制度效用，对改善人类境况常常很有效，事实上也是制度运行和维持社会秩序的重要方法。

（二）责任的拓展与消灭

现代社会，责任随着社会的发展在不断的变迁，人们似乎感到责任有消灭的危险。这主要是基于功利主义和修复主义的兴起，并在现代社会有取代报应主义之势的缘故。这种发展趋势似乎让人们担心责任有消灭危险？我们认为，责

---

❶ 王立峰.惩罚的哲理[M].北京：清华大学出版社，2006：119.
❷ ［美］理查德·波斯纳.并非自杀契约——国家紧急状态时期的宪法[M].苏力，译.北京：北京大学出版社，2010：2.
❸ ［德］柯武刚，史漫飞.制度经济学——社会秩序与公共政策[M].韩朝华，译.北京：商务印书馆，2002：32.
❹ ［德］柯武刚，史漫飞.制度经济学——社会秩序与公共政策[M].韩朝华，译.北京：商务印书馆，2002：110.

任消灭(或弱化)的趋势主要体现在刑事责任领域,❶然而,在民事责任领域中,我们又看到另外一种趋势,责任的拓展。

1. 报应主义与责任

应得是报应主义的核心要素,而责任和比例惩罚是应得的基础。因此,责任是报应主义的一个重要组成部分。传统的惩罚观念认为责任与报应主义有着密切的联系。报应主义是朝后看,认为刑罚的轻重应当以已经发生的犯罪行为为尺度,着重考虑已然之罪。在定罪阶段,如果想让惩罚有正当根据,罪犯的行为就必须是某个有责任的行为人的行为。在判刑阶段,惩罚必须具有与行为相联系的某种关系,即在某种意义上,惩罚必须和行为相"适应"或相"均衡"。只有这两个朝后看的要求被达到,才能说对这个人已罚当其罪。❷ 在康德的惩罚理论中,他也强调了应得是惩罚的正当根据。他写道:

惩罚在任何情况下,必须只是由于一个人已经犯了一种罪行才加刑于他。因为一个人绝对不应该仅仅作为一种手段去达到他人的目的……他必须首先被发现是有罪的和可能受到惩罚的,然后才能考虑为他本人或者为他的公民伙伴们,从他的惩罚中取得什么教训。❸

康德这段话说明被惩罚者必须是法律上有罪过的、有责任的和可能受到惩罚的,也说明康德是报应主义的。

2. 威慑主义、修复主义与责任

在报应主义下的罪刑相适应,是有着积极的进步意义的。它一方面表现出对权力可能滥用的限制和对人权的保护;另一方面体现了正义原则。然而,随着人们认识的深入和社会的发展,功利主义者对报应主义的罪刑相适应提出了质疑。因为罪刑相适应的思想容易引起各种不同的解释。在哈特看来,有三个方面的难题:首先罪刑相适应要求犯罪按相对的严重程度加以排列,而犯罪的刑罚是法定的,不是同其他犯罪的比较而确定的。其次,犯罪导致的客观危害和引起该犯罪的主观恶意二者之严重性尺度的界定,是不明确的。第三,一般情况下犯罪的种类只是模糊地体现着实际发生的具体犯罪,惩罚的严厉程度应同各不同犯罪的不同罪恶或严重程度相适应。因此,罪刑相适应只是大体上的。❹ 所以,哈特看到了报应主义的一些缺陷,主张折衷论,即以报应主义为基础的有限功利

---

❶ 在当下,我国刑事领域仍然强调了罪刑法定原则,这个原则是以责任为前提的。但是在威慑主义和修复主义影响下,在事实层面,有些案件不一定是以责任为前提。

❷ [美]Ｈ Ｃ Ａ 哈特.惩罚与责任[M].王勇,等译.北京:华夏出版社,1989:153.

❸ [德]康德.法的形而上学原理[M].沈叔平,译.北京:商务印书馆,1991:164.

❹ [美]Ｈ Ｃ Ａ 哈特.惩罚与责任[M].王勇,等译.北京:华夏出版社,1989:155 – 156.

主义理论。

功利主义是朝前看的。在功利主义者看来,惩罚是一种恶,只有为了防止更大的恶,惩罚才是正当的。所以功利主义是结果面向的,而不是基于过去的负有责任人的行为。虽然功利主义者边沁和贝卡利亚强调了罪刑相适应,但他们不是朝后看的,而仍然是朝前看。比如边沁认为:轻微犯罪不应受到严厉的惩罚,以不致使惩罚的痛苦超过没有制止犯罪而产生的痛苦,这一定会给潜在的罪犯提供这样的一种诱惑,即犯具有较轻危害的犯罪比犯具有较重危害的犯罪能受到较轻刑罚的惩罚。❶

基于结果面向的威慑主义(功利主义)把责任排除在惩罚之外,修复主义也同样如此。功利论追求的是最大多数人的善,而改造论(修复论)则是为了少数人的善,具体说来,改造论把罪犯视作弱者,强调对罪犯要仁慈。❷ 修复主义者认为犯罪是对犯罪人自己的伤害,而不是对受害人的伤害,对犯罪人自己的伤害是内在的伤害,在柏拉图看来,它伤到了犯罪本人最珍贵的东西——灵魂。所以,在很多情况下,罪犯被想象成病人,需要治疗。因此,责任也不是修复主义的基础。

综上,只有在报应主义下,制裁与责任有着必然的联系,但在威慑主义和修复主义下,制裁与责任不一定有必然的联系。因为只有报应主义才是以责任为前提,而功利主义(威慑主义)和修复主义并不一定基于责任。伴随着功利主义的兴盛,以及修复主义兴起,报应主义显示出衰落的趋势,让人担心责任将排除在制裁之外,有趋于消灭的危险。如果从刑事责任来看,责任因对情势不同的需要,表现出弱化的趋势。但是在民事责任领域,不管是违约责任还是侵权责任,责任发展有拓展趋势。如我国《侵权责任法》中基于救济功能,却扩展了公平责任和严格责任适用范围。因此,责任没有消灭,它可能在刑事责任领域因情势发展趋于弱化,但在民事责任领域却表现出拓展一面。

二、责任作为法律制裁的必要条件

在上述中,论证了威慑主义和修复主义摆脱了惩罚与责任的关系,唯有报应主义与责任有着密切的联系。正是由于威慑主义和修复主义在当代的兴起和报应主义的式微,有人认为责任和惩罚有消灭的趋势。❸ 然而哈特认为责任原则

---

❶ [美]H C A 哈特.惩罚与责任[M].王勇,等译.北京:华夏出版社,1989:156.
❷ 吴新民.柏拉图的惩罚理论[D].杭州:浙江大学,2007:17.
❸ 比如在哈特的《惩罚与责任》中提到的伍顿女士就认为惩罚和责任可能消灭。

将占有一定的地位,即使报应和谴责的惩罚观已经衰亡,也将如此。❶ 如果责任有消灭的话,也是在精神病的情况下,若是放宽了的话,还包括精神变态的情况。

在哈特看来,如果我们废除了责任制度,我们将失去现行的制度在某种程度上给我们提供了保证的这样一种能力,即在法律的强制范围内预测和部署我们生活的未来进程的能力。因为这种使承担法律制裁的责任建立于某个自愿的行为基础上的制度,不仅使个人通过选择来决定其未来命运的能力达到最大限度,而且还使他预先确定向他敞开的不受法律干涉的活动空间的能力达到最大限度。而这样一种制度将会使每个人不仅难以避免法律对他生活的未来之干预,而且也难以预料这种法律干预的次数。❷ 因此,按照功利主义割断惩罚与责任的联系,每个人的未来生活就可能处于不确定状态。

功利主义者也并不是绝对的否定责任,他们也认真地看待责任的概念,不过责任原则只是起着一种次要作用。比如报应主义和功利主义都认同严格责任,即由于证明上的困难,而把故意和非故意实施法律禁止之行为的人一律作为同样的犯罪而予以认定。但是,功利主义者认定严格责任,他们认为能防止那些打算以错误或意外事件为借口的人逃避法律的制裁。真正完全否认责任的是一些激进的功利主义者。

修复主义也不是绝对的反对责任,在一定程度上也认定责任的存在。比如主张改造论的柏拉图在开始的时候,虽然认为罪犯不应对犯罪负有责任,因为他们是不自愿地犯罪,伤害了自己最珍贵的灵魂,所以他们是不幸的。因此,要对罪犯进行治疗,改造他们。但是到后来,柏拉图又特别强调了我们每个人都要对自己所选择的生活方式负责。甚至照顾好灵魂是我们的首要责任。也即是说柏拉图从"罪犯没有自由、不负责任,所以不受惩罚"转向"人是自由的、能够负责的,所以犯罪必须收惩罚"。❸

在此,我们看到在报应或谴责的眼光来看惩罚的理论体系中,责任的学说是有着重要的意义。从威慑和修复的角度看惩罚的理论体系,责任仍然有着一定的意义。威慑主义和修复主义并没有完全把责任排除在惩罚的理论之外,只是在其理论体系中,占有次要地位。正如哈特所说,"有一些价值完全不同于报应刑的价值,它们得到了责任制度的维护,即使我们进行惩罚的目的是保卫社会的这种朝前看的目的,这些价值也具有重要意义。"❹ 由此可知,责任是法律制裁的

---

❶ [美]H C A 哈特.惩罚与责任[M].王勇,等译.北京:华夏出版社,1989:175.
❷ [美]H C A 哈特.惩罚与责任[M].王勇,等译.北京:华夏出版社,1989:173.
❸ 吴新民.柏拉图的惩罚理论[D].杭州:浙江大学,2007:108.
❹ [美]H C A 哈特.惩罚与责任[M].王勇,等译.北京:华夏出版社,1989:172.

必要而非充分条件。

三、责任与制裁的关系在我国的现状

在黄宗智教授看来,我国的法律实践历史是"实用道德主义"的。实用道德主义结合了道德性表达和实用性行动,两者既背离又统一,既矛盾又抱合,亦即说的是一回事,做的是一回事,合起来又是另一回事。[1] 实用道德主义的思维方式是重视经验与实践。重视经验但不忽略概念,它要求的是抽象概念与具体经验情况紧密结合。姚洋教授则把我国迄今三十年渐进的改革称为"实践的务实主义",在他看来,渐进改革的哲学基础是对单一和终极真理的否定,因此,它是务实的;同时,渐进改革又以不断的试验为先导,因此,它在行动上又是实践的。[2] 总之,我国现在的改革和法律实践带有实用主义的倾向。当然与美国的实用主义有区别。

正如黄宗智概括我国是"实用道德主义"一样,在我国,责任与法律制裁出现了表达与实践相背离。在我国,一般认为法律责任与法律制裁二者有着密切联系。张文显教授认为法律制裁是法律责任的实现方式。[3] 叶传星教授认为法律责任的存在是实施法律制裁的前提,而法律制裁也可以看作是完整的法律责任的组成部分。[4] 在理论上,我国受到大陆法系的影响,强调了责任与制裁二者的紧密联系。但是在实践中,有时基于国家战略和社会情势,会出现国家的惩罚偏离责任的基础;比如国家会不定期地严打和打黑。有时国家会随着民意而启动惩罚措施,因为民意的压力会忽视责任的或偏离责任基础。因此,在实践中,我国并不是与理论上所述完全一致,也不同于大陆法系的实践。比如我国的侵权责任法的制定,就是实用道德主义的体现。我国强调了侵权责任法的救济功能,公平责任和严格责任在侵权责任法中体现得很明显,也占据了很重要的位置。而在大陆法系,则强调了过错责任,无过错则无侵权,便没有赔偿可言。也就是说,我国侵权法扩大了保护范围。体现了救济的需要和中国特色。

正是基于法律的救济功能,在法律制裁方面,有时忽视责任作为制裁的基础的重要性。这当然和我国的传统有关,我国自古就注重对受害人的救济。其主

---

[1] 黄宗智.过去和现在——中国民事法律实践的探索[M].北京:法律出版社,2009:10.
[2] 姚洋.制度是人类的有意创造[J].财经,2008(21):156.
[3] 张文显.法理学[M].北京:高等教育出版社,2005:149.
[4] 朱景文.法理学研究(下册)[M].北京:中国人民大学出版社,2006:842.

要表现方式就是赔偿大量的存在。❶ 比如我国汉唐损害赔偿制度,其中就强调对补偿受害主体的经济损失。唐律对财产损害赔偿责任有三种情形:一是坐罪且赔偿,主要针对犯罪而又有损害者;二是坐罪而不偿,针对犯罪而没有损害者;三是赔偿而不坐罪。针对误犯故免于刑事惩罚,但应赔偿所造成损害。可见,在唐朝,赔偿责任的成立并不以加害人负有刑事责任为前提,而是取决于当事人的违法行为是否造成受害人的经济损失。即赔偿责任制度主要从维护受害人的经济利益考虑,尽可能地对受害人提供经济补救。即使当私人财产受侵害,国家是侵害主体时,法律仍规定国家应承担赔偿之责。❷

在实践中忽视责任还有一个原因,我国长期的集体主义因素。迈克尔·R·达顿把我国的规训与惩罚制度的变迁归结为从父权本位到人民本位。在父权本位下,家庭及其在社群中的延伸形式是社会生活的核心,在家庭单位之外和之上并没有具有个体性的主体观念。即父权本位价值体系的力量使得个人主体观念缺失,所以父权本位下的规训和惩罚是针对集体的。在人民本位下,虽然家庭在社会生活的核心地位下降,但是集体性的形式作为"封建残余"仍然保存保存下来,并且其影响力仍然很强。达顿指出,中国社会主义的一个巨大成功之处就在于:找到了一条走出父权本位制的理论道路,而同时又避免了对其集体性的直接挑战。即马克思主义提出了对二者的替代方案:把"封建主义"的主体——家庭——转化成一个对于所有的马克思主义观念都是核心的主体——具有集体性的劳动阶级。❸ 也即是说,集体性的转变由家庭的转向了劳动阶级,或者说从父权本位转向了人民本位。❹ 而人民本位下的规训和惩罚仍然是传统的集体主义力量重新表达之后,被用于强化社会主义的话语。❺ 因此,在当下中国仍然是集体主义因素占据主导地位。在当下(即人民本位下),由于社会主义的集体性,也使得主体性缺失。❻ 无论是在过去还是现在,达顿认为,在这个社会(中国社会),西方的个体性观念作用甚微毫无作用,这个社会是围绕具有集体性的主

---

❶ 这也可以理解我国过去长期实行刑民不分的原因之一,那就是强调了对受害人的救济功能。对犯罪人实行刑事惩罚时,也要对受害人进行救济,而救济的途径当然是赔偿。

❷ 田振洪.汉唐时期的损害赔偿制度[D].北京:中国政法大学,2008:165-166.

❸ [澳]迈克尔·R 达顿.中国的规训与惩罚——从父权本位到人民本位[M].郝方昉,崔洁,译.北京:清华大学出版社,2009:15.

❹ 在达顿看来,人民本位主要是指治理形式以具有集体性的劳动阶级为核心,而父权本位是以具有集体性的家庭为核心。

❺ [澳]迈克尔·R 达顿.中国的规训与惩罚——从父权本位到人民本位[M].郝方昉,崔洁,译.北京:清华大学出版社,2009:18.

❻ [澳]迈克尔·R 达顿.中国的规训与惩罚——从父权本位到人民本位[M].郝方昉,崔洁,译.北京:清华大学出版社,2009:12.

体观念而组织起来的。❶ 集体性的主要问题在于不允许个体性的发展。虽然我国过去和现在把个体的建构作为社会一部分,但是个体不是自治的主体。他们是在家庭和单位下的个体,不是自治的。由于缺乏自治的个体,因而也就缺乏能够规训的个体。在西方,责任的建构一般是建立在个人主义之上的,责任主要是由个人担当的。而在我国集体性自始至终占据主要位置,缺乏承担责任的个体。因此,民众对责任的概念经常是忽视的。

基于此,我国关于责任与制裁的关系,在理论表达上如大陆法系一样,即二者有着密切的联系,责任是法律制裁的前提。但在实践中,由于实用道德主义的思维方式,导致了责任的地位的变迁是根据情势来取舍。在很长一段时间,责任是法律制裁的前提,可能在某一时间段基于国家战略和由于民意压力,暂时把责任搁置一边。最为重要的是,由于组织性因素,导致了我国自治的个体性的缺乏,使得个人主义的责任观念没能成为法律制裁的前提。但是,个人承担责任是当今世界的大势所趋,惩罚主要基于个人的责任是我国今后努力发展的方向。

结论

在我国,理论上追求建立一个以法律责任为前提或基础,并基于个人责任的法律制裁体系。如要建立"法治",就要学习西方的法治思想。在刑事方面,要坚持"罪刑法定原则"和"罪刑相适应原则";在民事方面,实行大陆法系的"过错责任原则"。这些原则无一例外的要求建立以"责任"为前提的制度。以责任为前提,既是对权力的限制,又是对当事人权利的保障。同时,学习西方建立以个人承担责任,并且惩罚主要基于个人责任的法律制裁体系。但是,在社会实践中,则表现出与理论表达的不一致。国家会根据其战略或社会情势,来看待法律责任与法律制裁的关系。每当国家认为社会治安恶化,为了扭转这种情势,就采取不是基于责任的威慑主义的"严打"政策;而当社会治安稳定时,又回到基于责任的报应主义的法治轨道上来。

就惩罚与责任的发展趋势来看,表面上看,惩罚似在消灭或弱化,但其实质是现代国家把武力隐藏背后,其力量的势不可挡的缘故。责任也看似在消灭,那是国家根据战略和社会情势所作出的选择,并不意味着国家要抛弃以责任为前提的法律制裁体系,而是国家根据战略或情势需要所作出的取舍,当在需要的时候,又会重新看待责任的重要性。

总之,我们认为法律责任是法律制裁的前提,这个论断虽在我国有着很强的

---

❶ [澳]迈克尔·R 达顿.中国的规训与惩罚——从父权本位到人民本位[M].郝方昉,崔洁,译.北京:清华大学出版社,2009:15.

现实意义,但从整个法律制裁体系来看,不成立。其原因不是惩罚与责任的消灭,而是法律责任只是法律制裁的必要条件。我国之所以缺乏责任意识,没有完全建立起一个以个人负责并基于个人责任的惩罚制度,一个很重要原因就是实用道德主义,即国家根据战略和情势而不是规则来利用法律责任。

第二章　法律制裁的正当性与赔偿理论的兴起

在第一章中,我们论述了报应、威慑和修复作为三种不同传统惩罚正当性的原理基础。在报应论下,惩罚具有正当性是因为罪犯侵犯了其他人的权利,对其非道德的行为的惩罚是应得的。在威慑论下,惩罚具有正当性是因为惩罚能威慑到罪犯和潜在的违法者在未来犯罪。在修复论下,惩罚具有正当性是因为惩罚允许"专家"对罪犯开出治疗的药方而不是施以惩罚。在西方国家,过去很长一段时期,威慑主义原理曾受到普遍的欢迎。19世纪末至20世纪初,修复主义兴起,被作为惩罚正当性基础,而把报应主义看作是原始的和野蛮的。近年来,许多人看到了威慑和修复作为惩罚正当性原理基础的不充分性,报应主义又重新作为惩罚正当性主要原理基础。在本章中,将指出报应、威慑和修复作为惩罚正当性原理基础各自存在不足之处,提出赔偿可以作为惩罚正当性原理基础比其他三个更具有优势。

第一节　报应主义的正当性

报应主义认为惩罚的正当性原理基础不在于惩罚是否可以带来有益于公共利益的结果,而在于惩罚是不是违法者的应得;它认为道德上或法律上错误的行为都必须受到相应的惩罚。关于报应主义惩罚理论,康德是一个无法绕过的高山。他奠定了报应主义的基础,自康德后有关报应主义的探讨,都是在康德界定报应主义的范围之上的深化和拓展。一般认为,报应主义主要包括三个要素:应得、责任和公平。这三个要素可以很好地论证国家对违法者的惩罚在道德上是允许的,也是正当的。

一、基于应得的报应主义

报应主义认为,应得(desert)是作为惩罚的一个必要的条件。一般来说,应得是报应主义者共识信念,即在报应主义者中形成了普遍共识。也是我们判断是否为一个报应主义者主要标准。

康德主张应得是惩罚正当性证明的一个重要伦理基础。他说:"任何一个人对人民当中的某个个别人所做的恶行,可以看作他对自己作恶。因此,也可以这样说:'如果你诽谤别人,你就是诽谤了自己;如果你偷了别人的东西,你就是偷了你自己的东西;如果你打了别人,你就是打了你自己;如果你杀了别人,你就是杀了你自己。'这就是报复的权利。"❶在康德看来,一个违反法律规则或有违道德的恶行的人,国家有权利对其进行惩罚,而且也是公正的惩罚,在道德上也是允许的。康德甚至说:"谋杀者必须处死。在这种情况下,没有什么法律的替代品或代替物能够用它们的增减来满足正义的原则。没有类似生命的东西,也不能在生命之间进行比较,不论如何痛苦,只有死,⋯⋯处死他。"❷

大卫·鲍尼因在《惩罚的问题》一书中也认为应得的概念是报应主义的基础。他认为国家惩罚违反法律的人在道德是允许的,因为这些人是值得被惩罚。他同时指出人们有权利惩罚违法者,而且也有义务这么做。❸ 在他看来,惩罚一个违法者不是为了未来一个积极的后果,而是为了在目前一个道德正当性的行为。不管惩罚在未来是否会产生任何进一步的积极后果,惩罚一个现实违法者的正当性在于立即的惩罚本身会比不惩罚要好。❹

Göran Duus - Otterström 认为报应是惩罚正当性原理基础,他基于两个原因:一是制度性原因;一个报应的惩罚制度确保了在惩罚过程中公平和正义原则能够得到尊重,强调了在惩罚制度中惩罚与犯罪的比例原则,因此排除了不公平的惩罚、过度惩罚和对无辜人的惩罚。而威慑和修复却做不到这一点。二是象征性原因;一个报应的惩罚制度体现了报应的惩罚。报应不像威慑和修复它必定涉及道德的责难,即必定涉及道德情感的谴责和愤恨。❺ 从第一原因中,Göran Duus - Otterström 强调了应得在报应主义中的地位。在他看来,许多罪犯是不可能改造的,大量的犯罪也不能被威慑。在西方社会,人们已经日益害怕犯罪,对大部分人来说,恐惧的增长不是被相应的真实犯罪的增长激发,似乎主要的问题是政治家迅速利用这种不安全感和建议改革报应的看法。也就是说害怕犯罪的增长与犯罪率是不成比例的,政治家们犯罪可能更坏。因此,坚持应得才能抑制

---

❶ [德]康德. 法的形而上学原理——权利的科学[M]. 沈叔平,译. 北京:商务印书馆,1991:165.
❷ [德]康德. 法的形而上学原理——权利的科学[M]. 沈叔平,译. 北京:商务印书馆,1991:166.
❸ David boonin,The Problem of Punishment[D]. Cambridge:Cambridge university press,2008:87.
❹ David boonin,The Problem of Punishment[D]. Cambridge:Cambridge university press,2008:93.
❺ Göran Duus - Otterström. Punishment and Personal Responsibility[D]. Göteborg :Department of Political Science, Göteborg University,2007:35.

政治家们滥用权力,人们才能减少恐惧。所以应得是惩罚的一个必要条件。❶

查尔斯 F·阿贝尔和富兰克 H·马斯(Charles F. Abel and Frank H. Marsh)在《惩罚与赔偿》一书中认为违法者应受惩罚有三个方面的原因。一是违法者应受惩罚因为他们知道或应当知道社会采取的惩罚措施,在明知下实施行为,他们有机会选择免受惩罚的措施。二是违法者应受惩罚因为相似情况下违反规则的犯罪应该相似对待。三是违法者应受惩罚因为他们的行为是对那些服从规则和按照社会期盼的需求而行为的人负的一种债。总之,关注概念化的应得牵涉到违法者与他们行为产生恶的联系,也涉及违法者与社会其他人之间的联系。❷

二、基于责任的报应主义

一个违法者受到惩罚,不仅是因为其违法行为,还因为其能够对其违法行为承担责任。责任也是惩罚的一个重要前提。人为什么要对其行为负责?康德在《法的形而上学原理》中指出:"一种行动之被称为一种行为,那是由于这种行为服从责任的法则,而且,这行为的主体也被看作当他在行使他的意志时,他有选择的自由。那个当事人(作为行为者或道德行为的行动者)通过这种行为,被看作是该行为效果的制造者。"❸从康德哲学的个体理念来看,康德把个体作为自治的、能够为自己的行为承担责任并控制自己行为的主体。不过康德的责任概念要求责任主体是个人,并且责任主体具有道德的人格。在康德强调了"意志自由"同时,也强调了义务。他认为义务是一切责任的主要内容,它是对任何这样一点行为的称呼:这类行为能够使任何人都受到一种责任的约束。❹ 在责任的归责上,康德不仅强调关注人的外在行为,也要关注人的内在心理。摩尔继承了康德哲学,他也是一个报应主义者。摩尔坚持应得和责任是报应的两大要素。在责任方面,摩尔的责任理论的核心是具有选择能力的人,其行为受性格或者社会的影响在道德上是自由自在的。❺ 与康德不同的是,摩尔把惩罚的基础建立在人的情感上,即刑罚根植于那些道德上应受谴责的情感。总之,作为报应主义者康德和摩尔都强调了应得和责任在惩罚中的作用,二者主张承担责任主体都是个人,而且都主张主体与情境的分离,归责建立在心理学基础之上。

---

❶ Göran Duus–Otterström. Punishment and Personal Responsibility[D]. Göteborg:Department of Political Science, Göteborg University,2007:31.

❷ Charles F. Abel and Frank H. Marsh,Punishment and Restitution:A Restitutionary Approach to Crime and the Criminal[M]. New York:Greenwood Press,1984:65.

❸ [德]康德. 法的形而上学原理——权利的科学[M]. 沈叔平,译. 北京:商务印书馆,1991:26.

❹ [德]康德. 法的形而上学原理——权利的科学[M]. 沈叔平,译. 北京:商务印书馆,1991:25.

❺ [英]艾伦·诺里. 刑罚、责任与正义[M]. 杨丹,译. 北京:中国人民大学出版社,2009:119.

在 Göran Duus – Otterström 看来,个人责任是作为报应的一个必备条件。在他看来,责任分两个方面:因果责任和道德责任。因果责任仅关注因果关系,它与赞扬和责备问题没有联系。而道德责任与赞扬和责备有着密切联系。道德责任通常被作为一个独特的事情。它一般被假定仅有合理理性的、神志清楚和道德上有能力的成年人才能有道德责任。个人责任经常被用作道德责任的同义词。如果一个人把重点放在个人责任上,这就意味着个人要为他所做的事负道德责任。❶ 报应主义者认为国家惩罚规则的破坏者是具有正当性的。但是这个正当性必须是个人要对其违法行为负责,否则他就不值得惩罚。因此,个人责任是应得的先决条件,进而也是报应惩罚的先决条件。❷ 从报应惩罚制度的象征性原因来看,报应必须涉及道德责难。道德责难的重要性在于把罪犯作为人看待。当我们遭受伤害或不幸时,我们不会去谴责或者憎恨动物、自然灾难、机器等。正是基于道德责任,报应主义者把象征性作为尊重人的理由。也就是说,只有在报应主义下,基于个人责任犯罪人才能被作为人看待。

从康德到摩尔再到 Göran Duus – Otterström,他们都强调了个人责任在报应中的地位。这种强调个人责任的看法,排除责任与情境的联系,似乎有失偏颇。这将在后面会论述道。

三、基于公平的报应主义

报应思想出发点在于惩恶扬善,要求每个人对自己的行为负责,他应该得到他应得的公正结果。报应主义中强调的公平,有两层含义。一是对违法者惩罚是公平的体现和要求;二是对违法者比例惩罚是公平要求。

在报应主义者看来,国家惩罚违法者在道德是允许的,也是正当的。在帕克看来,报应主义认为惩罚违法者的正当性有两个原因:一是复仇理论或补充理论;复仇作为刑罚的一项正当性根据在人们的经验或观念中根深蒂固。比如早期的同态复仇,到现在的等价报应作为惩罚的根据在许多国家仍被广泛认可。另外一种认识是把违法行为看作是对受害人或社会的一种债,惩罚罪犯是其一种还债行为。二是罪犯只有身受刑罚之苦才能赎清自己的罪过。在西方很长一段时间,由于受宗教思想影响,受刑被看作是一种赎罪行为。❸

---

❶ Göran Duus – Otterström. Punishment and Personal Responsibility[D]. Göteborg :Department of Political Science, Göteborg University,2007:21.

❷ Göran Duus – Otterström. Punishment and Personal Responsibility[D]. Göteborg :Department of Political Science, Göteborg University,2007:21 – 22.

❸ [美]哈伯特 L 帕克. 刑事制裁的界限[M]. 梁根林,等译. 北京:法律出版社,2008:36 – 37.

然而在大卫·鲍尼因看来,国家惩罚违反者的正当性根据在于公平的要求。公平是报应主义的显著的形式。他认为惩罚涉及对一些人强加某种负担。那么怎样公平分配这些如此不公平的负担?❶ 也就是说,为什么要把这种不公平的负担分配给违法者? 大卫·鲍尼因与帕克不同的是,他认为违法者会从犯罪的结果中获得一种不公平的利益分配。因此,强加给违法者的惩罚的伤害将大体上的利益和负担恢复到先前或假定的公平水平。❷ 每个人生活在一个法律界定的秩序下,我们从其他人遵守法律中获得利益,自身也有道德义务服从法律。然而违法者是在其他人遵守法律行为之上的免费搭车者。这些违法者获得了与守法者同样的利益,并且他们没有或很少有成本的花费。可以说违法者不公平地分享了一种在相互合作中产生的利益。违法者享受这些特殊利益是不公平的。就像一个小偷盗窃了别人合法财产一样,小偷享受这种利益是不公平的。基于公平的报应主义者认为逮捕小偷并迫使小偷返还财产是公平的,也是合理的。总之,违法者利用其违法行为获得的利益是不公平的,因而基于公平的考虑,不公平的利益应该从违法者处拿走。

在上文中,论述了对违法者的惩罚是公平的要求。另外,对违法者的比例惩罚也是公平的要求。公平原则不仅可以解释一个犯罪行为应当予以惩罚,而且还可以解释为什么要比例惩罚。❸ 比例原则强调刑罚的严重性与道德犯罪程度成比例。从最初的同态复仇到康德的等量报应再到黑格尔的等价报应,这个过程体现了公平、公正的思想。同态复仇体现了当时对惩罚等价的追求和朴素的公平观。但是这时的公平观是有缺陷的,因为惩罚严厉性与行为结果严重性联系起来。到了康德等量报应,基于对功利主义严酷威慑刑的反思,提出了在惩罚与犯罪在量上的相称性。相比功利主义这种等量报应也是在人道上前进了一步。到了黑格尔等价报应,他是对康德等量报应的扬弃,提出了惩罚与犯罪在质上的相当性。康德和黑格尔两人的思想背景中都有正义(公平)的观念,等量和等价的报应主义是在公平观念基础上提出来的。报应主义者反对把人当作实现目的手段,不能为了实现更大善而惩罚无辜者也不能加重不相称的惩罚。这也是公平的要求。只有公平对待犯罪人,才能是把犯罪人作为人看待。

---

❶ 因为惩罚是对一些人分配某种负担,而对另一些却不分配负担,所以这种负担本身对某些人是不公平的。

❷ David boonin. The Problem of Punishment[D]. Cambridge:Cambridge university press,2008:120.

❸ 王立峰认为,公平原则能解释一个犯罪行为应当予以惩罚,却不能解释为什么罪刑相适应。他认为康德把罪行的严重性界定在人的外在行为,而不是人的内在邪恶性上,这种理解有误,其实康德也强调了心理的因素,也即康德既强调了人的外在行为,又强调了行为人的道德人格。

四、对报应主义的批判

关于报应主义,哈特提出了一种报应论模式:首先,只有如果某人自愿地做了某种在道德上错误的事,他才可以受到惩罚;其次,对他的惩罚必须以某种方式对称于或对等于其犯罪之恶;其三,在此类条件下惩罚人们的正当根据是,回报自愿地实施的道德邪恶,本身便是正当的或是道德上的善。❶ 哈伯特 L. 帕克指出:"报应论认为,人应当对自己的行为承担道义责任,既应因做出正确的合乎道义的选择而得到奖励,也应因做出错误的选择而遭受刑罚。"❷ 从哈特和帕克对报应论的界定来看,体现了我在上面论述的报应的三个基本要素:应得、责任和公平。

应得和责任界定了只有一个人违反了法律规则并且能够对其违法行为负有责任才能遭受法律惩罚,这时国家对其惩罚在道德上是允许的。考虑到公平原则,对违法者的惩罚应适用比例惩罚,而不能过度或放弃惩罚。可以说,基于应得、责任和公平的报应主义,有其存在的合理性。其表现为:首先,一个报应的惩罚制度强调了公平和正义的观念。惩罚的严厉性与犯罪恶行的程度相当。换言之,罪刑相当,是一种正义的表现。这种观念也是今日刑法上所遵循的罪刑相适应原则的理论根源。正是基于对正义的强调,起先主张功利主义的罗尔斯从规则功利主义转向了报应主义。罗尔斯认为正义是社会制度的首要价值,正当对善具有优先性。❸ 其次,报应主义体现了对人的尊重。报应主义必定要求有道德责难,只有人才固有道德责难。比如一条狗咬伤了某人,他不能对狗进行道德指责。对人的尊重还体现在报应主义强调了人是目的而不是手段上。康德认为:"你的行动,要把你自己人身中的人性,和其他人身中人性,在任何时候都同样看作是目的,永远不能只看是手段。"❹第三,报应主义体现了个人的自治。报应主义强调了个人责任,把个人视为是意志自由的人。因此一个人要对在其意志自由的情况下的行为负责。正如伊恩·丹尼斯所说:"人们应当对自己做出的理性选择负责并承担相应的责任……行为的选择是自愿的,因此应当承担正当的归责和刑罚,这既是必要的,也是充分的。"❺在西方,正是报应主义强调了个人主义和个人责任,使得个人成为惩罚的主要主体,也让社会出现了规训的主

---

❶ [美]哈特 H C A. 惩罚与责任[M]. 王勇,张志铭,方蕾,译. 北京:华夏出版社,1989:220.
❷ [美]哈伯特·L 帕克. 刑事制裁的界限[M]. 梁根林,等译. 北京:法律出版社,2008:8.
❸ 王立峰. 惩罚的哲学[M]. 北京:清华大学出版社,2006:66.
❹ [德]康德. 道德的形而上学原理[M]. 苗力田,译. 上海:上海人民出版社,1986:81.
❺ [英]艾伦·诺里. 刑罚、责任与正义[M]. 杨丹,译. 北京:中国人民大学出版社,2009:3.

体,进而容易形成负责的主体。这一点却是我国所欠缺的,因为我国强调了集体性,所以没有普遍形成个人主体,没有进行规训的个体,也就没有负责的个体。

虽然报应主义对今天的法学产生了重要影响,特别是刑事法学。但是,从今天的刑事政策观点来看,它仍有其缺陷存在。首先,报应主义的思想过于僵化。因为报应主义强调了"应得",即犯罪就必须得到应有的惩罚。比如康德认为:"甚至假定有一个公民社会,经过它所有成员的同意,决定解散这个社会,并假定这些人是住在一个海岛上,决定彼此分开散居到世界各地,可是,如果监狱里还有最后一个谋杀犯,也应该处死他以后,才执行他们解散的决定。"❶这就导致了立法的目的与司法措施之间的不协调。比如一个具有不良后果且弊大于利的立法,在司法过程中也不得不严格执行。这会给人一种"恶法"的感觉。其次,报应主义的思想显得消极。报应主义是朝后看,强调了行为的严重危害性。只有在"应得"和"责任"出现的情况下,才可以启动惩罚。正如哈特所说:"从社会防卫的角度来看,静候犯罪的发生是愚蠢的:只要有反社会或犯罪倾向之可靠的证据,便足以证明强制措施的正当性。"❷就今天的风险社会而言,惩罚仅允许针对过去已发生的犯罪加以报应,而不允许有事先预防犯罪的效果,可能与人民对国家营造一个没有犯罪的社会期待相差太远。这就出现了一个悖论,人民既希望国家不要干预个人生活,又希望国家能够积极预防犯罪。然今日世界之趋势,就是国家主动干预犯罪之发生。所以相比功利主义来看,报应主义显得消极。第三,报应主义强调个人自治,而忽视其他社会因素的影响。报应主义认为个人是意志自由的、理性的,能够对自己的行为负责。在形式上人是自由、平等的,因此每个人都可以自由地决定是否遵守法律或是违反法律。但是,这种"非决定论"的预设,完全不考虑真实人在现实中的生活,比如其行为往往可能受到各种生理、心理或社会环境的制约。按照马克思所说社会关系是以物质利益为基础的社会关系,社会结构和政治结构也不是什么人理性设计的结果,而是随着人们的生产活动而发生的。因此,一个人的自由,主要是看他所持有的物质生活条件,看他对社会所提出的要求。也就是说,个人自治一定要受社会其他因素的影响。

总之,报应主义有其合理的部分,也有其不合理的部分,作为一个国家惩罚正当性的原理基础不完全具有充分理由。

---

❶ [德]康德.法的形而上学原理——权利的科学[M].沈叔平,译.北京:商务印书馆,1991:167.
❷ [美]哈特 H C A.惩罚与责任[M].王勇,张志铭,方蕾,译.北京:华夏出版社,1989:222.

第二节 威慑主义的正当性

功利主义是结果主义的一个表现形式。❶ 功利主义宣称如果惩罚能够获得一个积极结果那么惩罚就是可容许的。功利主义分行为功利主义和规则功利主义。❷ 无论是行为功利主义还是规则功利主义,都认为对违反者的惩罚是正当的。因为惩罚能够最好的促进或者合理期望促进人类的幸福或福利。而威慑是唯一能够为施加刑罚提供一般化的先验根据的刑罚功利目的。❸ 在本节中将论述两个问题:一是功利主义的基本原理;二是功利主义的威慑理论。我将指出威慑主义有其合理性也有其不足,作为一个国家惩罚正当性原理基础不具有充分理由。

一、功利主义的基本原理

关于功利主义原理主要体现在两个方面:一是功利主义的目的论。二是最大化幸福原则。功利主义是一种目的论,认为人类行为的潜在指导者便是快乐,追求快乐就是我们"趋乐避苦"的本性的外在表现。因而从目的论出发,功利主义原理认为:凡是有助于产生快乐的行为或事物,就是善的;反之,则是恶的。❹ 如边沁认为:"自然把人类置于两位主公——快乐和痛苦的主宰之下。只有它们才指示我们应该干什么,决定我们将要干什么。是非标准,因果联系,俱有其定夺。"❺ 因此,贝卡利亚认为犯罪行为也不过是追求快乐而避免痛苦的一种行为。他指出,个人如果能够从越轨行为中捞到好处,就会增加犯罪的推动力。既然如此,如果期望能够减少犯罪,则必须加大他的痛苦或成本。❻ 边沁和贝卡利亚对快乐或幸福的强调使得功利主义将分析问题的重心放在了行为的结果之

---

❶ 功利主义是结果主义的一个表现形式,除了功利主义以外,结果主义还包括另外两种形式:一是伦理上的利己主义,主张只有行为的结果对行为者较为有利时,才具有道德正当性;二是伦理上的利他主义,认为只有行为的结果对除行为者外的其他每个人都较为有利时,才具有道德正当性。

❷ 行为功利主义根据行为自身所产生的好与坏的效果,来判定行为的正确或错误;规则功利主义则根据在相同的具体境遇里,每个人的行为所应遵守规则的好与坏的效果,来判定行为的正确或错误。参见:[澳]斯马特 J J C,威廉斯 B.功利主义:赞成与反对[M].北京:中国社会科学出版社,1992.

❸ [美]哈伯特 L 帕克.刑事制裁的界限[M].梁根林,等译.北京:法律出版社,2008:63.

❹ 刘丽容.密尔功利主义伦理思想研究[D].西安:西北师范大学,2007:4.

❺ [英]边沁.道德与立法原理导论[M].时殷弘,译.北京:商务印书馆,2000:57.

❻ 陈屹立,陈刚.威慑效应的理论与实证研究:过去、现在与未来[J].经济制度研究,2009(3):170.

上。在行动原理、行动本身及行动后果这一系列连环性因果关系当中,结果成为核心。正如边沁所言,结果构成整个这一因果链的终端,是全链的实质性所在。❶

功利主义追求的是最大多数人的最大幸福。功利主义虽然仍是以个人利益为基础,但是它不纯粹是利己的。在密尔看来,"功利主义所认为行为上是非标准的幸福并不是行为者一己的幸福,乃是一切与这行为有关的人的幸福(这是攻击功利主义的人很少能公平地承认的)。"❷不过最大多数人的最大利益(或幸福)是现实中个人利益之和。作为功利主义者的贝卡利亚、边沁和密尔都强调了最大化幸福原则。功利原则即一个人的行为应当总是促进最大多数人的幸福,基于这一原则,法律惩罚本身就必须要着眼于对社会总体利益的保护,使惩罚给社会带来的善的总和大于它给社会带来的恶。❸

功利主义认为行为的正当性在于行为的结果,而这个结果是有利于最大多数人的最大幸福的。由此推论,功利主义认为法律对个人惩罚的结果有利于大多数人的最大幸福,那么一个国家的法律惩罚制度就具有正当性。这是功利主义抨击报应主义的关键所在,但同时也是功利主义的缺陷所在。

二、威慑理论

古典的威慑理论归功于功利主义奠基人边沁。像报应一样,威慑也注重惩罚的重要性。但与报应不同的是,威慑不关注犯罪人行为的本质,也不关注受害人和其他人的满足,相反,它关注犯罪行为再犯的可能性。❹ 也就是说,惩罚的目的在于威慑犯罪,进而达到预防犯罪的目的。关于威慑理论,主要从两个方面加以论述。一是通过威慑达到预防犯罪的目的;二是通过惩罚的确定性、严厉性和及时性达到威慑目的。

(一)威慑犯罪

报应主义所要进行报应的对象,应该是违法者(包括犯罪人)过去所做的违法行为。而威慑主要是针对未来行为,不管是犯罪的一般预防还是特别预防,都是针对未来行为。一般预防理论认为,刑罚的目的并非在对过去行为进行报应,而是着眼于犯罪之预防。特别预防理论着重的是刑罚对个别犯罪人所发生之预

---

❶ [英]边沁.道德与立法原理导论[M].时殷弘,译.北京:商务印书馆,2000:200.
❷ [英]约翰·密尔.功用主义[M].唐钺译.北京:商务印书馆,1957:10.
❸ 杨智晶.试论马克思对惩罚正当性的怀疑[D].华中科技大学硕士学位论文,2007:12.
❹ Charles F. Abel, Frank H Marsh. Punishment and Restitution: A Restitutionary Approach to Crime and the Criminal, p. 69.

防效果。也就是说,一般预防理论着眼的是刑罚对于社会大众所发生的一般性作用。而特别预防理论是针对已犯罪的个别犯罪人,依其个人危险性的高低给予不同的处遇,以避免其再犯。❶ 由此可知,功利主义的一般预防主要是惩罚威慑理论。特别预防虽然根据个别犯罪人行为的社会危险性进行不同的处遇,比如教育或矫治,但不能否定特别预防也有威慑犯罪的效果。比如主张特别预防理论的李斯特认为,刑罚应有三个作用:第一,用以确保社会大众不受到犯罪人之侵害;第二,以刑罚来威吓犯罪人不敢犯罪;第三,矫正犯罪人使其不会再犯。这三个刑罚作用可以简称为"使不能危害社会""威吓"与"改善"。❷

关于威慑思想,贝卡利亚和边沁是比较有代表性的两个。贝卡利亚认为,刑罚的目的在于威慑犯罪,他指出:"刑罚的目的仅仅在于:阻止犯罪再重新侵害公民,并规诫其他人不要重蹈覆辙。"❸而对于刑罚的度,他又指出:"一种正确的刑罚,它的强度只要足以阻止人们犯罪就够了。"❹如果刑罚的使用不是威慑犯罪所必须,则刑罚就必然是残暴而多余的。因此,在他看来,只要刑罚的恶果大于犯罪所带来的好处,刑罚就可以收到它的效果。边沁则强调威慑应该关注犯罪行为再犯的可能性。为了减少犯罪人再犯的可能性,他建议:(1)让违法者再次违法变得困难或不可能,比如监禁;(2)增加其他人的恐惧或谨慎以防止他们实行相同或类似的行为;(3)开放一个改造(rehabilitation)的途径。❺ 同时,在边沁看来,一切法律所具有或通常应具有的一般目的,是增长社会幸福的总和,因而首先要尽可能排除每一种趋向减损这种幸福的东西,亦即排除损害。❻ 由此,惩罚的正当性在于减少未来罪行进而减少不幸福的可能性。

贝卡利亚和边沁强调的威慑主要通过外因对人的强制达到对人的威慑作用。费尔巴哈则从内因强调对人的威慑。他认为,要阻止一般人犯罪,只有两种方法,第一就是他们通通用链子连起来。但此方法在现实上并不可行。另一个方法就是透过心理强制方式,也就是透过刑罚的威吓力,以及刑罚的确定执行,让潜在想要犯罪的人心理感到害怕而不敢犯罪。在费尔巴哈看来,为达到预防

---

❶ 王皇玉.刑罚与社会规训[M].中国台湾:元照出版公司,2009:22.

❷ 王皇玉.刑罚与社会规训[M].中国台湾:元照出版公司,2009:15.

❸ 贝卡利亚的这段话被认为是犯罪的特别预防和一般预防。参见:[意]贝卡利亚.论犯罪与刑罚[M].黄风,译.北京:中国法制出版社,2005:52.

❹ [意]贝卡利亚.论犯罪与刑罚[M].黄风,译.北京:中国法制出版社,2005:59.

❺ Charles F Abel, Frank H. Marsh, Punishment and Restitution: A Restitutionary Approach to Crime and the Criminal, p.70.

❻ Charles F Abel, Frank H. Marsh, Punishment and Restitution: A Restitutionary Approach to Crime and the Criminal, p.70.

犯罪的目的,国家决不可透过"物理强制"的方式,而应运用"心理强制"方式,排除人民想要犯罪的行动或欲望。❶ 当然一般预防理论强调的威慑理论,受到不少批评,比如黑格尔就批评费尔巴哈的心理强制理论,不是以荣誉和自由来对待人,而是把人当成受棍棒驱赶的狗。对威慑理论的批评,在后面还会进行论述。

从贝卡利亚到边沁再到费尔巴哈,都强调了惩罚的目的在于威慑犯罪,通过威慑犯罪达到减少犯罪进而增加社会总幸福。因此,国家的惩罚是具有正当性的。

(二)惩罚的确定性、严厉性与及时性

如何到达威慑犯罪的目的?一般认为惩罚的确定性、严厉性和及时性对犯罪具有威慑效应。威慑理论发展到了现在,还有人认为警察、监禁、罚金刑、死刑、各种法令等也具有威慑效应。

在贝卡利亚的思想中,他提出了刑罚的确定性、严厉性、及时性的观点。这些观点都体现了刑罚的威慑效应。虽然刑罚的严厉性具有明显的威慑力,但在贝卡利亚看来,刑罚的确定性比严厉性更具有威慑力,"对于犯罪最强有力的约束力量不是刑罚的严酷性,而是刑罚的必定性。"❷因为"即使刑罚是有节制的,它的确定性也比联系着一线不受处罚希望的可怕刑罚所造成的恐惧更令人印象深刻。因为,即便是最小的恶果,一旦成了确定的,就总令人心悸。"❸就刑罚的及时性有利于威慑效应而言,贝卡利亚认为,"犯罪与刑罚之间的时间间隔得越短,在人们心中,犯罪与刑罚这两个概念的联系就越突出、越持续,因而,人们很自然地把犯罪看作起因,把刑罚看作不可缺少的必然结果。"❹也就是说,及时性的惩罚才能让人们感觉到惩罚后果的必然存在,不存侥幸心理。正是因为不及时惩罚,让有些人心存幻想,即使惩罚严厉,总认为自己可以逃避,所以及时性惩罚才能使人们清醒认为惩罚后果,否则会认为惩罚有时是一种表演。正如贝卡利亚说:"只有是犯罪与刑罚衔接紧凑,才能指望相连的刑罚概念使那些粗俗的头脑从诱惑他们的、有利可图的犯罪图景中立即猛醒过来。推迟刑罚只会产生使这两个概念分离开来的结果。推迟刑罚尽管也给人以惩罚犯罪的印象,然而,它造成的印象不像是惩罚,倒像是表演。"❺

可以说贝卡利亚在《论犯罪与刑罚》中详细阐述了刑罚的确定性、及时性和

---

❶ 王皇玉.刑罚与社会规训[M].中国台湾:元照出版公司,2009:23.
❷ [意]贝卡利亚.论犯罪与刑罚[M].黄风,译.北京:中国法制出版社,2005:72.
❸ [意]贝卡利亚.论犯罪与刑罚[M].黄风,译.北京:中国法制出版社,2005:72.
❹ [意]贝卡利亚.论犯罪与刑罚[M].黄风,译.北京:中国法制出版社,2005:70.
❺ [意]贝卡利亚.论犯罪与刑罚[M].黄风,译.北京:中国法制出版社,2005:71.

严厉性,其最具代表性。其后边沁在《道德与立法原理导论》中也特别论述了惩罚的严厉性和确定性问题。比如他强调,"要使惩罚的值能够超过罪过的收益,必须依其就确定性而言的不足程度,相应地在轻重方面予以增加。"❶也就是说,边沁把惩罚的严厉性与确定性联系起来。在他看来,惩罚越确定,其所需要的严厉性就越小。惩罚确定性越小,其严厉性就应该越大。同时,他还强调了惩罚应尽可能及时。这样的话,惩罚对人的心理效果就不至于因时间而减弱,而且不会因增加其间隔期所提供的逃脱惩罚的机会。❷ 在贝卡利亚和边沁之后,经济学家贝克尔发展了威慑理论。贝克尔运用经济学的方法,分析了最优的惩罚可能性和严厉程度。其后,法经济学的代表人物波斯纳进一步研究认为,当威慑水平既定时,惩罚概率和惩罚严厉程度之间存在替代性。❸ 总之,惩罚的严厉性、确定性和及时性均具有威慑效应。

三、对威慑主义的批判

在对报应主义的批评中,我指出报应主义有三个不足:一是报应主义过于僵化;二是报应主义过于消极;三是报应主义忽视其他社会因素。然而基于威慑的功利主义却克服了报应主义的不足。首先,功利主义把重心放在"行为的结果"之上,避免了法律惩罚的僵化。报应主义基于应得,根据犯罪行为的严重程度施以相应的惩罚。而功利主义根据犯罪行为的结果施以可能重也可能轻的惩罚。也就是说惩罚可以基于功利算计可以重也可以轻。其次,功利主义是朝前看,强调了预防犯罪,摆脱了报应主义的消极一面。也可能在有反社会和犯罪倾向,并有可靠证据的情势下,提前采取强制措施。基于再社会化目的,可以对初犯或机会犯,认为无再社会化之必要,可以不给予刑罚。预防理论中"再社会化"和"社会防卫"概念,对今天世界各国刑事政策影响巨大。第三,功利主义考虑到了惩罚与其他社会因素之间的联系。功利主义与经济联系紧密,比如"功利"原本是经济学方面的用语,功利考虑利益计算和成本因素,这些都是现在经济学的内容。功利不仅与经济联系紧密还与哲学和伦理学联系起来。王润生认为功利主义同它的先驱相比,它除了将自己的体系根植于人性、人的需要之上以外,还注重道德同社会关系以至同社会经济结构的联系(在这一点上它向唯物主义伦理学又迈进了一步),从而使其学说更趋于完整,更又深度。❹

---

❶ [英]边沁.道德与立法原理导论[M].时殷弘,译.北京:商务印书馆,2000:228.
❷ 周姬.惩罚本原的法理分析[D].广州:中山大学,2005:25.
❸ 陈屹立,陈刚.威慑效应的理论与实证研究:过去、现在与未来[J].经济制度研究,2009(3):173.
❹ 王润生.西方功利主义伦理学[M].北京:中国社会科学出版社,1986:3.

虽然作为功利主义主要形式的威慑主义在一定程度上克服了报应主义的一些缺陷,但是威慑主义也有其自身明显的不足。首先,在威慑主义下,法律可以惩罚一个无辜者或者放纵有罪者。威慑主义追求最大多数人的最大幸福,通常惩罚一个违法者可以促进最大幸福。如果国家故意惩罚一个无辜者也可以促进最大幸福,那么在威慑主义者看来,这种惩罚就是正当的。同样,如果国家放纵有罪者,可以促进最大幸福,那么这种放纵也是正当的。但是每个人相信惩罚应该只针对有罪之人,反对惩罚无辜之人。他们也唾弃放纵有罪之人。这几乎成为人们的一种共识信念或常识。其次,在威慑主义下,把人作为一个工具,合理的侵犯人权。如果惩罚一个人作为威慑其他人的一个例子,那么为了预防犯罪目的,他或她的权利将会被牺牲。但是个人不是实现其他人目的的手段。为了社会的目标个人也不可被牺牲。❶ 黑格尔就认为威慑主义是对人权的否定。"如果以威吓为刑罚的根据,就好像对着狗举起杖来,这不是对人的尊严和自由给予应有的重视,而是像狗一样的对待他。"❷总之,威慑主义片面强调预防犯罪,将人视为追求功利原则的工具,限制了没有做错事人的自由,因而构成了对人权的侵犯。第三,忽视人的主体性。报应主义基于责任,强调了人的主体性的存在。而威慑主义这种"杀鸡儆猴"的预防犯罪的方式,无异是一种忽视犯罪人的主体性,只把犯罪人当成用以警告其他人不要尝试犯法的示范性工具。❸ 威慑主义不仅忽视了犯罪人的主体性存在,而且受害人的主体也被忽视了。这在当今之社会,不利于培养负责的主体或规训主体。第四,惩罚的不合比例。也就是,法律惩罚太重或太轻。一方面,法律惩罚太重。威慑主义强调的确定性、严厉性和及时性,虽然有着重大意义,但是在当今世界却重视惩罚的严厉性,而忽视惩罚的确定性和及时性。为了一般预防犯罪,一般会认为实行严刑峻法可以使人民打消或压抑其犯罪的动机。惩罚越严厉,越能达到威慑目的。但是严厉惩罚不一定会遏制犯罪,❹还会留下不人道的恶名,另外,严厉惩罚还会带来一个副作用,惩罚不一定导致赎罪或忏悔,有可能导致恨。另一方面,法律惩罚太轻。也就是说,对于一个严重违法者,仅给予一个轻惩罚。

总之,威慑主义是朝前看,考虑追求未来的善。由于追求未来的善,会导致

---

❶ Peter J Ferrara, Retribution and Restitution: A Synthesis[J]. The journal of Libertarian Studies,1982,1(2):118.

❷ [德]黑格尔.法哲学原理[M].范扬,张企泰,译.北京:商务印书馆,2010:102.

❸ 说功利主义忽视主体性,不是否定功利主义中没有主体性存在。因为在功利主义中个体是存在的,但是在为了大多数人的最大幸福时,个体性是被忽视了。

❹ 比如暴力的人身犯罪,威慑力就比较小。

惩罚无辜者或放纵有罪者;追求未来更多的善,可能会对有罪人惩罚太重或太轻。因此,为了最大多数人的最大幸福,人们将会被伤害。因此,威慑主义作为惩罚的正当性基础原理是不充分的。

第三节 修复主义的正当性

报应强调了应得,它把重点放在了违法行为(犯罪行为)的性质上。它不关注违法行为对社会或个人的直接影响,也不关注人类福利及其正义的分配。报应有利于违法者可以认为是修复,间接地有利于社会则可以认为是威慑。也就是说,修复主义是有利于违法者的。到了20世纪70年代,修复主义由有利于违法者转向有利于受害人。在本节中,将论述有利于违法者的两种修复模型,然后论述转向有利于受害人的修复,最后指出修复主义的意义和不足,并认为修复主义作为国家惩罚正当性的原理基础不具有充分理由。

一、对违法者有利的修复主义:两种修复模型

修复主义其实质是改造论。改造论是为了少数人的善,主要是违法者的善。具体来说,把违法者视为弱者,强调对违法者要仁慈。或者说对违法者进行人道主义的惩罚,其惩罚也是为了违法者好。关于修复主义,在此主要叙述两个修复模型。

一是 Göran Duus–Otterström 提出的修复模型。他认为修复主义作为惩罚的正当性原理有三个理由:其一,修复改善了违法者。其二,修复是违法者的权利。其三,修复是一种保护潜在刑事受害人的最好方式。[1] 从这三个理由来看,修复主义作为惩罚的正当性原理基础在于对违法者有利。修复主义要求抛弃惩罚的观念,对犯罪人施以故意的伤害是不合理的。如果要对犯罪人施以惩罚,这些惩罚也是对犯罪人的治疗。对犯罪人进行的惩罚与改造其实质是为了他本人的利益。当然改造好了犯罪人,让他不再犯罪,这也符合社会利益。但这不是功利的,仍然是修复。修复主义认为惩罚实践的首要目的是改变引起犯罪的因素。特别是改变犯罪人的欲望和需要。为此主要有三种方法可以改造犯罪人的主观

---

[1] Göran Duus–Otterström. Punishment and Personal Responsibility. [D] Göteborg :Department of Political Science, Göteborg University,2007:74-75.

恶性：训练、治疗和教育。❶

二是查尔斯 F·阿贝尔和富兰克 H·马斯提出的修复模型。首先，犯罪行为主要是由个人控制之外的因素决定的；其次，报应和威慑是不切实际和不合理的；再次，被引入到一个罪犯生命的新因素作为能够称为犯罪的社会病理学现象的自然原因；最后，惩罚要针对每个独特的罪犯以便实现被定罪的罪犯的性格、态度和行为的改变，以便增强社会防御不需要的行为，以及有助于罪犯的福利和满足。❷ 从修复模型来看，他们把犯罪看成主要是由行为人之外的因素引起的，不把犯罪原因归咎为犯罪人本身，因此，惩罚主要是有利于犯罪人的。很显然，修复至少涉及一个积极行为——依靠改造犯罪人增加他们的福利，并且避免走向人类福利的反面。在他们看来，作为减少犯罪的一个人道方法和避免犯罪人不愉快的社会结果，用修复这种方法改造罪犯是正当的。在这个模型中，修复不关注受害人和间接影响的其他人，它也不提供保障人类福利安全的方法。

从这两个修复模型来看，主要体现了为了犯罪人的利益而改造他们。虽然改造犯罪人，防止他们再犯罪，这样总体上是有利于社会的，但是它们忽视了受害人和其他人的利益，因而受到了批判。

二、转向受害人的修复主义

在原始社会，没有国家，没有法律，社会上发生的冲突纠纷主要通过被害人及近亲属或所属部落（氏族）以报应的方式实现，这个时期，被害人对加害人的惩罚权得到了充分的体现。但是这种惩罚方式是原始复仇，具有任意性、野蛮性和无限性。随着国家的出现，国家发现这种原始复仇危害之大，不仅侵害了个人利益，还威胁到国家利益。于是国家垄断惩罚权，就变成了国家与违法者的对抗。被害人逐渐退出国家惩罚犯罪的过程，甚至完全被排除在这种活动之外。我们看到无论是报应和威慑都没有关注受害人，即使传统的修复主义也没有关注受害人，它关注的是违法者，比如把违法者犯法（犯罪）看成是一种病，惩罚的措施是治疗。其目的是为了违法者好。可以说，这三种惩罚的正当性基础原理，都忽视了受害人。

---

❶ 训练即刑罚学家们在此是想在犯罪人内部建立某种反应，抑制他将来再去犯罪。具体来说，训练是一种厌恶治疗法，它谋略让罪犯一想到犯罪就产生厌恶情绪。治疗是把罪犯想象成病人，改造被看成是对他的治疗。教育把犯罪理解为认知不足的结果，即犯罪人不能把正确的行为与错误的行为区分开来，不懂得他的行为的危害，因此惩罚应该教育他什么是对什么是错。

❷ Charles F Abel, Frank H Marsh. Punishment and Restitution: A Restitutionary Approach to Crime and the Criminal, p.79.

这种忽视受害人而强调保障犯罪人人权的罪犯本位观,使得刑事被告人人权保障的片面化和绝对化,在很多情况下,被害人不但不能从犯罪人那得到应有的赔偿和尊重,还有可能从司法机关的不公正的对待而导致"二次伤害"。❶ 1941年,德国刑法学家汉斯·冯亨蒂首次提出"被害人在犯罪与预防犯罪的过程中,不只是一个被动的客体,而是一个积极的主体,不能只强调罪犯的人权,而且要充分地肯定和坚决保护被害人的人权。"❷自此之后,要求保护受害人的呼声越来越高涨。

1977年,美国学者巴内特(Barnett)发表了一篇题为《赔偿:刑事司法中的一种新范式》的论文,把关注的重心放在了受害人身上,主张犯罪不是针对社会或国家,而是针对受害人,因此要赔偿受害人。在该文中巴内特提出了一个词"修复性司法",在此,我把它上升为修复主义,即修复主义不仅指导司法,还可以作为立法的指导原则。至此,我们从巴内特的理论中,看到了修复主义从关注违法者转向了受害人。当然这个转变是在被害人学逐渐被重视的大背景下兴起来的。

三、对修复主义的批判

对罪犯的惩罚的人道化改革,涂尔干认为是"集体意识"的衰落导致的结果,而福柯却认为这不过是一种"权力技术的革新",是权力技术深深地嵌入社会肌体之中,刑罚权力的技巧运用得更加娴熟和隐蔽,从而使得刑罚看起来貌似温柔。无论是集体意识的衰落或是权力策略的运用,都让惩罚看似人道化了。

早期的修复主义也主张对罪犯惩罚的人道化,甚至认为惩罚是野蛮的和不合理的。所以修复主义主张对犯罪的人道化,与法律制裁的发展趋势非刑罚化是一致的,具有进步的历史意义。特别是修复主义者看到了犯罪原因可能是来自犯罪人之外的因素引起的,主张对犯罪人用非惩罚的方式进行改造,比如训练、治疗和教育等方式。确确实实,犯罪的发生有很多是来自犯罪人无法控制的因素。如教育的缺乏不能区分正确和错误的行为引起的犯罪,还有心理机能欠缺以及先天遗传等特殊因素引起的犯罪。另外社会劳动条件和福利条件也会影响犯罪机会的增减。❸ 如果忽视引起犯罪的因素,象威慑主义一样用严刑峻法

---

❶ 房永凤.被害人权利救济与刑事损害赔偿[D].济南:山东大学,2007:10.

❷ [德]汉斯·约阿希德·施奈德.国际范围内的被害人[M].许章润,等译.北京:中国人民公安大学出版社,1992:419.

❸ 有研究表明,劳动条件和福利条件会影响犯罪机会的增减。如缩小居民收入差距、降低失业率以及提高工资水平、改善社会福利条件,会显著的降低犯罪机会。

的方式遏制犯罪,效果不一定好。因为它只能在短期内遏制犯罪,但不能消除犯罪的根源,比如中国20世纪80年代以来的几次"严打",只是在短期内威慑到了犯罪,起到了一定的遏制效果,长期来看,效果未必好,而且会产生一些副作用。如刑事惩罚会给犯罪人贴上耻辱的标签,让他们无法重新回归社会。而修复主义主张消除犯罪的根源,甚至把犯罪视为一种病,要进行治疗,让他们重新回归社会。因此,早期修复主义主张惩罚的非刑罚化和消除犯罪的根源的观点是有着现实意义的。转向重视被害人的修复主义,也有着积极的意义。在长期"国家(司法机关)——犯罪人"模式下,被害人所受的伤害被忽视,结果,被害人被工具化,而且沦为一个证据收集的手段。❶ 现在修复主义注重满足被害人的需要,而且以被害人的需要作为中心。具体表现为:被害人可以积极地参加修复性司法过程并成为解决犯罪过程的中心;被害人在这个过程中享有说出受害真相的权利;要求犯罪人必须向受害人忏悔、道歉;要求犯罪人赔偿被害人的损失。❷ 也就是说,尽力地把受害人的损害修复到未受侵害之前的福利水平或状态,即让受害人的福利水平不会因侵害而降低。

虽然修复主义有一定的合理性,但是它也存在明显不足。在彼得 J. 费拉拉看来,早期的修复主义有两种不足:一是修复理论是假定一个正常人的一些基本愿景,一个犯罪人偏离这个的基本愿景,就认为他生病了。但是,判断一个正常人没有客观标准,修复性惩罚仅仅是树立一个犯罪人模型,这个模型与强大的精英有关,即与他们界定的所有人怎样行动和思考的概念相称。然在费拉拉看来,一组个人,无论怎样精英,没有权力把他们有关一个正常人的概念强加给其他人,即使这些人已经犯了罪。❸ 二是修复理论是不公平的。基于修复理论的宣判完全不与过去的犯罪相联系,而是与强大的精英设计的犯罪人模型相联系。因此,一个残暴的杀人犯或强奸犯如果愿意服从这个模型,那么他将会很快被释放,而一个不愿服从模型的小偷将会永远待在监狱里,除非他放弃或被治愈。但是在费拉拉看来,一个精英,无论多么强大,没有权力仅仅因为其他人不符合他们有关正常的概念而侵犯这些人的权利。❹

转向受害人的修复主义也存在不足之处。由于以前惩罚是"国家——犯罪

---

❶ [德]Detlev Frehsee. 德国刑事法律中的赔偿和犯罪人——被害人和解:发展历程与理论内涵[J]. 人大法律评论,2009:284.
❷ 陈晓明. 论修复性司法[J]. 法学研究,2006(1):57.
❸ 这些的现象在我国是存在的,比如有的地方政府把上访者当作是精神病关进精神病医院。
❹ Peter J Ferrara, Retribution and Restitution: A Synthesis[J]. The journal of Libertarian Studies,1982,1(2):118.

人"模式,在刑事惩罚中,国家司法机关扮演非常积极的角色,被害人一定程度上被忽视。现在转向受害人的修复主义后,变成"犯罪人——受害人"模式,国家在惩罚过程中的积极角色地位下降,主要是犯罪人与受害人之间的和解,强调了意思自治。这一范式的转变带来了几个问题:一是导致了修复性司法的不确定性。在"犯罪人——受害人"模式下,双方自愿参与是能否成功的关键,如果一方不愿意参与,修复启动就比较困难;如果双方都不愿意,修复无法达成。只能又回到传统的"国家——犯罪人"模式,即由国家主导的司法过程。即使双方都愿意参与修复的过程,也有可能一方在中途自愿退出。总之,这种方式不管是在启动时还是在修复的过程中都带有很大的不确定性。二是双方的利益都有可能被损害。一方面是被害人的利益可能受损。在当今修复性司法过程中,由于国家司法机关积极作为角色的下降,可能导致打击犯罪无力,从而使被害人的利益更加无法保障。由于在恢复性司法程序中,被害人也往往会面临必须原谅犯罪人,否则就会面临被视为没有爱心,报复性强的压力。赋予被害人以是否同意给犯罪人减刑、假释的权利,又会使被害人面临来自犯罪人的威胁和收买的危险。❶ 另一方面是犯罪人的利益可能受损。由于国家正式刑事系统作为后盾,恢复性司法"以自愿为前提"的特征,不过是表面现象。事实上,正因为有了恢复性程序,而不断增长的办案压力又使得正规刑事司法系统寄希望于通过恢复性司法减轻自己的办案负担,凡是不愿"自愿"选择恢复性方式的犯罪人,都面临着在后来的正规司法程序中被从重处罚的压力,从而不得不"自愿"地选择进入恢复性程序。❷

无论是偏向于犯罪人的修复主义还是以受害人为中心的修复主义,又都有两个共同的不足:一是威慑性不足。不管修复是对犯罪人有利还是对受害人有利,都没有对其他人具有很强的威慑力。二是不具有充分的责备性。即对违法行为表达社会的谴责。因而,修复主义作为国家惩罚正当性的原理基础不具有充分理由。

第四节 赔偿的正当性——赔偿理论的兴起

在第一章中,我们论述了法律制裁不仅在理论上没有被排除在法律概念之

---

❶ 宋英辉,许身健.恢复性司法程序之思考[J].现代法学,2004(3):32-37.
❷ 姚学勇.恢复性司法制度研究[D].上海:复旦大学,2008:11.

外,而且在实践中,也没有被排除在一个国家法律制度之外。法律制裁(惩罚)是有必要性的。在目前,一般认为报应、威慑和修复可以作为一个国家惩罚制度正当性基础原理,但在上述分析中我们已经指出这三种方式作为惩罚正当性原理不具有充分理由。虽然报应、威慑和修复作为惩罚正当性原理不具有充分理由,但是我们不应该抛弃这三种惩罚方式,而是要抛弃它们作为一个国家惩罚制度正当性基础原理或者一个国家刑事司法制度的中心。现在,我们认为有一种惩罚方式,即融合了报应、威慑和修复的惩罚方式作为一个国家惩罚制度正当性基础原理,这个方式就是赔偿。在本节中,首先梳理赔偿的概念;其次叙述几种赔偿理论;再次论述赔偿的正当性;最后指出几个反对赔偿理论的观点之不成立。

一、赔偿的概念

波斯纳认为在初民社会报复之威胁是维系初民社会公共秩序的基本机制。因此报复或复仇是人类社会最古老的保护利益和维护权利的方式。但是在波斯纳看来,简单复仇方式处理惩罚问题有严重的缺陷或无效率。在复仇概念中或在复仇概念的感情基础上,没有任何东西限制复仇的程度。❶ 并且在初民社会发现和惩罚违法的概率是很高的,这样就会导致惩罚过度。因此,出现了其他文明的救济方式替代复仇。"这种替代制度有两种形式,其一为针对犯罪行为的刑事处罚制度;其二为针对侵权行为的民事赔偿制度。"❷可见,赔偿早就是解决冲突的基本方式。❸

田振洪在其博士论文《汉唐时期的损害赔偿制度》中指出从现有文献记载来看,夏商时期对于不法侵害他人财产或人身的行为,还未见有赔偿的规定。不过至西周社会以后,已经有了一些侵害他人财产特别是侵害公产的行为,必须承担损害赔偿责任的法律规定。❹ 他还指出在我国赔偿的表达有一个发展过程:先秦文本有"更""庚""偿";秦汉法律用"偿""负""备""备偿"等语汇;唐代的法律文本中,"赔偿"除以"偿""备""备偿"来表达外,还有"酬""陪填""陪备""陪""倍"等语例。用"赔"字表达赔偿之意出现在明朝洪武年间,至清朝嘉庆年

---

❶ [美]波斯纳.正义/司法的经济学[M].苏力,译.北京:中国政法大学出版社,2002:222.
❷ 王卫国.过错责任原则:第三次勃兴[M].北京:中国法制出版社,2000:223.
❸ 戴炎辉指出各民族的刑法及侵权行为,大率源于复仇,而复仇大率系民族等团体的报复。嗣后,政治的权威确立后,始以赔偿的方法和解;再演进,则确立一定的赔偿额;更进一步,便认识侵权行为不止于侵害个人的利益,同时又危害共同生活的秩序,乃加以公的刑罚。参见:戴炎辉.中国法制史[M].台北:三民书局股份有限公司,1978:18.
❹ 田振洪.汉唐时期的损害赔偿制度[D].北京:中国政法大学,2008:28.

间"赔"字已经非常流行。在我国虽然赔偿的表达经历了长期演变,最终定型为赔偿,但它们都是当时社会和法律观念的反应。我国在古代不仅出现了赔偿的概念,而且还界定赔偿范围、比例和免责。比如秦汉时期赔偿范围有"平价偿""价以减偿"之分;区分赔偿比例则以"分负""半负""负一""负二""叁分偿"等表述,同时用"勿责"明确表示免除赔偿责任。❶ 从上述表述中,我们看到在我国古代,很早就出现了赔偿的概念,而且还界定了赔偿的范围、比例和免责,显示出我国古代赔偿制度的发达。同时还表明我国古代对损害他人合法权益的侵害行为,要求行为人承担赔偿责任。❷

从现代法的意义上来说,"赔偿"也称为"损害赔偿",它是指"当事人一方因侵权行为或不履行债务而给他方造成损害时,应承担补偿对方损失的民事责任。"❸我国台湾学者曾隆兴这样界定损害赔偿,"在人类社会生活中,因人之行为,使他人财产或精神蒙受不利,称为损害,……损害发生后,为恢复原状,于不能恢复原状时,以给付金钱赔偿损害,称为损害赔偿。"❹帕克认为:"赔偿就是在一个人遭受现实的或可能的损害之后,使其恢复到原有状态。它总是涉及对被害者的给予,因此,它也总是涉及某个可能的受益人"。❺ 布莱克从社会学的角度定义赔偿,他认为:"赔偿是通过偿付受害方来处理不满的一种社会控制样式"。❻ 从上述赔偿界定来看,中国大陆是把赔偿限定在民事范围内,而且是补偿性的,这种界定过于狭窄。曾隆兴、帕克和布莱克对赔偿的界定只是阐述了赔偿对受害人一方要有利,而不界定适用范围也不限定是惩罚性还是补偿性赔偿。可以说,前者是狭义理解,后者是广义理解。事实上,赔偿不仅仅可以在民事责任中行使,而且在刑事和行政责任中也可以行使。赔偿不仅是补偿性的也有可能是惩罚性的。总之,赔偿主要是对已发生或可能发生损害的受害人的救济。

二、赔偿理论

(一)巴内特(Randy E. Barnett)的赔偿理论

巴内特在名为《赔偿:刑事司法中的一种新范式》的论文中指出,应该抛弃刑事犯罪惩罚的传统模式,罪犯不应再被判处徒刑或者责令支付罚金给国家。

---

❶ 田振洪.汉唐时期的损害赔偿制度[D].北京:中国政法大学,2008:23.
❷ 赔偿责任不仅包括经济赔偿还包括人身损害赔偿。
❸ 中国大百科全书总编辑委员会.中国大百科全书(法学卷)[M].北京:中国大百科全书出版社,2004:577.
❹ 曾隆兴.详解损害赔偿法[M].北京:中国政法大学出版社,2004:1.
❺ [美]哈伯特 L 帕克.刑事制裁的界限[M].梁根林,等译.北京:法律出版社,2008:23.
❻ [美]唐纳德·布莱克.正义的纯粹社会学[M].徐昕,田璐,译.杭州:浙江人民出版社,2009:47.

而应该迫使罪犯补偿因他们的犯罪行为遭受伤害或损失的受害人。因此,他建议用赔偿的范式替代惩罚的范式。在他看来,我们应该重新调整我们对犯罪的印象。以前我们认为一个犯罪是侵害社会,现在我们认为一个犯罪是侵害个人受害人。如一个抢劫犯不是抢劫社会,而是抢劫受害人,因此,他不对社会欠债,而是对受害人欠债。❶

巴内特拒绝惩罚,他认为报应、威慑和修复中没有一个标准的目的或理由充分证明惩罚的实践是正当的。如一个仅仅倡导威慑的制度是不能作为刑事司法制度的。因为为了威慑犯罪,威慑理论将会允许或要求惩罚一个无辜的人。总之,他认为报应、威慑和修复都不能单独覆盖一个刑事司制度的目的。只有赔偿才能完全覆盖一个刑事司法制度的目的。

为此,他认为赔偿制度有六个方面的优势。第一,最明显的优势是为犯罪的受害人提供帮助。受害人已经遭受了情感、身体或经济上的损失,赔偿不能消除枉行,但可以消除损失。第二,获得补偿的可能性将鼓励受害人举报犯罪和出庭。因为赔偿是有利于受害人的,所以受害人会积极的起诉和应诉,来弥补损失。第三,赔偿有助于改造罪犯。赔偿是补偿性的,它能够减轻罪过和焦虑,降低进一步的犯罪。第四,这是一个自我决定性的徒刑。罪犯将知道他的监禁(或限制)的期限在他自己的手上。他是自己命运的主人。因为他越努力工作,他将越快赔偿。因此,就会尽快地释放(或解除限制)。这将鼓励有用的、积极的行为和灌输良好的行为,以及努力工作会得到一种奖赏的概念。而在现行制度下,缓刑或不定期刑的解除,都是由监狱官僚基于积极遵守监狱规则的良好行为而决定的。在巴内特看来,用适合市场的技能而不是罪犯在狱中习得熟练的犯罪方法更能有助于减少累犯率。第五,纳税人的储蓄将会极大增加。无辜的纳税人将不再支付罪犯的逮捕和拘留的费用。逮捕、审讯和拘留的费用由犯罪人自己承担。第六,犯罪将不在支付成本。即把犯罪过程中的成本用于赔偿。对于特别精明的白领犯罪人,他们知道他们不能处理犯罪利益,如果被抓,就要受罚。这会激励犯罪人宁愿付出赔偿代价,外加执法和其他法律成本,进行诉讼。如果鼓励犯罪人保留这些犯罪利益,当被抓时,那么他们就能够容易的给予赔偿。❷

在巴内特看来,一个司法的赔偿制度将会有利于受害人、犯罪人和纳税人。

---

❶ Randy E Barnett. Restitution: A new paradigm of criminal justice, Chaper IV Criminal Law, p. 489.
❷ Randy E Barnett. Restitution: A new paradigm of criminal justice, Chaper IV Criminal Law, pp. 492 – 493.

总之,赔偿范式除了根深蒂固的刑事官僚主义外对所有人都是有利的。

(二)大卫·鲍尼因的赔偿理论

大卫·鲍尼因在巴内特的理论基础上进一步推进,提出了纯赔偿的理论。他与巴内特一样,都是主张抛弃惩罚。不同的是,巴内特把赔偿分为两类:惩罚性赔偿和纯赔偿。❶ 在巴内特的赔偿理论中,这两类赔偿都包含在其中。但大卫·鲍尼因认为惩罚性赔偿与法律惩罚无异,因此主张一种纯赔偿。在他看来,纯赔偿理论是两个主张的结合:一是国家不应该惩罚违反法律的人;二是国家应该迫使违反法律的人因他们的枉行(wrong)引起的伤害对受害人补偿。❷

关于惩罚与赔偿的关系,有两种观点。一种认为惩罚与赔偿二者不能并存只能择其一。有人主张没有赔偿的惩罚,即惩罚是允许的但强迫赔偿受害人是不允许的。另一种认为惩罚与赔偿二者并存。即惩罚和强迫赔偿受害人都是道德上允许的。虽然大卫·鲍尼因与第一种观点有相似之处即认为惩罚与赔偿二者不能并存,但是他认为应该是没有惩罚的赔偿。即国家强迫犯罪人赔偿受害人在道德上是允许的。这个观点不仅在刑事案件中可以适用,在民事案件中也可以适用。

大卫·鲍尼因主张没有惩罚的赔偿在于他认为赔偿不是惩罚,二者有着重要的区别。他给惩罚和赔偿都进行了定义。提出了法律惩罚理论和纯赔偿理论。

1. 法律惩罚理论

法律惩罚理论体现在以下五个方面:第一,伤害。有很多人对惩罚进行了界定,认为惩罚涉及痛苦、不愉快、邪恶等,但大卫·鲍尼因认为惩罚是伤害被惩罚的人,伤害某人意味着使他(或她)更糟,包括对他(或她)造成不愉快或剥夺他拥有的物。第二,故意伤害。惩罚仅仅是伤害是不够的,还必须是故意的伤害。如两人结婚办证缴纳的费用与一个人犯重婚罪缴纳的罚金,前者不是惩罚,后者是惩罚。区别在于前者是可预见引起的伤害,后者是故意引起的伤害。第三,报应的故意伤害。惩罚至少要涉及故意伤害,但这还不够,还必须要有报应要求。惩罚一个人还需要他做了法律禁止的行为,并且他要对他已做的行为负责。第四,责备的报应故意伤害。结婚办证的费用与重婚罪的罚金,很明显费用不认为是惩罚,罚金是惩罚,因为后者表达了国家对这种行为的不认同,即表达了国家

---

❶ 在巴内特看来,纯赔偿不是惩罚,它仅仅是返回偷的货物或金钱的事件。也就是说,犯罪人不值得遭受惩罚,而是受害人值得赔偿(补偿)。

❷ David Boonin. The Problem of Punishment[M]. Cambridge:Cambridge University Press, 2008:218.

对重婚的谴责。第五,授权的责备性的报应故意伤害。惩罚影响被惩罚的人,由谁惩罚才能是法律惩罚?大卫·鲍尼因认为惩罚不是法律惩罚,法律惩罚是由国家授权的代表来实施。因此,法律惩罚是由国家授权的代表故意实施的责备的报应的伤害。❶

2.纯赔偿理论

相对于法律惩罚理论,大卫·鲍尼因也从五个方面阐述了纯赔偿理论模型:第一,纯赔偿理论被限制在违法者伤害受害人案件上。即纯赔偿理论仅适用在一个违法者已经引起的伤害案件上。第二,纯赔偿理论被限制在违法者的不法行为(wrongful)引起的伤害案件上。如果违法者的伤害行为被法律禁止,那么就可说违法者的不法行为伤害了受害人。第三,纯赔偿理论认为当违法者要为他们的不法行为引起的伤害负责时,违法者必须赔偿受害人。第四,纯赔偿理论认为当违法者要为自己对受害人造成伤害的不法行为负责时,国家应该迫使违法者恢复受害人合理地享有的福祉到受侵害之前水平。第五,纯赔偿理论认为上述条件都获得时,违法者必须恢复受害人在受害前合理地享有的福祉水平。最后,他从上述五个条件中概括出纯赔偿理论:如果一个违法者要对其伤害了受害人的不合法行为负责任,那么,国家应该迫使违法者恢复受害人合理地享有的福祉到受侵害之前水平,并且国家不应该惩罚违法者。❷

通过对法律惩罚理论和纯赔偿理论之比较后,发现二者有一个最大的不同在于伤害是否为故意。在大卫·鲍尼因看来,赔偿不一定是故意施加伤害于违法者。比如一个违法者不合法的行为伤害了受害人,法官要求违法者赔偿受害人在于违法者欠受害人的债,这种赔偿不是法官故意伤害违法者,而是法官预见赔偿受害人将会强加一种成本于违法者。但法律惩罚一定有故意伤害违法者之存在。因此,他认为赔偿不是法律惩罚的一种形式。

大卫·鲍尼因在否定了赔偿是法律惩罚的一种形式后,进而否定了国家惩罚违反法律的人的道德合理性。他主张我们应该接受一个没有法律惩罚的方式,强制赔偿受害人或许能够做我们想要法律惩罚做的所有事。赔偿能够被用来修复一个不合法行为造成的伤害,能够使伤害好像从来没有发生过。虽然赔偿不能够消除枉行(wrong),但是赔偿能够消除伤害。而法律惩罚既不能消除枉行又不能消除伤害。大卫·鲍尼因通过归谬法来论证了强制赔偿受害人的正当

---

❶ David Boonin,The Problem of Punishment[M]. Cambridge:Cambridge University Press, 2008:6-25.
❷ David Boonin,The Problem of Punishment[M]. Cambridge:Cambridge University Press, 2008:220-224.

性。他反驳了报应主义和功利主义(威慑主义)作为一个国家惩罚正当性原理基础,要求人们抛弃惩罚的观念,赔偿能够解决因不合法行为引起的伤害。针对两个主要反对观点:赔偿不具有充分的威慑和不充分的责备。他也进行了反驳,针对赔偿威慑不足即对有充分能力赔偿的富人和无能力赔偿的穷光蛋不具有威慑力,他用归谬法指出报应主义和功利主义也存在这种情况。针对责备性不足,他指出不就是因为枉行即被认为是错的或不合法的才要赔偿吗?赔偿本身就意味着责备(谴责)。

(三)查尔斯 F·阿贝尔和富兰克 H·马斯的赔偿理论

巴内特和大卫·鲍尼因认为赔偿不是惩罚的一种形式,主张用赔偿范式取代法律惩罚的范式。但查尔斯 F·阿贝尔和富兰克 H·马斯却认为赔偿过去总是被视为惩罚的一种形式,事实上现在也是惩罚定义的一个要素。有的人之所以把赔偿不视为惩罚的一种形式,在于他们混淆了惩罚的定义和惩罚的正当性的区别。在阿贝尔和马斯两人看来,赔偿是相对最合理的惩罚形式。也就是说,在他们看来,法律惩罚仅仅根据赔偿的目的或方法才是正当的。

阿贝尔和马斯通过指出报应、威慑和修复等存在的不足,来论证赔偿方式作为法律惩罚正当性的最好形式。他们认为报应、威慑和修复作为惩罚正当性的形式,在社会的变化中既不具有灵活性也让人迷惑。而赔偿的方式至少可以做到三者能够做到的事。而且赔偿在实践中更灵活、对社会的影响更积极,因而比其他方式更具有道德上的优先性。他们把刑事司法制度看作一种政治制度。从政治制度的角度看,法律惩罚的目的不能仅仅是强制性方式,比如报应、威慑和强制性的修复方式,还应该包括补救和促进。

在他们看来,当前的刑事司法制度有着歧视性的一面。不同的惩罚形式主要是分配利益和负担涉及的不同犯罪行为上。修复方式相比报应方式要花费更多的时间和金钱。报应方式虽然可以节省花费但是这种方式对于社会底层人而言是一种祸根,因为相对于白领阶层会有更多社会底层人进监狱。威慑方式会导致一个高累犯率,而这些累犯也主要来自社会底层。所以不管是报应、威慑还是修复方式,都不会减少刑事犯罪的负担,它们只是把更重的负担重新分配给某一个阶层。对于受害人而言,在当前的刑事司法下,他们的负担没有减轻。虽然对犯罪人进行了严厉的惩罚,但是受害人的损失仍然完整存在。❶ 总之,报应、威慑和修复作为惩罚方式相比赔偿有其不足:一是不能增加社会的价值和利益;

---

❶ Charles F Abel, Frank H Marsh, Punishment and Restitution: A Restitutionary Approach to Crime and the Criminal[M]. New York: Greenwood Press, 1984:4.

二是在追求合法的社会目的时,侵犯了我们的社会原则;三是阻挠了我们社会政策的实现。❶

相比报应、威慑和修复,赔偿方式不仅在道德上、理论上,而且实践上要比这三种方式更好的保护人类福祉。赔偿不仅仅减少社会的恶,而且还会增加社会的善。其一,赔偿具有报应。因为赔偿也与报应一样往后看,涉及一个违法者的"应得"。其二,赔偿能够具有威慑力。因为它涉及公认的不愉快的后果。其三,赔偿能够修复和让犯罪人重新融入社会。❷ 也即是说,赔偿方式融合了报应、威慑和修复,能够替代它们作为法律惩罚正当性原理基础。在阿贝尔和马斯看来,只有作为赔偿的惩罚才能够让国家惩罚具有正当性,才能使国家履行其职责增进人类福祉和平衡分配犯罪的社会利益和负担。而报应、威慑和修复都不能做到这一点。

(四)彼得 J. 费拉拉的赔偿理论

在上述三个赔偿理论中,巴内特和大卫·鲍尼因主张赔偿完全取代法律惩罚,阿贝尔和马斯主张赔偿是法律惩罚的一种方式,而且是最优的正当性的法律惩罚方式。然而费拉拉却提出了报应和赔偿相结合的合成理论。这个合成理论包括两个方面:一是要求犯罪人因其犯罪行为造成的损失补偿受害人;二是保留报应的正当性的作用。这个合成理论有助于消除仅仅强调赔偿理论的缺陷,更容易实现赔偿的目的。❸

费拉拉的合成理论是在巴内特的赔偿理论基础上的推进。他认为巴内特的赔偿理论主要体现在四个方面:第一,犯罪是指侵害了或威胁侵害一个人或多个人的行为而不是法规禁止的行为。第二,犯罪针对的是受害人而不是国家。第三,在刑事诉讼中,当事人是犯罪人和受害人而不是犯罪人和国家。第四,刑事司法制度的主要目的是迫使犯罪人补偿受害人。❹ 巴内特赔偿理论的核心就是刑事司法制度的主要作用在于赔偿受害人而不是惩罚犯罪人。如果赔偿了受害人那么对犯罪人的进一步的惩罚就是不允许的。

费拉拉在接受赔偿作为惩罚正当性原理基础同时,指出赔偿理论也有其不

---

❶ Charles F Abel, Frank H Marsh, Punishment and Restitution: A Restitutionary Approach to Crime and the Criminal[M]. New York: Greenwood Press, 1984:43.

❷ Charles F Abel, Frank H Marsh, Punishment and Restitution: A Restitutionary Approach to Crime and the Criminal[M]. New York: Greenwood Press, 1984:19.

❸ Peter J Ferrara, Retribution and Restitution: A Synthesis[J]. The Journal of Libertarian Studies, 1982, 1(2):106.

❹ Peter J Ferrara, Retribution and Restitution: A Synthesis[J]. The Journal of Libertarian Studies, 1982, 1(2):106.

足。首先,赔偿理论是关注个人权利(包括受害人和犯罪人的权利),其目的是赔偿受害人。因此预防犯罪不是赔偿理论的目的,这样会使赔偿理论过于消极。在巴内特看来,赔偿理论是朝后看,它关注的是过去发生的事并给予弥补。因而否认赔偿理论有预防犯罪之目的。他认为预防犯罪是社会制度的目的而不是刑事司法制度的目的。其次,补偿不足。赔偿制度有一个实际缺点,有些损害不能靠修补来解决,因而严厉削弱了赔偿制度的适当性。如犯罪人没有钱支付他们造成的损害,受害人控告犯罪人通常毫无意义。巴内特认为当犯罪人不能赔偿受害人时,可以把犯罪人投进监狱,强迫劳动赔偿受害人,但费拉拉认为在赔偿范式下把犯罪人投进监狱强迫劳动赔偿不具有正当性,只有在报应惩罚方式下才具有正当性。用合成理论就可解决这个缺点。第三,威慑不足。在赔偿方式下,只要个人能够负担犯罪的成本,它将会允许个人犯罪。赔偿方式不能威慑大量的犯罪,也不能使个人权利免受犯罪侵害。赔偿方式也是不公平的,因为它允许一些人犯罪,根据人们的常识,个人是不允许用金钱买犯罪。在费拉拉看来,如果用合成理论就可以解决这个缺点。因为在赔偿和报应下,无论是否对被害人给予赔偿,也是可以惩罚犯罪人的。因此在报应范式下,是不允许依靠金钱买犯罪的。第四,导致不公。在赔偿方式下,故意伤害与过失伤害可能赔偿一样多。费拉拉认为用合成理论就可以解决这个缺点。非故意的伤害仅涉及赔偿惩罚,故意伤害还要加上报应惩罚。第五,无损害的问题。即在没有出现损害的情况,在赔偿方式下,可能不用赔偿。如果是一个刑事犯罪在犯罪预备阶段或犯罪未遂,没有造成任何损失,就可能什么也没有事。费拉拉认为用合成理论,在报应下,可以给予惩罚。

  另外,费拉拉认为巴内特提出的赔偿范式不是一个新范式,而是一个类似民事侵权法律制度的范式。如民事侵权法律制度中赔偿与刑事司法制度中赔偿一样基于个人权利;侵权是侵害了一个人或多个人的行为而不是法规禁止的行为;侵权针对受害人而不是国家;在侵权的诉讼中,当事人是违法者与受害者而不是违法者与国家;侵权诉讼的目的是迫使违法者赔偿受害者;侵权法中赔偿与巴内特的赔偿几乎完全一致,因此,费拉拉认为巴内特提出的刑事司法的新范式赔偿其实是民事侵权法律制度当前范式。而民事侵权法律制度中也有惩罚性赔偿。在他看来,惩罚性赔偿其实是相称的报应惩罚制度。而相称的报应惩罚制度既可以作为报应的刑事惩罚制度的部分也可以作为报应的民事赔偿惩罚制度的部分。因此,费拉拉认为既然民事赔偿惩罚制度中包含了报应惩罚,那么刑事司法制度中也应该包含报应惩罚。

  总之,费拉拉认为报应和赔偿的合成理论才是一个道德的、公正的和有效的法律制裁制度所需要的。

三、赔偿的正当性——与报应、威慑和修复的正当性之比较

报应、威慑和修复是传统的法律惩罚正当性原理基础,而赔偿是一种比较新的惩罚正当性的原理基础。在报应方式下,惩罚是正当的。因为犯罪人侵害了他人的合法权利,并且这种犯罪行为是一种不道德的行为,所以对犯罪人的惩罚是道德的,也是其应得。在威慑方式下,惩罚是正当的。因为惩罚能够威慑犯罪人和其他人在未来犯罪。在修复方式下,惩罚是正当的。因为惩罚主要是对犯罪人进行改造,把犯罪人假定为"病人",由"专家"对"病人"开出"治疗药方"而不是惩罚犯罪人。在赔偿方式下,惩罚是正当的。因为惩罚迫使犯罪人赔偿受害人,在赔偿后,不应再对犯罪人进行其他惩罚。

在前面,我们已经论述了报应、威慑和修复正当性的优势与不足。其中三者的优势各自体现在某一方面,而不具有全面覆盖性,如报应的优势在于强调了公平和正义的观念,体现了对人的尊重和个人自治,但其具有僵化、消极和忽视其他社会因素,不具有完全覆盖性。威慑的优势在于摆脱了报应的僵化、消极和忽视其他社会因素的一方面,变得主动、积极和考虑其他社会因素,但由于其过于积极和朝前看,把人当作工具、忽视人的主体性,进而惩罚无辜者或放纵有罪者。因而也不具有完全覆盖性。修复的优势在于修复,一是对犯罪人的修复,把犯罪人看作是"病人",由"专家"对其进行治疗,消除犯罪的根源,让他们重新回归社会。二是对被害人损害的修复,即尽力地对受害人的损害修复到未受侵害之前的福利水平。但修复的不足在于威慑不足和不具有充分的责备性,因而也不完全具有覆盖性。

赔偿与报应、威慑和修复相比具有更广的覆盖性。正如阿贝尔和马斯认为他们并不是否定报应、威慑和修复的作用,他们要否定报应、威慑和修复作为惩罚的正当性基础和成为一个国家刑事司法制度的中心。在他们看来,只有赔偿才能成为惩罚的正当性基础和一个国家刑事司法制度的中心。[1] 巴内特、鲍尼因和费拉拉都表达了相同的主题,赔偿是惩罚正当性的基础。虽然费拉拉主张赔偿和报应的合成理论,但是在他看来,赔偿仍然是主要的,报应主要是弥补赔偿之不足。

巴内特认为赔偿优于报应、威慑和修复,是因为赔偿相比传统惩罚正当性方

---

[1] Charles F Abel, Frank H. Marsh, Punishment and Restitution: A Restitutionary Approach to Crime and the Criminal[M]. New York: Greenwood Press, 1984:84.

式更具有适应性(或灵活性)。❶ 相比报应、威慑和修复,赔偿最大的优势在于强调对受害人的赔偿(主要是补偿),关注受害人的权利,受害人在司法过程中,不再被边缘化,而是司法过程中的重要一方。而在报应、威慑和传统修复下,被害人的权利没有得到充分保障。由于被害人的权利得到充分保障,因而被害人会积极行使其诉讼权利。同时,赔偿也有利于改造犯罪人,有利于节省司法成本,所以赔偿对受害人、犯罪人和纳税人是一种多赢的结果。而传统惩罚正当性方式却无法达到多赢的结果,因为传统的惩罚正当性方式主要是偏向关注犯罪人的。在巴内特看来,虽然赔偿范式不是解决一切问题的万灵药也不是乌托邦,但是赔偿开启了可改进的和更公正的社会的可能性。❷

鲍尼因认为赔偿优于报应和威慑的理由主要表现在两个方面:一是没有报应或威慑的惩罚,赔偿也能够达到保护社会秩序或至少保护某种社会秩序;二是赔偿能够修复不法行为的伤害。即赔偿能够使伤害看起来好像从来没有发生过。虽然赔偿不能消除枉行,但能够消除伤害。然而报应或威慑的惩罚却既不能消除枉行又不能消除伤害。因此,在鲍尼因看来,赔偿是我们可以做得最好的方式。❸

阿贝尔和马斯认为报应、威慑和修复这些方式与赔偿相比是不令人满意的。在他们看来,惩罚的目的主要在两个方面:一是促进人类的福利;二是平衡分配社会利益和负担。而报应不能解决促进人类福利问题和平衡分配犯罪的社会利益和负担。威慑既忽视了人类福利和平衡分配社会利益和负担,又违反了人们对人类福利追求的自决的宪法原则。修复与威慑一样违反了人们对人类福利追求的自决的宪法原则。❹ 总之,在他们看来,赔偿关注修复被犯罪行为导致的个人或社会的损害;赔偿把惩罚带回到直接关注人类福利和分配社会利益和负担;而且赔偿尊重和支持自决的宪法原则。相比报应、威慑和修复,赔偿能够做得更好,能够有更好的覆盖性。

费拉拉如巴内特一样认为赔偿可以作为惩罚正当性的基础,但是费拉拉是在巴内特的理论基础上的推进,他认同巴内特提出的赔偿作为惩罚正当性有其合理一面,但他也看到赔偿有其不足,因此提出了赔偿和报应的合成理论,从而避免赔偿存在的不足。

---

❶ 在这里,我把报应、威慑和修复界定为传统惩罚正当性的方式。
❷ Randy E Barnett, Restitution: A new paradigm of criminal justice, Chaper IV Criminal Law, p.495.
❸ David Boonin, The Problem of Punishment[M]. Cambridge: Cambridge University Press, 2008:275.
❹ Charles F. Abel, Frank H Marsh, Punishment and Restitution: A Restitutionary Approach to Crime and the Criminal[M]. New York: Greenwood Press, 1984:85.

综合上述四种赔偿理论,赔偿理论优于报应、威慑和修复作为惩罚的正当性基础的原因有以下几个方面:

第一,赔偿理论强调关注受害人的利益。赔偿理论关注修复受害人或社会的损害,提高了受害人在司法过程中的地位。而在报应、威慑和传统的修复方式下,被害人被边缘化了。在刑事司法过程中,被害人主要是一个提供证据的角色,国家即使惩罚犯罪人,其结果往往也无法修复被害人的损害。赔偿理论的首要的目的就是要赔偿(或补偿)受害人的损害,它把犯罪人的侵害视为对受害人的侵害,而不是对国家的侵害,犯罪人对受害人的侵害就产生了一种债,因此,犯罪人要充分赔偿受害人。

第二,赔偿理论强调了自决原则。在传统的刑事司法过程中,国家与犯罪人是对抗主体,国家按照法律规则和程序对犯罪人进行惩罚,一般不允许二者之间的协商解决。而赔偿理论则强调受害人与犯罪人是对抗主体,允许二者之间的意思自治。即在刑事犯罪之后,允许受害人与犯罪人有一些机会来自决更有效的方式解决他们之间的纠纷。

第三,赔偿理论增加了人类福利。赔偿理论强调了对受害人损害的赔偿,以修复受害人的损失。赔偿理论也关注犯罪人,因为它强调犯罪人对受害人充分赔偿之后,国家不得再进一步对犯罪人惩罚,这避免了对犯罪人贴上耻辱的标签,从而有利于犯罪人重新融入社会。由于犯罪人一般情况下不再关进监狱,节省了大量的社会成本。所以赔偿理论是一个多赢的结果。赔偿不仅仅减少社会的恶,而且还增进社会的善。赔偿虽不能消除错误行为,但可以消除损害。而传统的惩罚方式,既不能增进社会的善,又不能减少社会的恶;既不能消除损害又不能消除错误行为。

第四,在一定程度上,赔偿融合了报应、威慑和修复的一些优势。赔偿具有朝后看,因而也强调违法者的"应得"。赔偿也具有威慑力,因为它涉及了不愉快的后果,大部分情况下要充分赔偿受害人,甚至在某些情况下会遭受惩罚性赔偿。赔偿也具有修复的功能,赔偿主要用经济制度的方式改造犯罪人而不是在监狱里改造,这样避免了给犯罪人贴上耻辱的标签,既保留了犯罪人应负有的社会责任,又能够使犯罪人重新回归社会。

赔偿理论关注受害人、强调了自决原则、增进人类的福利。赔偿理论充分体现了现代社会发展的趋势。在当今风险社会,对受害人的损害的关注变得越来越强烈,对受害人的损害稍有疏忽就有可能导致一场公共事件,从而引起人们对司法的质疑或不信任。在很多情况下,当事人双方也愿意在法律规则之下,自行确定更有效地解决纠纷方式。不管哪种惩罚方式都应该是增进人类福利并有利于人类互动,实现优质生活。

四、几个反对赔偿的观点

自巴内特提出赔偿理论以来,对赔偿理论的争论就一直不断,反对赔偿理论的观点主要有以下几个方面:

(一)犯罪侵害的是社会或国家

主张赔偿理论的人一般认为犯罪侵犯的是受害人而不是社会或国家。因为赔偿理论的基础是个人权利,所以犯罪侵犯的是个人权利,因此,其针对的对象是受害人。而传统的惩罚方式一般认为犯罪侵犯的是社会或国家。如抢劫犯,虽然针对的是受害人,但是抢劫的信息传递出来,周围人的社会安全感就会降低,会产生焦虑感,周围的人就会增加安全防卫措施。如增加防护门或夜晚不外出活动等,这增加的社会成本。按照赔偿理论,抢劫犯只要赔偿受害人,而对于社会其他人因此产生的焦虑感和付出的社会成本却被忽略了。因此,反对赔偿理论的人基于两个理由:一是普通大众而不是受害人从惩罚犯罪人中获得满足;二是赔偿不能满足受害人或社会其他人的复仇欲望。

但是在鲍尼因看来,这种认为犯罪侵害的是社会或国家的观点是站不住脚的。在他看来,犯罪人针对的受害人是直接受害人,社会其他人是第二受害人,但是第二受害人准确的确定是不切实际的,只有在理想状态下才有可能。而且在今天社会,社会中的大多数人在刑事司法制度中很多时候仅仅是正义的旁观者。假使犯罪侵害的是社会或国家,也不会削弱赔偿理论。赔偿理论认为犯罪伤害的是受害人而不是社会,那么赔偿主要是赔偿受害人。如果犯罪也侵害了社会,那么只不过是多了一个受害人,赔偿将会是受害人和社会其他人。这也不会损害赔偿理论。赔偿能否满足受害人的复仇欲望?在今天文明社会,已经用报应取代了复仇,这也是从惩罚的野蛮走向文明的标志,因此,现代社会不主张对犯罪人复仇,其复仇欲望通过转化为赔偿来实现。

(二)威慑力不充分——威慑不足和赔偿不足

威慑不足和赔偿不足是反对赔偿理论的主要论点。威慑不足主要是指金钱制裁不能充分的威慑到犯罪。这是一个客观存在的事实。在一起醉酒驾车导致的交通事故案件中,肇事者负完全责任,没有责任的受害人死亡。现在假定肇事者是一个中产阶级,完全赔付受害人家属,对这位中产阶级是一个沉重的负担,在一般人看来,这足以威慑肇事者。如果在同样的案件中,假定肇事者是一个亿万富翁,按照赔偿理论中产阶级的肇事者和亿万富翁的肇事者应该对受害人同样的赔偿。很显然,一般大众会认为这种赔付是不足以威慑到亿万富翁的肇事者,不能消除大众的安全焦虑。

鲍尼因也承认赔偿理论威慑不足的缺陷,但他用归谬法来论证赔偿理论的合理性。在他看来,用赔偿方式制裁亿万富翁的确没有充分的威慑力。但是传统的惩罚方式也同样没有威慑力。还是在同样的交通肇事案件中,不是用赔偿方式,而是报应的惩罚方式,假定在这起交通肇事案件中,肇事者要判刑五年,中产阶级和亿万富翁两人的刑期是一样的。五年刑期后,该中产阶级可能无法再找到工作,这个刑期毁了他的后半生。然而该亿万富翁却很容易重新开始他的生活。在同样的案件中,无论是赔偿还是判刑,富有的犯罪人的困难要比一般的犯罪人少。[1] 也即是说,赔偿理论存在威慑不足,同样传统的惩罚方式也存在威慑不足。

赔偿不足是指一个犯罪人太穷不能充分补偿他的受害人。在赔偿理论下,一个贫穷的犯罪人事先知道自己一无所有,他不能赔偿任何东西来修复因他的犯罪行为导致的损害,这样对贫穷的犯罪人而言,同样没有威慑力。鲍尼因同样用归谬法论证赔偿理论的合理性。在他看来,赔偿理论下由于赔偿不足导致威慑力不足,那么在传统的惩罚方式下,也同样会出现这种情况。如果一个知道自己下个星期就要死的人,现在犯罪了,一个二十年或死刑的判决,对其也不存威慑力。

鲍尼因虽然用归谬法论证了传统惩罚方式也具有威慑力不足的缺陷,但是他没有否定赔偿理论威慑力不足的客观事实。针对赔偿理论威慑力不足的事实,巴内特提出了用限制或监禁的方法来迫使犯罪人赔偿或迫使其劳动直至赔偿完毕。费拉拉提出了报应和赔偿的合成理论来解决威慑力不足的问题。

(三) 不具有充分的责备性

传统的报应惩罚方式强调了一项重要任务:表达社会对犯罪人的谴责,即表达社会对犯罪人的不满。而他们认为赔偿没有对犯罪人的谴责之意。但是在鲍尼因看来,如果强调国家表达社会对犯罪人不满是重要的,那么赔偿理论也具有表达社会对犯罪人不满。他举例说明道,甲小孩偷了乙小孩的玩具,甲的父亲迫使甲把玩具返还给乙,很显然,甲将认识到他的父亲迫使他返还玩具是告诉他,他没有权利这样做。如果甲有权利这样做,就不会存在他父亲迫使他返还玩具。因此,甲将会认识到他的行为是错的。如果发生一个犯罪行为或侵权行为,法律要求犯罪人或违法者赔偿受害人,同样,他没有权利这样做,他的这种行为是错误的。所以在鲍尼因看来,赔偿本身就意味着责备。

---

[1] David Boonin, The Problem of Punishment[M]. Cambridge:Cambridge University Press,2008:261.

有关反对赔偿理论的观点还有很多,比如非金钱赔偿、不能弥补的伤害等,在鲍尼因看来都不足以否定赔偿理论。

五、对赔偿理论的评析

用赔偿的方式解决纠纷,其实早已存在于人类社会。随着人类社会的发展,国家限制私力救济,特别是在刑事领域,国家不允许私力救济,鼓励通过诉讼的方法解决纠纷。并且认为犯罪侵犯的是社会或国家的利益,而不是受害人的利益。所以,在传统的刑事司法过程中,受害人的利益长期被忽视。虽然赔偿在民事司法过程中广泛存在和普遍适用,但今日社会仍然不鼓励在刑事司法过程中用赔偿解决纠纷。

自巴内特提出用赔偿范式完全替代传统的惩罚范式以来,产生了广泛的影响,在其启发下也出现了很多探讨赔偿理论的研究。巴内特的赔偿理论反映了人们越来越关注受害人的利益,不再容忍受害人在刑事司法过程中被边缘化的境地,表达了提升受害人在刑事司法过程中的地位的呼声。在这点上是有着进步意义的。巴内特也是正确的看到,传统的报应、威慑和修复作为惩罚正当性的方式存在诸多不足,但是主张完全用赔偿范式取代传统惩罚范式,在笔者看来,过于激进。环顾整个世界,目前也没有哪个国家能够达到他的这一主张。巴内特假定一个国家惩罚正当性的基本原理是唯一的,要么报应、要么威慑、要么修复、要么赔偿,而不能是综合性的。这个假定本身是值得商榷的。惩罚问题本身是复杂的,因而刑事司法制度的目的应该是多方面的,而不是唯一的。试图用一种方式来覆盖所有的目的,注定是不能成功的。因为赔偿本身也不是完美的,它自身也有其固有缺陷。

鲍尼因比巴内特更加激进,提出了用纯赔偿范式替代传统惩罚范式,认为赔偿不是惩罚。他看到了赔偿相比报应、威慑和修复的优势所在,但是他用归谬法的方式来掩盖赔偿的不足,即赔偿不能解决的问题,其他方式也不能解决,这种方法并不能完全证明赔偿取代传统惩罚范式的合理性。

阿贝尔和马斯相比前两位而言,温和了许多,他们认为赔偿是惩罚的一种形式,而且是惩罚正当性的主要形式。他们承认报应、威慑和修复在惩罚中的作用,但不认为这些传统惩罚方式是一个国家惩罚正当性的基本原理和刑事司法的中心。只有赔偿才是一个国家惩罚正当性的基本原理和刑事司法的中心。同样,他们看到了赔偿在某些方面优越于报应、威慑和修复,而且还极大地推进了赔偿的优越性。虽然他们批判了报应、威慑和修复的种种不足,但是他们对赔偿存在的不足没有给予充分的关注。从他们的论述中,我们体会到了赔偿作为一个国家惩罚正当性的基本原理有其合理性,但不能证明赔偿是国家惩罚正当性的唯一基本原理。

费拉拉的合成理论相比前三者而言,走向了综合论。他不再单一的认为赔偿是一个国家惩罚正当性唯一的基本原理,而是综合了报应和赔偿,把二者看成是一个国家惩罚正当性的基本原理。我们认为这个认识是有着积极的意义,也是符合时代发展的潮流方向的观点。关于综合论的观点也有很多,目前获得普遍认可的是报应和威慑的合成理论。❶

从上述四种赔偿理论中,我们看到,赔偿作为一个国家惩罚正当性的基本原理是有其合理性的。我们也认为赔偿可以作为一个国家正当性的基本原理。但我们不主张一个国家正当性的基本原理是唯一的,而是综合论。即一个国家惩罚正当性的基本原理应该包括报应、威慑、修复和赔偿。

赔偿理论的意义有以下几个方面:一是赔偿理论冲击了我们传统的惩罚方式的共识信念,要求我们打破固有的观念,接受在刑事司法过程中用赔偿的方式解决纠纷。用赔偿的方式惩罚也具有正当性。当前,在我国刑事司法过程中,人们广泛质疑用钱买刑、赔偿减刑,否定用赔偿方式替代部分的刑罚。本研究的一个目的就是要打破人们的这种固有偏见,看到作为惩罚的赔偿有其合理性的一面,并不是一种恶。二是赔偿的方式增进了人类福利,促进了人们的优质生活。赔偿强调了当事人的自决原则,在法律的规则下,对多方都是多赢的结果。对受害人的充分补偿,消除了受害人的损害;犯罪人因赔偿而不再接受进一步的惩罚,有利于犯罪人重新回归社会;监狱人数的减少,节省了社会成本。三是赔偿理论主要是关注受害人,充分修复受害人的损害,因而打破了传统的惩罚模式,即关注犯罪人的模式。这充分反映了当今社会发展的趋势。关注受害人并修复其所受的损害。

报应、威慑或修复单独作为一个国家惩罚正当性的基本原理不具有充分理由。赔偿作为一个国家惩罚正当性的基本原理有其合理性,但是赔偿作为唯一的惩罚正当性的基本原理,我们认为也不具有充分理由。我们主张一个国家惩罚问题是复杂和多样的,不能用一种方式作为其正当性的原理,而是综合论,即结合了报应、威慑、修复和赔偿的这些要素,才能让我们满意它们作为一个国家惩罚正当性的基本原理。

---

❶ 综合论的代表人物,如赫希的相称的该当性理论、哈特的有限的功利主义理论、帕克主张功利限制报应的综合论。在我国主张综合论的代表人物:邱兴隆的报应和功利的折中论、梁根林的报应和功利的综合论。

第三章 法律制裁的基础与赔偿

在第一章中,我们已经论证了法律责任是法律制裁的必要条件。报应主义与责任有着密切的联系,责任是报应的一个重要条件。同时我们也指出,威慑主义和修复主义并不是绝对的否定责任,他们也认真地对待责任,只是责任不是它们的重要条件。本章将探讨责任的人际性;因责任是法律制裁的必要条件,进而认为法律制裁也具有人际性;最后指出责任也是赔偿的一个重要条件,赔偿很好地兼顾了法律制裁的人际性和关联性。

第一节 法律制裁的基础

在我国经典的法理学教科书中,一般认为法律责任是法律制裁的基础,在本节中,将主要论述法律责任的概念、分类和责任的人际性。

一、责任的含义

在古代汉语中,"责任"同"责",根据《辞源》《辞海》等辞书,"责"在六种意义上使用。其一,求、索取。其二,要求、督促。其三,谴责,诘问,责备。其四,处罚,责罚,加刑。其五,同"则",责任,负责。其六,债,所欠的钱财。❶

冯军博士为了阐明"责任"一词的现代含义,曾经对《法制日报》一段时期所使用的有关"责任"的 76 个用语例进行了细致的分析,认为"责任"一词,是在三种意义上被使用的,责任可表示:①义务;②过错、谴责;③处罚、后果。❷

在张文显主编的《法理学》教材中,认为现代汉语中,"责任"一词有三个互相联系的基本词义。①分内应做的事。这种责任实际上是一种角色义务,每个人在社会中都扮演一定角色,即有一定地位或职务,相应地,也就应当必须而且承担与其角色相应的义务。②特定人对特定事项的发生、发展、变化及其成果负

---

❶ 张文显.法理学[M].第 2 版.北京:高等教育出版社,2005:142.
❷ 冯军.刑事责任论[M].北京:法律出版社,1996:12-16.

有积极的助长义务。③因没有做好分内的事情或没有履行助长义务而应承担的不利后果或强制性义务。❶

《布莱克法律辞典》把责任界定为"对一项义务应予负责的状态,包括判断、技巧、能力";把"负责"界定为"有义务的,在法律上应予说明的或者负责的"。❷

可以说,从古到今,对责任的界定没有形成一个统一的认识。在日常生活中,人们在使用责任时,在不同的语境中有不同的含义。①责任一般都与一定的义务相联系。即有时责任被理解为职责或义务。这类似哈特所说的义务责任。②责任表达对某行为应受谴责或否定性评价。当一个人从事了道德或法律不希望或反对的行为,那么在道德或法律上就被界定为其行为是有过错的,因此应受到谴责。③责任表示一种后果。这种后果有可能是有利后果,也有可能是不利后果,但绝大部分情况下,责任表示的一种不利后果,体现为一种惩罚。责任表示一种有利后果主要体现为当责任归于一个人的行为时,且是道德或法律希望或支持的行为,那么这种行为就有可能获得称赞或表扬,甚至物质奖励。相反,当此行为不是道德或法律希望或支持的行为时,就可能受到一种惩罚,接受一种不利后果。④义务与谴责之间具有因果关系而产生的因果责任。也就是说,在一般的情况下,没有因果联系,就不会产生归责,因此就不会有人负责。当然在特殊情况下,没有直接的因果联系也会出现责任,比如严格责任或替代责任,这种责任主要是依据法律或其他规范而设定的。⑤作为能力的责任。在一般情况下,承担责任需要有因果责任外,还需要行为人具有能力,即正常能力。如某人对其行为负责,就表示某人有某些正常能力。这些能力是指理解能力、推论能力与对行为的控制能力。如果一个人不具备这些能力,就不会产生责任。❸

由于责任在不同语境下,有时表达单独一种意思,有时同时包含两种或多种含义,一种严格完整的"责任"定义是很难界定的。因此,我们只能从一般理论意义上,对责任概念作一个大致的描述性的规定。

关于法律责任的定义,由于责任概念的多义性,导致了法律责任的定义有多种不同的说法。❹ 根据所使用的中心不同,可把法律责任的有关定义分为以下几种:①义务说;②强制说;③法律关系说;④处罚说;⑤后果论;⑥状态说;⑦责

---

❶ 张文显.法理学[M].第2版.北京:高等教育出版社,2005:142.
❷ 王立峰.惩罚的哲理[M].北京:清华大学出版社,2006:225.
❸ 此段参考了哈特关于责任的分类和叶传星关于责任的论述.参见:哈特.惩罚与责任[M].王勇,张志铭,方蕾,译.北京:华夏出版社,1989:201—217.叶传星.法律责任研究[M]//朱景文.法理学研究(下册).北京:中国人民大学出版社,2006:831—832.
❹ 张文显.法学基本范畴研究[M].北京:中国政法大学出版社,1993.

任说。❶

在我国,目前关于法律责任的定义有三种代表性的方案:第一种把法律责任界定为法律的否定性评价。这与责任定义中的否定性评价或谴责相同。第二种把法律责任界定为法律上的不利后果。这与责任定义中的不利后果相一致。第三种把法律责任界定为一种特殊意义上的义务。这与责任定义中的责任一般与一定的义务相联系相同。❷

二、责任的种类

(一)哈特的责任分类

最著名的责任分类是 H. L. A. 哈特在其《惩罚与责任》一书中提出的。他把责任分为四类别:①地位责任。❸ 只要某人在某一社会组织中具有一种特殊的地位或职位,而为了给他人谋福利或为了以某种特殊的方式促成该组织的目标或目的,该地位或职位被赋予某些特殊的职责,那么,我们便可以恰当地说,他有责任履行这些职责,或有责任作为履行这些职责所必需的事情。这些职责便是人的责任。❹ ②原因责任。❺ 在哈特看来,原因责任不仅可以归属于人,而且也可以归属于动物、事件等,事实上可以指任何有因果关系的有效因素。③义务责任。义务责任包括法律义务责任和道德义务责任。在哈特看来,虽然在某些一般范围内,法律责任与法律义务含义相同,但如果说某人应对某种行为或损害负法律责任,便是讲按照法律,他与行为或损害间的联系足以使他承担责任。因为责任与义务可以通过这种方式区分开来,所以,如果说因某人应对某一行为负法律责任,故他应因此而承担受惩罚的义务,便是合理的。❻ 如果说某人对他所干的某事或其本人或他人的行为之某种有害的结果承担道德责任,便是说,他应受道德谴责或在道德上有对损害予以补偿的义务。在哈特看来,法律责任与道德责任之间的突出差异归因于法律规范与原则同道德规范与原则在内容上的差异,而不能归因于责任一词在与"道德上"一词而不是与"法律上"一词相联结时,在其含义上出现的任何变化。❼ ④能力责任。主要是指负道德或法律课责

---

❶ 叶传星.法律责任研究[M]//朱景文.法理学研究(下册).北京:中国人民大学出版社,2006:835—836.

❷ 张文显.法理学(第二版)[M].北京:高等教育出版社,2005:143.

❸ 有的译为职务责任.

❹ [美]哈特 H C A.惩罚与责任[M].王勇,张志铭,方蕾,译.北京:华夏出版社,1989:202.

❺ 有的译为因果责任.

❻ [美]哈特 H C A.惩罚与责任[M].王勇,张志铭,方蕾,译.北京:华夏出版社,1989:211.

❼ [美]哈特 H C A.惩罚与责任[M].王勇,张志铭,方蕾,译.北京:华夏出版社,1989:215.

责任所必须具有的最低的精神或身体能力。

（二）皮特·凯恩的责任分类

凯恩对哈特的责任分类进行了批判。首先,哈特关于法律责任的讨论主要着重刑法,忽视了民法和公法(尤其是行政法)。第二,哈特没有把职务责任、因果责任和能力责任的概念与法律课责责任和道德课责责任结合在一起,或者解释这些类型的责任之间的关系。第三,哈特认为课责引发制裁是责任的核心。❶但也有人认为责任的核心在于必须对某种事做出回应,或者必须对某事有所交代的理念。即在凯恩看来,他不赞成惩罚的中心地位。

凯恩认为哈特对责任的分类主要把责任定位于向后看,把重心放在有责任性上。这种认识过于狭窄。哈特的责任只关注坏的结果,而人们既可以对坏的结果负有责任或者宣称责任,也可以对好的结果这样做。更重要的是惩罚和有责任心地向后看的定位忽视了凯恩所认为的也可以朝前看的"预期责任"。❷

凯恩在批判了哈特有关责任的分类后,提出了自己对责任的分类:

(1)过去责任和预期责任。这种分类是按照责任的时间要素进行的。在凯恩看来,在时间上看待责任有两个方向。一是过去责任。如像有责任性、应负责性和课责向后看过去的行为和事件,就是凯恩所称的过去责任。过去责任通俗地讲就是"有责任意味着什么"。二是预期责任。有关职务和任务的理念面向未来,形成义务和职责,即为凯恩称的预期责任。预期责任就是说"我们的责任是什么"。在凯恩看来,关于法律责任的论述通常注重过去责任,而忽略了预期责任。预期责任可以被分为两类。第一类就是一些预期责任产生好的结果("建设性的"责任),另一些预防坏的结果的发生("预防性"责任)。建设性的和与预防性的责任对于促进人们的合作与创造价值的行为发挥着重要作用。第二类的预期责任致力于避免坏的结果,可以称为"保护性"的责任。❸

虽然哈特的地位责任(职务责任)也体现了凯恩所说的预期责任,但是凯恩认为哈特的地位责任的理念仅限于建设性的责任,它不延伸至预防性责任,更不能延伸至保护性责任。另一方面,预期责任不仅包括职务或任务,还包括承诺和协议等来源。所以哈特分析的缺点不是将职务责任与将来联系起来,而是将向前看的责任的理念与职务和任务联系在一起。❹ 哈特的义务责任的时间维度是

---

❶ [澳]皮特·凯恩.法律与道德中的责任[M].罗李华,译,张世泰校.北京:商务印书馆,2008: 47-48.

❷ [澳]皮特·凯恩.法律与道德中的责任[M].罗李华,译,张世泰校.北京:商务印书馆,2008:48.

❸ [澳]皮特·凯恩.法律与道德中的责任[M].罗李华,译,张世泰校.北京:商务印书馆,2008:50.

❹ [澳]皮特·凯恩.法律与道德中的责任[M].罗李华,译,张世泰校.北京:商务印书馆,2008:52.

过去责任。但哈特关于因果责任和能力责任的时间维度就比较复杂。也就是说,因果责任和能力责任可能在某种情况下是过去责任,在另一种情况下又体现出预期责任。总之,哈特对责任的分类在时间的要素上,把责任定位于过去责任,但是凯恩认为很多责任具有向前看的预期责任。

在凯恩关于责任的分类中,预期责任与过去责任有着同样的重要地位,而我们传统的法律责任的论述通常把注意力放在过去责任而不是预期责任上。在凯恩看来,他不反对过去责任向后看的定位,也不认为过去责任不重要。过去责任注重争议和冲突的解决而不是防止争议和促进合作与建设性的行为。预防比治理更好,完成预期法律责任比惩罚未完成或修补其后果更好。

(2)个人责任及替代责任。个人责任是对一个人自身行为的责任。替代责任是对其他人产生责任的行为的责任。在西方"责任的现代观点"的赞同者看来,个人责任是唯一存在的责任,因为责任是作为人的一个机能。但在凯恩看来,还存在替代责任,个人责任不是唯一存在的责任。替代责任在法律中也扮演了一个极为重要的角色。在法律里,替代责任是"严格的"责任的一个表现形式,即无论有无过错的责任。替代责任只是严格责任中的一种形式。❶ 替代责任是基于行为的,它是由与个人责任方相对的负有责任的人这一角色引起的。在凯恩看来,替代责任有两个重要的功能:一是它促进对团体施加法律课责;二是它通过向受害人提供一个索赔的额外途径促进民法的修复功能。❷

(3)个体责任、共同责任与团体责任。根据现代责任观点,个体责任是唯一存在的责任。在凯恩看来,不仅存在个体责任,还存在共同责任和团体责任。共同责任是在共同过失以及违法行为人之间的连带等原则中普遍存在的法律现象。团体责任归属于法人。❸ 个人可以是自然的人,而法人不是。但在法律上,个人与法人都不是"自然的",而是"人为的"。法人可以像个人一样具有法律上的权利和义务,但是非法人的团体是否也可以承担责任?一般来讲,非法人的团体有自己的成员结构和决策规则,它做出的决定在成员间有约束力,而且在其团体利益受损时可以作为诉讼主体提起诉讼。这在现实中是普遍存在的客观事实。所以,团体责任是客观存在的。

对于凯恩而言,他有关责任的分类最重要的贡献是有关过去责任和预期责任的划分,而且也是他强调的重点。

---

❶ 严格责任有四大类,它们分别是"被动的""基于权利的""基于行为的",以及"基于后果的"。
❷ [澳]皮特·凯恩.法律与道德中的责任[M].罗李华,译,张世泰校.北京:商务印书馆,2008:62.
❸ [澳]皮特·凯恩.法律与道德中的责任[M].罗李华,译,张世泰校.北京:商务印书馆,2008:63.

三、法律责任的人际性和关联性

在传统的法律责任的认识中,承担责任的主体一般是单一的,往往以某一方为中心,而忽视了其他主体应承担的责任。这在刑法责任中表现得最为明显。在此将探讨法律责任的人际性,即在一个事件中,责任主体是多元的,是相互联系的。同时法律责任还具有关联性,即责任的归责与社会情势相关联。

(一)凯恩的责任人际性理论

凯恩主要通过两个方面来论证责任的人际性。一是通过分析法律责任的三个范式各自特点为论证责任的人际性作铺垫;二是认为责任与社会价值观相联系。通过把行为、后果和社会价值观三者联系起来,论证了责任的人际性。

1. 法律责任的三个范式

首先是刑法范式。有关责任的哲学分析通常以行为人为中心。在以行为人为中心的关于责任的论述中,负责主要取决于一个人做了或者未做什么,他们的作为和不作为。在凯恩看来,这种方法基本上适合刑法责任。在现代的刑事法律中,主要以行为人(即犯罪人)为中心,受害人对于刑事责任的现代观念来说是不重要的,他们在刑事审判过程中大多扮演了一个被动的角色。[1] 对犯罪嫌疑人的起诉、上诉主要是由检察机关完成,受害人没有多大的主动性,受害人主要作为提供证据和证人的角色。对于受害人所受损害的修复和犯罪所得的退还不是刑法的目标。刑法责任这种忽视受害人的现状,是本书要批判的,也是凯恩所不赞成的。

其次是民法范式。民法中的责任是双面的,不但关注人的行为,还同样关注行为对他人的影响。在民法范式下,受害人在民事司法过程中扮演一个中心的角色。受害人意志自由的决定起诉、上诉或和解等,受害人的损害应该得到修复。民法中的责任既是针对人的,也是针对事的。从民法范式与刑法范式相比来看,前者既关注行为又关注行为的结果,而后者主要关注的是行为,但并不是说刑法范式不关注后果,只是相比前者,后果在刑法范式下重要性要低。正是因为这两种范式的差别导致了法律制裁的差异。刑法制裁主要体现为刑罚和惩罚的方式。而民法制裁体现为救济。

第三是行政法范式。[2] 行政法主要关系到政府的权利、权力和义务以及公

---

[1] [澳]皮特·凯恩.法律与道德中的责任[M].罗李华译,张世泰校.北京:商务印书馆,2008:76.
[2] 凯恩称为公法范式,但是在我国公法不仅包括行政法,还包括刑法。所以如果用公法范式,无法把刑法范式排除在公法范式之外,在此,就用行政法来表示。如果在文中用公法表示,也主要是指行政法。

共职能的履行。行政法的责任范式可以适用民法责任范式。但是行政法责任范式与民法责任范式有两点不同：一是它引进了"政治责任"的概念。政治责任的执行不像法律责任的执行那样高度制度化和具有强制力,但是比道德的执行要强。二是行政法范式与民法及刑法范式的区别在于它更重视团体,并且注重政治与"市民社会"之间的互动,而不是市民社会内部的互动。❶

在这三个范式中,刑法范式主要关注行为人,民法范式主要关注受害人,而行政法范式主要关注的是团体。其中刑法责任主要和行为相联系,而民法责任和行政法责任主要和行为及行为的结果相联系。在凯恩看来,这三种范式中的责任承担主体各自是独立的,没有考虑到三种主体之间的人际性。

2. 法律责任实践中的社会价值观

在上述法律责任的三种范式中,涉及了行为和后果,这两者也是法律责任实践的重点,除了行为和后果外,社会价值观也在法律责任实践中具有重要作用。然而,在许多关于责任的哲学分析中社会价值观被忽视。

在凯恩看来,社会价值观在法律责任实践中具有重要作用。一是在许多案件中不仅要考虑责任的公平分配问题,还要考虑法院判决更广泛的社会、政治和经济影响。凯恩的这一观点不仅在西方可以找到很多例子,而且在我国也能找到很多例子。比如在我国发生的彭宇案。

2006年11月20日早晨,一位老太在南京市水西门广场一公交站台等83路车。人来人往中,老太被撞倒摔成了骨折,鉴定后构成8级伤残,医药费花了不少。老太指认撞人者是刚下车的小伙彭宇。老太告到法院索赔13万多元。彭宇表示无辜。他说,当天早晨3辆公交车同时靠站,老太要去赶第3辆车,而自己从第2辆车的后门下来。"一下车,我就看到一位老太跌倒在地,赶忙去扶她了,不一会儿,另一位中年男子也看到了,也主动过来扶老太。老太不停地说谢谢,后来大家一起将她送到医院。"彭宇继续说,接下来,事情就来了个180度大转弯,老太及其家属一口就咬定自己是"肇事者"。2007年9月4日下午4点半,鼓楼区法院一审宣判。法院认为,本案主要存在两个争议焦点。一是是否相撞;二是损失数额问题。

法院认为本次事故双方均无过错。按照公平的原则,当事人对受害人的损失应当给予适当补偿。因此,判决彭宇给付受害人损失的40%,共45876.6元。当天,老太的代理律师表示：对判决事实感到满意,但40%的赔偿比预期要少。

---

❶ ［澳］皮特·凯恩.法律与道德中的责任[M].罗李华译,张世泰校.北京:商务印书馆,2008:81.

而彭宇则表示不服此判决。❶

虽然彭宇案双方当事人在二审期间达成了和解协议,并且申请撤回上诉,最后案件以和解撤诉结案,且双方当事人对案件处理结果都表示满意。但是彭宇案对社会造成的不利影响是显而易见的,该案判决后,我国出现了许多类似事件,却无人敢上前做好人好事。有人认为彭宇案使我国道德严重倒退,甚至有人认为该不利影响需要千百次扶持好人好事才能得以修复。该案件只是考虑了双方当事人责任的公平分配问题,但是没有考虑到该案可能对社会造成的影响,即没有考虑对社会价值观的影响。正如弗里德曼所说,我们的社会主要关注惩罚是否能够起到制止作用,而法律制裁对人们的影响却很少关注。❷ 法律制裁的一个功能就是发信号。一个制裁就是向一般民众传达一种不满或赞成的信号,在奈特看来,制裁被当作实施某种策略的成本来看待,它们通常改变行为人可选策略的排列顺序。❸ 就彭宇案来说,法院主要目的是解决目前的纠纷,实现双方和解,达成和谐。但是作为一个信息传递的制裁,当法院对该案判决后,就向公众传达的了一个信息,即法院(代表国家)表达了对某一行为的不满或赞成。我们知道,制裁是可以对民众产生影响的,因此,民众就把法院的判决作为一种信息策略,预期自己的行为,并安排自己行为策略的排序。彭宇案忽视案件本身对潜在的社会其他人的影响,只注重预防或制止此类违法行为的再次发生,但是忽视了制裁对公众的影响,即忽视了人们的社会价值观。

凯恩认为法律是一个社会现象,以及法律责任原则具有广泛的适用性,社会价值观的考虑在法律责任实践中至关重要。如果只考虑行为人或受害人一方或双方,而不考虑案件对社会其他人可能的影响,有时对整个社会并不一定有益。

二是社会价值观与什么构成犯罪问题以及什么是不道德问题有关。❹ 在凯恩看来,什么是"犯罪"和"不道德的"不能仅仅参考行为人的行为及后果,还要参考社会价值观。社会价值观在大多数情况下决定了什么是犯罪或不道德的行为。社会价值观在很大程度上是建设性的,它规定了我们对什么负责,以及我们的预期责任是什么。而行为人的行为及后果针对的是过去责任,即有责任意味着什么?回到彭宇案,法院根据案件事实(即行为人的行为和后果)进行判决主要是针对过去责任,而忽视了预期责任,即我们的责任是什么。我们的责任应该

---

❶ 案件资料来自百度百科.网址:http://baike.baidu.com/view/1380384.htm,2015-10-10。

❷ [美]劳伦斯·M 弗里德曼.法律制度——从社会科学角度观察[M].北京:中国政法大学出版社,2004.

❸ [美]杰克·奈特.制度与社会冲突[M].上海:上海人民出版社,2009:65.

❹ [澳]皮特·凯恩.法律与道德中的责任[M].罗李华译,张世泰校.北京:商务印书馆,2008:83.

是建设性的,即做好人好事、见义勇为,而不是见到了老人跌倒而袖手旁观。所以,彭宇案问题在于把过去责任和预期责任割离开来。

总之,凯恩认为:"法律中的责任是一个人际性的概念和实践,因为它关注行为人、'受害人'以及更为广泛的共同体三方面的关系。"❶

(二)诺里的责任关联性理论

凯恩通过法律责任实践中的三个重要因素:行为、后果和社会价值观,成功地构建了责任的人际性。诺里则从归责关系中提出了责任的关联性。即责任与社会情境之间的关联性。

诺里的目标是康德哲学及其在当代的修正形式,同时他又要运用康德哲学的研究方法重振"个体"的重要性。即诺里既不满意康德哲学又不满意其他人对康德哲学的新批判。诺里在对二者批判的基础上,建立了一种"归责关联"理念。在这个归责关联的理念中就包含了责任的关联性理论。

1. 对康德个人主义的批判

康德哲学强调了个人主义、自由、自我意志等政治价值理念。由于康德哲学对法律有着重大影响,从而使得个体在法律上成为有权获得尊重和关注的主体。个体具有自由意志,能够理性选择,因此人们应当对自己做出的理性选择负责并承担相应的责任。但是在诺里看来,康德把法律上的个人主义和道德上的个人主义结合起来作为刑事正义思想的核心,而这种联系的基础是个体归责,他认为康德这一理念是不恰当的。他认为,个体是道德思想中重要的角色,但是,应当以一种根本不同的方式即非个人主义的而是关联化的方式理解个体。也就是说,不是个体归责而是归责关系来理解个体。

现代西方主观主义,像康德哲学理解的那样,注重个人主义的主张,坚持个体自治和个体责任,从而排斥了个体在私人和社会之间的真实地位。诺里从辩证、关联的研究路径出发,指出个人和社会具有内在紧密联系,这既是关联的又是辩证的。正如罗姆·哈里所述:"人类在个人领域和社会领域之间实现了平衡,只有参照了这两个领域,才能完整地解释每个人的行为。我们称之为'行为的双重控制'。"❷

2. 诺里的辩证法的路径

诺里在其《刑罚、责任与正义——关联批判》一书中概括了三个反康德主义

---

❶ [澳]皮特·凯恩.法律与道德中的责任[M].罗李华译,张世泰校.北京:商务印书馆,2008:86.
❷ [英]艾伦·诺里.刑罚、责任与正义——关联批判[M].杨丹译,冯军审校.北京:中国人民大学出版社,2009:8.

的论题:①康德个人主义在抽象的个体概念和个体行为所处的更广阔的社会道德环境之间形成了特有的谬误割裂,这种割裂带来的影响;②对个体行为人的真实特性进行法律推理的分析模式是不恰当的,需要另一种可供选择的辩证法研究路径;③需要重振并捍卫康德个人主义中蕴涵的伦理价值,并且,如何在关联的研究方法中正确地评价它。❶

对康德主义的批判其实有很多,其中有的批判诺里是不认同的,有的批判诺里是在接纳的基础上超越这种批判。❷ 诺里从结构的立场论证了前两个反康德主义的论题,从行动的立场论证了第三个反康德主义论题。首先,康德道德形式的谬误割裂。在康德主义下,普通主体在其他条件均相同的情况下,应当对自己的行为负责,应当受到谴责性的评价。注意康德主义下的普通主体形式是个人主体,而且这些主体具有理性、意志自由和控制力的抽象品质。相反,存在体关联主义从社会结构的立场出发,认为法律主体是社会历史的建构。❸ 它认为法律主体与社会环境有内在相关性,社会环境在重要的部分上是个体的同一性、主观性和行动的构成要素。而在康德主义的个人模式是不承认这些论点的。诺里之所以认为康德道德形式的谬误割裂,就在于康德哲学排除了道德形式和道德实质的内在本质联系,这种排除是一种谬误和人为的割裂。也就是说,康德强调了道德形式,其结果是个体行为人形式化、抽象化,个体从社会环境中错误的分离出来,在法律责任上与社会环境没有内在联系。在法律理论和实践中,责任概念以"形式的"或"事实的"方式被理解,模糊了行为所处的情境,结果使得行为的"实质"道德属性也变得模糊。在诺里看来,对主体进行恰当的道德判断,道德的实质属性也是必需的。❹

其次,分析理性的局限。在康德哲学理念中,把存在论和认识论结合起来。存在论认为存在能够承担责任的个人主体,认识论认为法律原则上是规范的一种理性模式。康德强调了个人主体,就是要通过主体对行为进行认知控制的心理特征来确定其法律责任,而且这个主体是抽象的、确定的和稳定的。如果主体不是个人化的、确定的、稳定的,而是超越社会范围之内的个体、流动的、变化的,

---

❶ [英]艾伦·诺里.刑罚、责任与正义——关联批判[M].杨丹译,冯军审校.北京:中国人民大学出版社,2009:10.

❷ 比如迈克尔·摩尔和安东尼·达夫就对康德主义进行了批判,但诺里并不认可他们的批评。黑格尔和巴斯卡对康德主义进行了批判,诺里接受了黑格尔的辩证法,接受了巴斯卡的存在关联主义。

❸ 存在体关联主义是巴斯卡提出来的。参见:[英]艾伦·诺里.刑罚、责任与正义——关联批判[M].杨丹译,冯军审校.北京:中国人民大学出版社,2009:100.

❹ [英]艾伦·诺里.刑罚、责任与正义——关联批判[M].杨丹译,冯军审校.北京:中国人民大学出版社,2009:104.

那么就不能知道主体是什么?❶ 而法律中的理性依赖于作为核心假定的主体具有确定性和稳定性。康德的这一观念似乎具有很强的说服力,但是诺里从辩证法的路径而不是分析法路径指出,法律存在体在同一时刻必须是两种不同的事物,要超越同一性。因为在法律理论和实践中,一个概念最终会有两个甚至更多对立的定义;一个法律术语必须服务于双重的功能。这就说明认识法律推理的分析模式不能恰当处理个体行为的真实特征,而辩证法以社会历史的方式来理解法律,不像分析模式中个体是形式的,可以从社会情境中清晰地看到的个体。

最后,重新定位康德哲学的个体。诺里批判康德的个人主义,但并不是否定法律主体中的个人主体。而是要超越康德个人主义。诺里认同巴斯卡界定的有关社会结构和人的行为之间的关系。社会结构独立于行动者而存在,但是,社会结构的复制和转变只能依赖于行动者。❷ 在诺里看来,结构和行动之间真实的二元性既包括了结构对行动的干预,又包括行动对结构的复制和改造。所以,诺里并不否定个体和个体的主观性。个体的主观性是在社会结构和社会关系之中构成的。诺里认为责任如何在社会关系之中分担,而不是责任的个体化。他举例说,当人们实施行为时,他们是在社会道德情境之中或在一个或一系列共同体之中实施行为。在主观责任的关系模式中,审判包含了主体及其所处的环境,并且将二者联系在一起。因此,责任将超越个体延伸到共同体之中。甚至在诺里看来,在一个判决中,必须对罪行的实施者和行为所处的情境都进行审判。诺里仍然强调了个体在法律责任中的重要地位,但是他认为在考虑个人责任时应该考虑到个体与社会情境的关联性,而这一点在康德的个人主义那里是看不到,甚至在现代的法律责任观念中也常常被忽略。

在本节中有三个重要的观点:一是凯恩提出的过去责任和预期责任的分类。特别是预期责任是凯恩的一个贡献,他要求我们在运用责任时,不仅要看到过去责任还要看到未来责任。这一点被我们传统的责任观念忽视。二是凯恩提出的责任的人际性。他要求我们在法律责任的实践中,要关注在一个事件中所涉及的行为人、受害人和共同体三个方面,而不要只关注其中某一方。三是诺里提出的责任的关联性。他要求我们在法律责任的理论和实践中,要考虑到个体与社会情境之间的关联关系。在这里我想引用诺里提供的一个案例再次加强一下关

---

❶ [英]艾伦·诺里. 刑罚、责任与正义——关联批判[M]. 杨丹译,冯军审校. 北京:中国人民大学出版社,2009:15.

❷ [英]艾伦·诺里. 刑罚、责任与正义——关联批判[M]. 杨丹译,冯军审校. 北京:中国人民大学出版社,2009:107.

联性的观念。

比利·贝利先抢劫了一家酒馆,其后,他在酒精引起的狂躁状态下枪杀了一对老夫妇。这当然是一桩非常可怕的罪行,但是,需要考虑他的生活环境。比利的父亲结过四次婚,他是其 23 个孩子中的一个,他与父亲一起住在一个只有两个房间的小房子里。比利的母亲在他只有 6 个月大的时候就去世了,他父亲的下一任妻子残忍地虐待他。比利 10 岁的时候父亲去世了,父亲一去世继母马上将他抛弃在公墓。比利的一个已婚的同父异母的哥哥收养了他,岂料他仍然继续遭到虐待和殴打。他为了填饱肚子不得不去行窃,十几岁时就不断在未成年人拘留所进进出出,监狱是他的第一个,也是最后一个家。法庭在对他进行审判时查明他没有可以减轻罪行的情节,然而,法庭却从未稍微停下来略作考虑:这个世界上最富裕的社会在比利遭受虐待的某些阶段,也许是能够给他提供一些帮助的。1996 年元月 25 日午夜,比利被执行绞刑。❶

诺里分析说报道这个案件的记者流露出对比利的感伤和同情,但在康德的个人主义看来,这是一种虚伪的感伤和同情。诺里认为他们只看到了残忍的犯罪会引起情感上剧烈反应,而忽视了每一个人都是有一个故事的,我们应该把情感上剧烈反应定位在总体的范围之内。

第二节 法律制裁对责任的影响

凯恩从过去责任和预期责任论证了责任是法律制裁的必要条件。总之,责任在法律制裁中占据重要位置。在本节中,我将论证法律制裁对责任的影响。主要论述两个方面:一是通过法律制裁更好地理解责任;二是法律制裁在一定程度上促进了责任。

一、通过法律制裁更好理解责任

法律与道德既有联系又有区别,二者的区别表现在很多方面,其中一个重要区别就是法律比道德拥有更强大的和更完善的执行机构和机制。违反道德通常受到社会舆论的轻蔑、批判和谴责,这种道德制裁虽然具有灵活性和普适性,但是却具有不确定性和不统一性。而违反法律将会在法律程序下,有特定机关实

---

❶ [英]艾伦·诺里.刑罚、责任与正义——关联批判[M].杨丹译,冯军审校.北京:中国人民大学出版社,2009:107.

施惩罚,这种制裁是确定的。

涂尔干把制裁分为两类。一类是建立在痛苦之上的,或至少要给犯人带来一定的损失。它的目的就是要损害犯人的财产、名誉、生命和自由,或者剥夺犯人所享用的某些事物,这种制裁称为压制性制裁,比如刑法。第二种制裁并不一定会给犯人带来痛苦,它的目的只在于拨乱反正,即把已经变得混乱不堪的关系重新恢复到正常状态。这种制裁称为恢复性制裁。❶ 凯恩把法律制裁分为三类:惩罚性的、修复性的(或矫正性的),以及预防性的。惩罚性的制裁注重负有责任的人,而修复性的和预防性的制裁同时考虑赋予责任后所要造福的那些人的利益。❷ 凯恩的惩罚性制裁对应了涂尔干的压制性制裁,修复性制裁对应了涂尔干的恢复性制裁。

通过法律制裁的分类,我们可以相应更加准确地理解责任的类型。比如说到压制性制裁或提到惩罚性制裁,我们就会想到刑法责任。恢复性制裁我们就会联想到民事责任。一般的情况下,制裁的严厉程度随责任的等级或程度而变化。法律的制裁要比道德制裁正式和完备得多。正是因为法律制裁的严厉性、确定性,使得我们更深刻地理解法律责任。在非正式制裁中,责任却可以模糊不清,这可能使得我们不去理解和探究责任。

在上文中,我们论述了由于忽视制裁及其执行,使得我们缺少对责任的研究,另外,它还使得我们忽视了对法律人而言重要的一个问题,即有关责任的证据和证明问题。在古典理论表述中,边沁把制裁体系分为四类:身体制裁、宗教制裁、道德制裁和政治制裁。❸ 身体制裁是在行为之后自动产生的行为后果,而不要求别人的主动干预。如吸毒可以达到一时快乐,但会增加意外事故、感染、死亡的危险。暴力抢劫,可能获得希望结果,但也会导致受害人的反抗,使自身受伤害的危险。宗教制裁是指人类行为在某种程度上是受宗教信念和顾虑约束的。道德制裁是在人们对某一行为做出善恶道德评价的基础上,对不道德行为即恶行的谴责和惩罚。在边沁的理论中,政治制裁主要指的是法律制裁,在犯罪中起着核心作用。法律制裁相比道德制裁和宗教制裁而言,由国家权力保证实施,是严厉而又强制性的。那么法律制裁就要求在惩罚时需要责任的证据和证明,而不能像道德制裁那样可以模糊不清。法律制裁涉及预期责任和过去责任两个方面。即法律制裁需要证明两个问题,我们的责任是什么和有责任意味着

---

❶ [法]埃米尔·涂尔干.社会分工论[M].渠东译.北京:生活·读书·新知三联书店,2008:32.
❷ [澳]皮特·凯恩.法律与道德中的责任[M].罗李华译,张世泰校.北京:商务印书馆,2008:68.
❸ [美]迈克尔·戈特弗里德森,特拉维斯·赫西.犯罪的一般理论[M].吴宗宪,苏明月译.北京:中国人民公安大学出版社,2009:5-6.

什么。我们的责任是什么一般是由法律、法规规定了。有责任意味着什么是当违反了我们的责任时会怎么样？一般而言，法律制裁是对过去责任的回应,在对一个人进行惩罚时,就涉及了责任的证据和证明问题。

总之,我们不能说所有的法律制裁都对应了法律责任,因为在某些情况下,有责任并不一定会有课责,进而被惩罚,我们可以说法律制裁是对法律课责的回应,但是在绝大部分情况下,法律制裁与法律责任是对应的。这并不能否定责任在法律制裁中的基础地位作用。正是因为有了法律制裁,才使得我们关注责任,使得责任的研究更加广泛、深入。

二、法律制裁促进责任

哈特把制裁排除在法律概念之外,但是他在法律责任中却强调了制裁的重要性。这似乎令人感到意外。但这也说明制裁对责任的重要性。我已经详细论述了责任对制裁的重要性。现在我想反过来论述制裁对责任的影响,我认为法律制裁在一定程度上可以促进责任。

(一)合作、责任与制裁

在熟人社会和陌生人社会,如果在没有国家权力支持下,即在没有国家法律制裁下,人与人之间如何实现合作和维持社会秩序？在许多法学家看来,没有国家正式法律,也能实现合作。如埃里克森在其《无需法律的秩序——邻人如何解决纠纷》一书中提出了社会福利最大化假设来解释人们为什么能够合作,即关系紧密之群体内的成员们开发了并保持了一些规范,其内容在于使成员们在相互之间的日常事务中获取的总体福利得以最大化。❶ 也就是说,人们之间之所以合作是因为可以使社会福利最大化。

但是埃里克森的理论主要限于熟人社会,不能解释陌生人社会。埃里克·A.波斯纳在其《法律与社会规范》一书中指出陌生人社会也存在社会规范并维系着人们合作和社会秩序。波斯纳否定了埃里克森的"社会福利最大化"假设,他运用重复博弈和信号传递理论建构了合作模型,解释了陌生人之间为什么合作的原因。即人们之所以遵守社会规范是因为可以通过承担遵守社会规范带来的高昂成本显示自己的类型,获得希望的合作机会,而不是社会福利最大化的缘由。❷ 可以说,波斯纳在埃里克森的基础上进行了推进,把社会规范存在于熟

---

❶ [美]罗伯特·C·埃里克森.无需法律的秩序——邻人如何解决纠纷[M].苏力,译.北京:中国政法大学出版社,2003:204.

❷ [美]埃里克·A·波斯纳.法律与社会规范[M].沈明,译.北京:中国政法大学出版社,2004.

人社会扩展到了陌生人社会中。但是,波斯纳的合作模型强调了重复博弈,如果只是一次博弈(一次博弈在生活中也是常见的),这个合作模型就不一定有效。

迈克尔·瑞斯曼在其《看不见的法律》一书中论述了人与人在日常生活互动和合作之中存在着微观法律体系。在微观法律体系中我们可以看到一次博弈所遵循的规则,比如观看规则、排队规则和交谈规则等。瑞斯曼在波斯纳的基础上又有了推进,把法律研究的视野拓展到了日常生活之短暂接触产生的规则即微观法律领域。也就说瑞斯曼把社会规范存在于较持久的地区性(或非地区性)的陌生人社会扩展到日常生活短暂接触的陌生人之间。❶ 在瑞斯曼看来,人们之所以合作,是因为人们有着共同信念期待——促进人与人互动和优质生活,两个陌生人在一次博弈中也会遵循一定的规则。

上述三个法学家论证了在没有国家法存在的情况下,合作也是有可能的。但是他们没有否定在民间法下,对违反合作的一方,给予的私人的惩罚。在民间法下能够达成合作,那么在国家法下也能够达成合作,因为国家法下,有着比民间法更为严厉的惩罚。所以不管是民间法还是国家法在促进人与人的合作过程中,惩罚的因素必不可少。这已被阿克赛尔罗德在其《合作的进化》一书中给予了充分的论证。

人们面对"囚徒困境",究竟哪种策略最容易取得成功? 阿克赛尔罗德发起了一个"重复博弈困境"的计算机程序竞赛。他邀请 14 个博弈论专家提送程序参赛,这些程序来自 5 个学科:心理学、经济学、政治学、数学和社会学。每一个参赛程序都要与其他程序相遇,还要与自己以及一个"随机"程序相遇。每轮游戏 200 次对局。双方合作奖励每人 3 分,双方背叛只给 1 分,一人背叛而一人合作,背叛者得 5 分,合作者得零分。❷ 最后由多伦多大学阿纳托尔·拉帕波特教授提交的"一报还一报"策略赢得了竞赛。

"一报还一报"策略是开始选择合作,然后就按对方上一步的选择去做。这个策略不管是在预赛、还是在其他次预赛中都名列前茅。阿克赛尔罗德还在竞赛中发现取得好名次的另外两个特征:善良性和宽容性。在竞赛成绩中阿克赛尔罗德发现名列前 8 名的参赛者都是善良的,即从不首先背叛,其他的则都不是善良的。他还发现取得好名次中具有宽容性。即只对背叛者进行一次惩罚,当对方表现出合作时,也与之进行合作。阿克赛尔罗德进行了第二轮竞赛,结果仍是"一报还一报"策略赢得了竞赛。最后阿克赛尔罗德总结道:

---

❶ [美]迈克尔·瑞斯曼. 看不见的法律[M]. 高忠义,杨婉玲,译. 北京:法律出版社,2009.
❷ [美]罗伯特·阿克赛尔罗德. 合作的进化[M]. 吴坚忠,译. 上海:上海世纪出版集团,2009:21.

"一报还一报"的稳定成功的原因是它综合了善良性、报复性、宽容性和清晰性。它的善良性防止它陷入不必要的麻烦,它的报复性使对方试着背叛一次后就不敢再背叛,它的宽容性有助于重新恢复合作,它的清晰性使它容易被对方理解,从而引出长期的合作。"❶

埃里克森指出,用行为心理学的术语来说,针锋相对战略("一报还一报"策略)是一种无情的有效调节体系。它及时奖励合作,并及时惩罚背叛。❷ 其实奖励和惩罚都是制裁的两个形式。奖励是一种积极制裁,惩罚是一种消极制裁。消极制裁一般是对违反者施加痛苦或恐吓。其有三种制裁形式:一是语言制裁。如违反者的行为会遭到反对和谴责。二是有形制裁。这种制裁包括从体罚到剥夺自由的所有形式。三是社会和经济制裁,如公开展示、货币和财产惩罚等。积极制裁是指给符合规范的行为提供好处和奖赏,如赞扬、肯定、祝贺、授予称号和奖励等。❸ 也就是说,阿克赛尔罗德的计算机模拟竞赛中最好策略"一报还一报"其实质是一种制裁策略。"一报还一报"策略的几个特征实际上都与惩罚的问题相关,这些特征大致可以归结为惩罚的各种技术品质——即惩罚的及时性、惩罚的可信度和透明度以及惩罚的严厉程度。❹ "一报还一报"策略内含了一个精致的惩罚结构并具有高超的惩罚技术。所以说制裁维护和促进了人与人之间的合作。

我们选择与谁合作是我们的权利,一旦我们与别人签订协议就要履行合作,这时合作是一种义务责任。因此,在我看来,合作中包含了责任。用惩罚促进合作,当要惩罚一个不合作之人时一般要求以责任为前提,这其中也包含了责任。所以,当用制裁的方式促进合作时,在一定意义上也促进了责任。

(二)信托责任与严刑峻法

1. 梁启超的国民公德教育促进公众责任

梁启超 1910 年 11 月 2 日发表了《敬告国中之谈实业者》一文,其中谈到要振兴中国实业,不是以抵制外货而振兴。中国数千年来就有实业,中国与西方实业之差距在于企业的形式之差别,因此要振兴企业需实行新式企业,即西方股份制。然而中国今日之政治现象、社会现象,是与股份有限公司之性质最不相容者也。梁启超认为如不排除以下四种原因,股份制则难以建立。"第一,股份有限

---

❶ [美]罗伯特·阿克赛尔罗德.合作的进化[M].吴坚忠,译.上海:上海世纪出版集团,2009:36.
❷ [美]罗伯特·C 埃里克森.无需法律的秩序——邻人如何解决纠纷[M].苏力,译.北京:中国政法大学出版社,2003:201-202.
❸ [德]托马斯·莱塞尔.法社会学导论[M].高旭军,译.上海:上海人民出版社,2008:203-204.
❹ 桑本谦.私人之间的监控与惩罚[D].济南:山东大学,2005:32.

公司必在强有力之法治国之下乃能生存,中国则不知法治为何物也。第二,股份有限公司必责任心强固之国民,始能行之而寡弊,中国人则不知有对于公众之责任者也。第三,股份有限公司必赖有种种机关与之相辅,中国则此种机关全缺也。第四,股份有限公司必赖有健全之企业能力,乃能办理有效,中国则太乏人也。"❶针对这四种阻碍股份制之建立因素,梁启超提出改革之道:"首须确定立宪政体,举法治国之实,使民咸习于法律状态;次则立教育方针,养成国民公德,使责任心日以发达;次则将企业必需之机关,——整备之无使缺;次则用种种方法,随时掖进国民企业能力。"❷梁启超站在一个政治高度,认为振兴实业第一要义在于改良政治组织,即国会实行责任内阁制。

梁公的论述中,我们看到当时我国企业中缺乏对公众之责任,人人都是先私后公,即使办起了股份制,也是耗散国民资本。在公司中股东怠于自己的责任,职员也怠于自己的责任。上至国家也是如此,"政府官吏而不自省其身为受国民之委任,不以公众责任置胸臆,而惟私是谋,国未有能立者;而国民怠于监督政府,则虽有宪法,亦成僵石。"❸因此在当时整个中国上至国家下至百姓,公共观念与责任心之缺乏。梁公羡慕欧美法律之严明,职员恪尽职责,提出的解决办法是提倡商业道德之道。

自梁公该文发表100年之后的今日中国,股份制企业在中国不仅大量存在,而且还实现了上市,也在某种程度上,实现了梁公在那时的梦想。梁公提出的解决的办法在今日也大都实现。如制定了宪法,实行依法治国;也注重公民的公德教育;用完备的法律建立了现代化的企业制度;企业的能力有了显著的增强,出现了在世界上具有竞争力的企业。但是,即使实现了梁公提出的所有的解决之道,我们发现在中国社会仍然缺乏对公众的责任,如在企业中缺乏经济学家郎咸平先生说的信托责任。

2. 严刑峻法建立信托责任

如何建立信托责任? 郎咸平提出了不同于梁公的办法,那就是用严刑峻法来建立信托责任。郎咸平基于两个理由来论证严刑峻法能够实现信托责任。一是理性的经济人的思维方式。理性的经济人认为,人的本性是利己,即从事一切

---

❶ 从百度名片中,查询到该文收集在梁启超.饮冰室合集[M].北京:中华书局,1989.本文引用参见网友博客转载梁公此文内容。梁启超:《敬告国中之谈实业者》网址:http://blog.sina.com.cn/s/blog_5409f06b0100ek0z.html,2015-10-18。

❷ 梁启超:《敬告国中之谈实业者》,参见网友博客转载梁公此文,网址:http://blog.sina.com.cn/s/blog_5409f06b0100ek0z.html,2015年10月18日。

❸ 梁启超:《敬告国中之谈实业者》,参见网友博客转载梁公此文,网址:http://blog.sina.com.cn/s/blog_5409f06b0100ek0z.html,2015年10月18日。

活动的目的是个人利益最大化。在亚当·斯密看来,理性经济人不仅有利于自身还有利于社会,每个人都不断地努力为他自己所能支配的资本找到最有利的用途,固然,他所考虑的不是社会利益,而是他自身的利益,但他对自己利益的研究自然会或者毋宁说必然会引导他选定最有利于社会的用途。[1] 理性的经济人在追求自身利益时,以收益最大成本最小为目标,因此,他们在成本—收益比较之后,即在比较若不遵守企业社会责任的成本与收益之后,会因惩罚的成本超过收益,而负起责任。

二是借鉴英美法系的经验。因为英国和美国通过严刑峻法的方式成功地建立了信托责任。信托责任,是基于信任而委托所产生的合同责任。如在我国股份制企业中,信托责任的委托方主要是国有企业或无数股民,受托方是企业的管理人员。国家或股民基于信任把企业交给职业经理人管理,要求他们除负有忠诚、勤勉等基本义务外,还应该有民族意识和民众意识。但我国现实情况是,民营企业家为了自己的私利,昧着良心制造假冒伪劣产品、行贿受贿进行不正当竞争等,完全没有对社会的责任;国有企业管理人或上市公司的职业经理人却辜负国家或股民的信托责任,以公谋私,损害国家或股民的利益,这种丧失信托责任的做法最终损害了中国的经济利益和社会环境。于是郎咸平先生近年来,在中国不断地呼吁用严刑峻法来建立信托责任。他从大历史的视角论证了他的观点。

郎咸平说西方为什么有社会责任的概念,这得益于教会的信托责任。他指出,当时的教会是神权的中心,职业经理人心里有着对上帝的"信托责任",因而"信托责任"是在宗教里形成的。而且这种信托责任是以良知为基础的,这也是当时股份制得以生存的唯一原因。郎咸平又指出,股份制最早出现在英国,在公元10世纪,在当时的英国,是一个神权的社会和世界,那里的人们崇拜上帝。人们普遍认为人犯了罪,死后是要下地狱的,为了避免下地狱,只好在死前将自己的土地、房子捐献给教会,以此来得到救赎。由于教会不是公司,神父不能结婚,没有继承人,所以教会在获得了大量的财产后,如何经营又由谁来继承是一个问题。这种情形逼得教会不得不聘请职业经理人来经营。由于职业经理人经营公司,就出现了管理权和所有权的分离,所有权属于教会。另外,教会的公司在经营过程中出现的债务,教会的公司如果欠对方钱无能力还或干脆就不想还,债权人也没有权利索债,因为公司后面是教会,如果索债就会侵犯上帝,所以就形成

---

[1] 参见赵庄:《理性经济人是虚幻的》,2007-04-27 发表在天涯社区:http://www.tianya.cn/publicforum/Content/develop/1/115518.shtml,2015年10月18日。

了有限责任。如果一个公司管理权与所有权分离同时还是有限责任,那么这种公司不正是股份制公司吗。由职业经理人经营教会公司,他们崇拜上帝,是凭着良心来经营企业,他们害怕神的惩罚,所以就会负责任。

  在教会经营的股份有限公司三四百年之后,教会腐败了。当宗教革命成功以后,教会开始衰落。国家发动战争,耗费大量的财务,于是各国政府发行大量的债券,然而债券到期,政府还不了,政府于是又建立了股票市场,把欠债卖给股民。在中世纪时,股份公司是建立在良知之上的,但是自教会衰落后,由国家建立的股份公司由于没有良知保障,出现了内幕交易、操纵股价。在17—18世纪,欧洲发生了三次金融危机,股票市场完全崩溃。在1929年,也使得美国发生了股票市场的大崩盘。这些股票市场大崩盘主要的原因,就在于缺乏了信托责任。面对美国股票市场大崩盘,罗斯福总统不是像过去欧洲面临股票市场崩盘的做法即禁止股份有限公司,而是采取了严刑峻法的方式,加强对股份有限公司的监管,让人们不敢没有良心,让人们不敢没有信托责任。从而让股份有限公司才得以起死回生,进而奠定了今日世界的股票市场。❶

  在郎咸平先生看来,我国既没有信托责任的传统,也没有用严刑峻法保障信托责任,所以在我国股票市场上充斥着内幕交易、操纵股票,损害了中小股民的利益。只有用严刑峻法来建立信托责任,才能保障中小股民不被掠夺的命运,才能藏富于民,进而避免未来中国股票市场大崩盘。其实严刑峻法在我国早就存在了,如秦朝的严刑峻法和朱元璋时的严刑峻法。但是郎咸平先生指出能够有效执行法律的才叫作严刑峻法,并不是批评法条不够,而是执行不力。在我看来,郎咸平先生的严刑峻法主要有三个方面:一是惩罚要有法律依据,不是说法条要越多越好;二是法律规定要有一定的威慑力,让行为人在成本——收益分析后,有负责的动力,不是指法条越严厉越好;三是法律规定的执行力,当有违反信托责任时,应该对违法者严格执行。其实郎咸平先生提出的严刑峻法正好符合惩罚的合法性、惩罚的严厉性和惩罚的及时性。郎咸平先生特别强调了严刑峻法中的严格执行,是我们所忽略的。他强调的严格执行恰当地看到了我国今日社会问题之所在,而我们一看到严刑峻法就想到了过去那种法条残酷的历史印象,对郎咸平先生提出的严刑峻法持一种畏惧和排斥的态度。郎咸平先生提出的严刑峻法的方式建立信托责任,进而建立人们的社会责任,是可行的。至少美国用严刑峻法的方式建立了美国人的信托责任(当然这不是说美国就没有欺诈、内幕交易和操纵股票,而是说出现这些现象后,一定会有惩罚来矫正这种行

---

❶ 郎咸平. 郎咸平说:公司的秘密[M]. 北京:东方出版社,2008:1-8.

为,并预防其他人再犯)。

总之,法律责任是法律制裁的基础(凯恩认为法律责任是法律制裁的必要条件),法律制裁反过来也可以影响和促进法律责任。法律不同于宗教、道德,法律制裁一般而言由于有国家权力的支持,对行为人的影响要比宗教和道德等更深入,惩罚也更严厉。法律制裁要求在惩罚时对法律责任清楚明白,不能含糊不清,而且还要求有责任的证据和证明,所以由于法律制裁的存在,使得我们更深入地研究法律责任,理解法律责任。另外,法律制裁不仅让我们更深入地研究责任,还让我们明白法律制裁促进了法律责任。

第三节 法律制裁的人际性、关联性与赔偿

上述已经论证了责任的人际性和关联性,法律责任的人际性关注一个事件中涉及的行为人和受害人,以及可能涉及的共同体三个方面。法律责任的关联性关注一个事件中个体与社会情势之间的关联关系。由于责任是制裁的基础,那么我们认为法律制裁也具有人际性和关联性。在本节中将论证法律制裁的人际性和关联性,其次论证责任也是赔偿的基础,最后论证了赔偿很好地兼顾了制裁的人际性和关联性。

一、法律制裁的人际性和关联性

在法律责任的三个范式中,刑事责任的对象是行为人,民事责任的对象既是针对人的,也是针对事的,公法责任的对象相比刑事责任和民事责任而言更注重针对团体。❶ 相应的,法律制裁的对象在三个范式各自表现为:刑事制裁以罪犯为中心,民事制裁以受害人为中心,公法制裁相比前两者是以社会为中心。❷ 这种观点仍然在今日社会普遍存在,并广泛地在社会中运行着。公法既保护公民,为他们提供有责任性的资源,也制裁政府的不当行为。像民法程序一样,公法程序通常由公民启动并进行,与刑法惩罚相比,公法制裁更类似民法的补救措施。

---

❶ 公法责任由两个新维度,一是政治责任的概念。政治责任的执行不像法律责任的执行那样高度制度化和具有强制力,但是比道德责任的执行要强。二是公法范式与民法范式及刑法范式的区别在于它更重视团体,并且注重政治与市民社会之间的互动,而不是市民社会内部的互动。参见:[澳]皮特·凯恩.法律与道德中的责任[M].罗李华译,张世泰校.北京:商务印书馆,2008:81.

❷ 公法的责任原则最终致力于保护所有公民共享的社会利益,将之与公民行动自由、人身与财产安全,以及公民和团体的利益提升平衡。

公法模式与私法模式相比,它对于团体的理念或非个体的权利和义务更为尽责。❶

但是,这种把法律责任和法律制裁在不同范式中不以人际性和关联性的观点来看待,在今日风险社会是有问题的。凯恩强调要把法律责任中的行为人、受害人和共同体三方面结合起来看,看到三者之间的人际性。诺里强调了法律责任中个体与社会情境的关联性。同样,在法律制裁中我们也应该把行为人、受害人和共同体三方面结合起来,关注三者之间的人际性,还要关注行为人与社会情境的关联性。在当今多元社会里,任何一方都值得关注,不可忽视。

(一)法律制裁的人际性

在当今民法范式下,由于民事责任既关注行为人的行为又关注行为对受害人的影响,所以我们可以看到民事责任具有一定的人际性。正是这种既看到了行为人又看到了受害人的民法责任模式,民事制裁才体现出了补偿性的一面。在我们传统的民事制裁观念中,一般认为民事制裁主要是补偿受害人,而不是对被告的惩罚。民事制裁是以被告的行为对受害人的负面影响为限度,即以受害人的损失或被告从被害人为代价的所得为限度。但是这种人际性是不完善的,忽视了行为人的行为可能对社会其他人的影响。即在特定的案件中,对被害人的补偿性赔偿不足以威慑到社会上潜在的违法者。因此需要对行为人惩罚性的赔偿,就我国而言,惩罚性的赔偿只是刚刚开始被法律正式接纳,但惩罚性赔偿的力度不大、适用范围较窄。其原因就在于对民法责任的人际性的认识不全面所致。即在我国民法范式中的民事责任的人际性只看到了行为人和受害人,而没有看到其他共同体。如果我们看到了这三者的人际性,那么惩罚性赔偿就是合理的。当然,在这里我并不是要否定民事制裁的补偿性原则,而是强调在特定案件中,在涉及对其他共同体的影响时,可以考虑惩罚性赔偿,而不是固守传统观念,否定惩罚性赔偿的合理性。

民法制裁的人际性还表现在责任的转移上。张某新买了一辆车,并投了车辆险,一天不小心和另一辆车相撞,张某和对方车辆都有损坏,经鉴定张某负主要责任。最后结果是有保险公司赔偿对方车辆损失。如果责任不具有人际性,法律制裁也不具有人际性,那么由保险公司赔付给受害人就讲不通,正是因为制裁的人际性才使得保险公司赔付变得合理化。允许保险公司赔付也是人际性的要求,民事制裁以受害人为中心,当发生事故后,张某无能力赔付受害人的损失,那么受害人即使起诉也没有意义,基于保护受害人的利益,允许保险公司来赔付

---

❶ [澳]皮特·凯恩.法律与道德中的责任[M].罗李华译,张世泰校.北京:商务印书馆,2008:80.

是合理的。

刑法范式与民法范式一样,刑事责任的人际性不完善,它强调了行为人和社会(或国家)之间的联系,认为犯罪侵犯的是国家或社会的利益,不是受害人的利益,因此注重对犯罪行为人的惩罚,而不注重受害人损害之补偿。惩罚罪犯其目的是防止罪犯以后再犯,并威慑潜在的犯罪人。在民法制裁里忽视了社会其他人,但在刑法制裁里却忽视了受害人。忽视受害人比忽视社会其他人问题更严重,我国目前存在的大量的上访很大原因就是忽视受害人的利益所致。冯·亨梯在《论犯罪人与被害人的相互作用》中指出:"被害人在犯罪和预防犯罪的过程中,不仅是一个被动的客体,而且是一个积极的主体。不仅只强调罪犯的人权,而且要充分肯定和坚决保护被害人的人权。"[1]保护被害人的利益现在是国际发展的一个方向或潮流。因此,刑事制裁只注重行为人的做法,会忽视很多制裁的功能和受到刑法保护的利益,如受害人的利益就被忽视了。

(二)法律制裁的关联性

民事制裁和刑事制裁不仅要关注行为人、受害人和可能影响的社会其他人,还要关注制裁中的当事人与社会情境的关联关系。因为我们很多人在行为时并不是如康德所言是自由意志决定的,可能还是由社会背景决定的。罗伯特·H.弗兰克描绘了两人博弈的试验。

试验者给参与人 A 10 美元,并要求参与人 A 在两个提议中选择,在他自己和参与人 B 之间分享这 10 美元:①每人 5 美元;②自己 9 美元,参与人 B 1 美元。一旦 A 做出了选择,B 要么选择接受,则博弈结束,每个参与人得到提议的份额;要么选择不接受,则两个参与人什么也得不到。按照新古典经济理论预言参与人 A 将选择②,因为对 A 而言,9 美元优于 5 美元,对 B 而言,1 美元总比什么也没有好。但弗兰克指出,对于参与人 B 而言,1 美元的吸引力要依据他所处的背景来决定。[2]

弗兰克告诉我们人在做出行为时会受到其社会背景左右。如果 B 是一个家境很好或者是一个追求公平的人,他有可能会拒绝 A 的选择。如果 B 是一个很爱钱财有总比没有好的人,他可能会接受 A 的选择。因此许多重要行为不参照社会背景就根本无法理解,并最终做出正确的判断或选择。

二、法律责任是赔偿的基础

在前面已经论述过,报应与责任有着密切联系,威慑和修复虽然强调与责任

---

[1] 刘凌梅. 西方国家刑事和解理论与实践介评[J]. 现代法学,2001(2):152.
[2] 艾伯特·O 赫希曼. 转变参与——私人利益与公共行动[M]. 上海:上海人民出版社,2008.

没有密切联系,但是它们并没有把责任完全排除在外。那么作为惩罚正当性基本原理的赔偿是否与责任有着密切联系呢?本书认为法律责任是赔偿的基础。

赔偿是向后看的,在决定赔偿时,首先要看损失是什么,然后才是用赔偿方式修复损失。比如民事赔偿,在我国一般要求有损害出现才会有赔偿,而损害一般是过去发生了的。就刑事诉讼中民事赔偿而言,也要求受害人有损害出现才会有刑事附带民事赔偿,而这也是针对过去发生的损害而言的。所以赔偿向后看的。向后看就意味着只有在损害出现时才会赔偿,这就说明只有损害责任出现时才会有赔偿。当然并不是说只要有损害出现就一定赔偿,还需要对损害负有责任。比如某人的一辆车被损坏,只有对损害负责的人才会赔偿。

在我国只有在损害出现时才会有赔偿,但在美国还存在对可能损害的赔偿。以东芝笔记本电脑风波为例。

1999年春天,两名美国东芝笔记本电脑用户向美国地区法院提出集体诉讼,认为东芝公司在处理其便携式笔记本电脑软盘控制器存在的问题时,许多方面行事不当,可能导致数据遗失或损坏。东芝公司一方面否认这一指控,说它没有意识到软盘控制器的操作限制会造成数据丢失或损坏,同时又与原告进行庭外和解,提出一个解决方案。根据这一方案,拥有或租用1985年1月1日或以后生产、由东芝美国信息系统公司销售或分销、带有一个软驱和软盘驱动控制器的任何型号的东芝便携式或笔记本电脑的所有美国用户(包括自然人、商人、政府或其他实体),都可获得东芝公司提供的赔偿。

东芝公司解释,如此行事是因为根据美国的司法判例,存在通过司法裁定,判决一笔赔偿的风险。鉴于这一风险,公司决定在不承认任何责任或其个人电脑有技术问题或瑕疵的基础上了结此案。

东芝公司宣布,该诉讼只涉及美国。根据这一诉讼,50万美国东芝用户将获得10.5亿美元的赔偿,每个用户最高可获得443美元的赔偿。❶

在此,本书无意对该案进行评论,而是要指出美国法律规定对未来可能出现的损害,可以提起诉讼,并有可能获得赔偿。美国法律的目的是保护消费者,并威慑违法者和其他潜在违法者,这说明赔偿也有向前看的一面,在这种情况下,责任不一定是赔偿的基础。但是就我国而言,目前还没有法律规定对未来可能出现的损害进行赔偿,我国赔偿是向后看的,故责任是赔偿的基础。至于美国规范对未来可能出现的损害予以赔偿,这种情形并不是在美国法律中占主导地位,

---

❶ 东芝公司赔偿事件出怪事:只赔美国人不赔中国人[OL],(2000-05-16),http://www.people.com.cn/GB/channel5/569/20000516/65903.html,2015年10月22日访问。

只是一种补充地位。故也不影响责任作为赔偿的基础地位。

三、赔偿的人际性和关联性

在第二章中,论述了报应主义主要关注的是行为人,威慑主义主要关注的是行为人和潜在的违法者,传统的修复主义仍然主要关注的是行为人,只是到了新的修复主义时转向关注受害人。从整体上讲,报应、威慑和修复都是关注行为人的。赔偿则既关注行为人又关注受害人,同时还关注可能受到影响的社会其他人。这是赔偿相比传统惩罚正当性基本原理的优势所在。

（一）赔偿的人际性

从逻辑上看,由于法律制裁具有人际性,而赔偿是法律制裁的一种形式。那么赔偿理应也具有人际性。从理论上看,赔偿理论把报应、威慑和修复主要关注行为人的认识路径转向了关注受害人的路径,这种转向强调了受害人权利保护,如同在过去强调犯罪人的人权保护一样意义重大。在我国很早就确立了由国家垄断刑罚权,而欧洲是在近代国家成立之后,才确立了国家独占刑罚权。国家独占刑罚权模式下,彰显了两种含义：一是在犯罪事件中,加害人与受害人自行解决纠纷的空间是有限度的；二是国家不允许私人复仇,确立由国家依据法律规范来行使刑罚权。但是由国家独占刑罚权会导致一个问题,国家滥用刑罚权,侵害加害人的人权。这个问题不是理论的也不是假定的,而是一种事实,是被千百年来无数个因国家滥用刑罚权导致的冤假错案所证实。所以,我们会看到西方法学家们提出的罪刑法定、罪刑相适应等以此来限制国家权力的滥用,保护加害人的人权。

这种保护加害人人权的做法是有着历史进步意义的,也是应该做的。当人类的车轮缓缓进入21世纪,人类基本能够驾驭国家这个"怪兽"。正如美国总统布什曾说：人类千万年的历史,最为珍贵的不是令人炫目的科技,不是浩瀚的大师们的经典著作,也不是政客们天花乱坠的演讲,而是实现了对统治者的训服,实现了把他们关在笼子里的梦想。因为只有驯服了他们,把他们关起来,才不会害人。我们不能说加害人的人权完全得到了保证,至少可以说相比以前是极大的改善。侵犯加害人的人权不再是一种普遍的现象,可能是少数案件。在这种情形下,我们仍然忽视受害人的权利,是不具有合理性的。而赔偿理论因而主张关注受害人的利益,对受害人的损失给予充分的赔偿。

赔偿理论不仅是关注受害人,还关注加害人。赔偿理论主张在一般情况下当加害人给予充分赔偿,不应再对加害人进一步的给予惩罚,如果再进一步的惩罚在法律上和道德上都是不允许的。在特殊情形下,还要考虑到赔偿判决可能影响到社会其他人的行为。当充分补偿受害人时,不足以威慑到加害人再次违法或不足威慑到潜在的违法者时,可能要适用惩罚性赔偿。惩罚性赔偿在美国比较常用。美国在 1784 年的 Genay V. Norris 一案中最早确认了惩罚性赔偿制度。❶其实在该案中实质仍然是补偿性的,只是在案件中出现了惩罚性赔偿概念。到 1981 年的 GrimshaW v. Ford Motor Co. 一案中陪审团认定的赔偿额高达 1.2 亿美元,上诉审最终确认 350 万美元。❷而我国在理论上没有对惩罚性赔偿达成共识,在实践中也只是在少数法条中存在惩罚性赔偿。

综上,赔偿理论既关注行为人、受害人和社会其他人,因而赔偿具有人际性。

(二)赔偿的关联性

法律制裁不仅具有人际性还具有关联性,赔偿同样也具有关联性。法律制裁中行为人的行为与社会情境相关联,或者行为人在做出行为时在很多时候是与其所处的社会背景相关联。赔偿中的行为人(加害人)在赔偿时与所处的社会背景相关联。赔偿中当事人双方在由双方协商赔偿时赔偿的数额与双方的背景有关联。

下面以近年在我国发生的胡斌飙车案和李启铭交通肇事案为例来说明赔偿

---

❶ 在该案中,被告是一名医生,在原告醉酒后与之发生争吵,并决定以手枪决斗。手枪中并没有装满子弹,只有一些火药,双方都没有受伤,此后,被告却在酒中加入斑蝥干燥剂,并邀请原告为以息纷争而干杯,原告因此遭受了严重的身体损害与精神痛苦。对此,陪审团裁决被告须向原告赔偿 400 英镑。法官在陈述陪审团意见说,被告的不法行为导致原告受到了非常严重的损害,原告因此有权获得惩罚性赔偿。参见余艺. 惩罚性赔偿研究[D]. 西南政法大学博士学位论文,2008:47.

❷ 该案案情为:上诉人 TXO 公司是一家石油及天然气生产公司,被上诉人 Alliance 公司是一家专门出租石油及天然气权利的公司。1985 年,TXO 公司买了 Alliance 公司在一块土地上的租贷权,以勘探石油,同时 TXO 公司须向 Alliance 公司支付相应的使用费。此后,TX0 公司声称其拥有一份权利转让协议,在这份协议书中第三人已将与该土地有关的一切权利转让给了自己,则它之所以会签署这份协议是因为有足够的理由使其相信该土地之所有权已经转移到了该第三人。对此,Alliance 公司认为 TXO 公司所谓签署权利转让协议的行为只不过是想引起关于土地之所有权的纷争,并借此逃避其本应向 Alliance 公司支付的使用费。之后,TXO 公司与 Alliance 公司进行了一次谈判,试图解决双方之间的问题,但无果而终。TXO 遂向法院提起诉讼,要求确认争议土地的所有权,Alliance 公司反诉称,TXO 故意制造所有权纷争的目的在于使自己天然地享有该片土地上之权利,从而避免向 Alliance 公司支付数百万元的使用费。进而主张 TXO 公司之行为乃是试图以欺诈方式逃避其须向 Alliance 公司支付的 500 万~830 万美元的使用费。法院最终采纳了 Alliance 公司的证词,认定 TXO 公司所谓的权利转让协议无效,陪审团判定 TXO 公司赔偿 1.9 万美元的补偿性赔偿金和 1000 万美元的惩罚性赔偿金。对此,最高法院认为此项惩罚性赔偿判决并非不合理,因为 TXO 公司如若欺诈成功,则确可获得数百万美元的不正当利益。参见:余艺. 惩罚性赔偿研究[D]. 重庆:西南政法大学,2008:50.

与当事人的背景有关联。首先是胡斌飙车案。[1] 该案法院以交通肇事罪判处被告人胡斌有期徒刑三年。此前,案发后胡斌亲属与被害人亲属已就民事赔偿达成协议,胡斌亲属已赔偿并自愿补偿被害人亲属经济损失共计人民币113万元。该案对受害人的赔偿可以说在我国交通肇事中对受害人赔偿额是相当高的。为什么赔偿这么高,有两个背景:一是胡斌是"富二代",有足够的赔偿能力;二是该事件引起了公众极大的关注,成为一个公共事件,从而导致了高额的赔偿。如果没有这两个背景,受害人家属可能不会获得这么高的赔偿。李启铭交通肇事案。[2] 在案发后,李启铭家属对受害者家属积极赔偿,赔偿死者陈晓凤46万元,伤者张晶晶9.1万元,取得对方谅解。法庭鉴于李启铭认罪态度较好,其亲属积极赔偿被害人损失,酌情从轻处罚。该案法院以交通肇事罪判处被告人李启铭有期徒刑6年。该案与胡斌案的共同之处都引起了广泛关注,成为公共事件,不同的是该案中的李启铭被称"官二代",所以在赔偿上比胡斌案要少,但与一般普遍交通肇事案相比赔偿也是相当高的。正是因为肇事者的身份和案件成为公共事件两个原因,使得赔偿的额度有了一定的变化。

赔偿还与社会价值观相关联,由于我国目前社会价值观不认可赔偿在刑事制裁中的作用,认为赔偿减刑是纵容犯罪,是为有钱人开脱罪责。在民事制裁中,认为赔偿主要是补偿受害人,而不认可赔偿的惩罚性一面。这是我国当今主流的社会价值观,这种价值观影响了赔偿在我国的运用和发展。这种社会价值观如哈特所说是从一种"外在观点"来看待赔偿,而不是站在受害人的"内在观点"来看问题,在实际生活中,更多的受害人可能更需要获得赔偿,而不是希望把加害人送进监狱,自己的损害仍然无法获得弥补。

在这一节中,论证了法律制裁具有人际性和关联性,即法律制裁同时关注行

---

[1] 该案经法院审理查明,2009年5月7日晚,被告人胡斌驾驶经非法改装的三菱轿车,与同伴驾驶的车辆从杭州市江干区机场路出发,前往西湖区文二西路西城广场。途经文晖路、文三路、古翠路、文二西路路段时,被告人胡斌与同伴严重超速行驶并时有互相追赶的情形。当晚20时08分,被告人胡斌驾驶车辆至文二西路德加公寓西区大门口人行横道时,未注意观察路面行人动态,致使车头右前端撞上正在人行横道上由南向北行走的男青年谭卓。谭卓被撞后弹起,落下时头部先撞上该轿车前挡风玻璃,再跌至地面。事发后,胡斌立即拨打120急救电话和122交通事故报警电话。谭卓经送医院抢救无效,于当晚20时55分因颅脑损伤而死亡。事发路段标明限速为每小时50千米。经鉴定,胡斌当时的行车速度在每小时84.1千米~101.2千米,对事故负全部责任。参见:《杭州飙车案被告人胡斌一审被判三年》,(2009-07-21)http://wz.people.com.cn/GB/139014/146260/9687591.html,2015年10月23日访问。

[2] 该案案情是:2010年10月16日晚,李启铭酒后驾车到河北大学新校区生活区,将两名女生撞倒后被保安和学生扣留。警方经对李启铭采血并对所驾车辆进行检测,鉴定为醉酒超速驾驶。其中一名伤者陈晓凤因抢救无效死亡。2011年1月30日,http://news.sohu.com/20110130/n279161518.shtml,2015年10月23日访问。

为人、受害人和共同体,另外法律制裁还关注行为人与社会情境之间的关联关系。赔偿是法律制裁正当性的一种形式,从逻辑上,赔偿也应该具有人际性和关联性。本节不仅从逻辑上论证赔偿的人际性和关联性,还从理论和实践上论证了赔偿的人际性和关联性。赔偿的人际性解释了因关注受害人的利益,所以要对受害人的损害给予赔偿,又因要关注加害人的权利保障,所以对加害人不得在赔偿后再给予惩罚;人际性还要求考虑案件的判决可能对社会其他人的影响,因此在特定的案件中会考虑到威慑潜在违法者。赔偿的关联性要求把行为人的行为与社会情境或社会背景联系起来,赔偿的额度有时会基于社会情境或背景而变化。

第四章 法律制裁的变迁与赔偿

在本章中,将论述刑事制裁的变迁趋向轻缓化,即由监禁到保安处分再到社区矫正。虽然保安处分和社区矫正有一定的意义,但是这都是功利主义的表现,忽视了被害人,所以本研究认为刑事制裁的轻缓化的中心应该是赔偿的方式。关于民事制裁的变迁,其有严厉化的趋势,这种趋势与刑事制裁发展趋势相反,民事制裁的严厉化的趋势主要体现为惩罚性赔偿的出现和运用。不管是刑事制裁的变迁还是民事制裁的变迁最后都指向了赔偿方式。因此,赔偿方式是法律制裁变迁的必然性结果。

第一节 法律制裁的原初形式及其发展

在这一节中,将论述在初民社会,赔偿是制裁的原初形式之一。在国家产生后,赔偿仍然作为法律制裁的一种方式,只是其在刑事制裁中地位下降,不再是作为纠纷解决的主要方式之一。在人类发展的过程中,人与人发生的纠纷,赔偿一直作为一种制裁的方式存在着,并在其中发挥作用,只是其地位会随着社会的变迁而变化。

一、初民社会的制裁形式:复仇和赔偿的兴起

我国学者邓子滨在其《法律制裁的历史回归》一文中指出,西方最早的法律制裁侧重赔偿,而中国古代的法律制裁则侧重训导,同时辅之金钱抵赎。❶ 关于法律制裁的起源,邓子滨列举了两种求证结果的学说:一种学说认为,最早的法律制裁,主要是以刑罚尤其是死刑和肉刑为主,并且不断发展延续至近代。如凯尔森指出:"制裁是由法律秩序所规定以促使实现立法者认为要有的一定的人的行为。法律制裁具有上面所讲的那种意义上的强制行为的性质。最初它只有一种制裁——刑事制裁,即狭义的惩罚,涉及生命、健康、自由或财产方面的惩

---

❶ 邓子滨.法律制裁的历史回归[J].法学研究,2005(6):70.

罚。最古的法律只是刑法。后来制裁中才有区分：除刑罚外，还出现了一种特定的民事制裁，民事执行，也就是对财产的强制剥夺，旨在提供赔偿，即补偿非法造成的损害。"❶ 另一种学说认为，最早的法律制裁方式是赔偿和以教育为目的的惩戒，只是在国家成熟的过程中，法律制裁的方式才逐步以严刑峻法为主。如梅因在《古代法》一书中指出："古代的刑法不是'犯罪'法；这是'不法行为'法，或用英国的术语，就是'侵权行为'法。被害人用一个普通民事诉讼对不法行为人提起诉讼，如果他胜诉，就可以取得金钱形式的损害补偿。"❷

在邓子滨看来，两种学说不同在于前一种学说，把"最初"定位于国家成熟之后，这种学说理解的法律只是国家确认的律令和习惯。而后一种学说，把"最初"定位于前国家时期，法律还包括远古时代的规则或习惯。如同埃里希所说的"活法"。邓子滨认为在远古时代（在国家成熟完善之前），人们发生纠纷是以和解为惯例，以惩罚为例外的，而和解主要是以赔偿的方式进行的。对于盗窃、凌辱、强盗甚至杀人罪这些在远古称为的不法行为，都可以用赔偿的方式解决。❸ 最后，邓子滨得出结论："以惩罚为核心的法律制裁方式，不是与生俱来、天经地义的，而是国家成熟之后强加给社会的，也不是亘古不变的。"❹

邓子滨论证了法律制裁的原初形式主要是以赔偿为主，而不是惩罚。在他的观点中，因为他无法确定（事实上，也很难考证）远古时代是否只有赔偿一种方式，他只能从其他论著的梳理中得出，赔偿是当时的主要处理纠纷的方式。这种观点只能大致的或模糊的告诉我们法律制裁的原初形式存在赔偿这种方式。

曾经的法史学主流观点认为，复仇制才是最早的形式，接着复仇制让位于赔偿制，最后赔偿制虽为国家实现正义铺平了道路，但又被国家独占的刑罚制取代。那么在初民社会究竟是先存在复仇还是赔偿，抑或二者是并存的呢？

波斯纳从经济学的进路分析，认为对初民社会的不公行为的救济手段演化是从报复到赔偿。因为初民社会没有刑法，杀人或偷盗等行为被视为侵权，所以

---

❶ [奥]凯尔森.法与国家的一般理论[M].沈宗灵，译.北京：中国大百科全书出版社，1996：54.
❷ 邓子滨.法律制裁的历史回归[J].法学研究，2005(6)：69.
❸ 比如梅因引述了垦布尔(Kembles)的观点："根据盎格鲁—撒克逊法律，对于每一个自由人的生命，都可以按照他的身分而以一定金钱为赔偿，对于他身受的每一个创伤，对于他的民权、荣誉或安宁所造成的几乎每一种损害，都可以用相当的金钱为赔偿。"斯坦利·戴蒙德(Stanley Diamond)在《追寻原初》(In Search of the Primitive)一书中的观点也颇具代表性。他认为：如果强奸发生在传统的共有家庭的村落里，这种不当行为可以通过和解费（仪式化地给予受害方财物），通过涤罪仪式、嘲笑挖苦等形式予以解决，对于再犯者还可能放逐。传统上，在原始村落中的谋杀被看作是一种侵权——属于私人性质的可补偿的不当行为。冲突与不和通常总能通过和解费的形式加以消除。参见：邓子滨.法律制裁的历史回归[J].法学研究，2005(6)：69-70.
❹ 邓子滨.法律制裁的历史回归[J].法学研究，2005(6)：71.

侵权的最早救济在他看来是报复。由于报复常常会导致一种世族复仇,于是就产生了一种赔偿制度。由加害人或其亲属向受害人或其亲属支付血财、和解偿还或慰问金等。在开始接受赔偿只是选择性的,仍然有报复的权利,但后来就认为接受赔偿就不允许再报复,并形成一种习惯。波斯纳认为赔偿是一种比报复更为便宜的救济手段,因为赔偿涉及转移支付,不涉及摧毁某个人或他的财产。同时,波斯纳还指出伤害者及其亲属一定要有足够的、超过他们生存需要的大量物品,使他们能够支付自己伤害的其他人,否则的话赔偿制度就不可能运作。❶

然而威廉·伊恩·米勒在其《以眼还眼》一书中指出,法史学主流观点认为最早产生的是复仇制,这种观点是不能令人信服的。在他看来复仇和赔偿是并存的。事实上,血态复仇总是与以交付财产或类似货币的事物来替代流血从而偿还复仇者的方式并存。复仇是用血而不是用金钱来赔偿,但是血是一种金钱形式。❷ 同态复仇最有名的名言是"以眼还眼,以牙还牙"。但在米勒看来,同态复仇描述的是补偿原则和扯平原则,而不是复仇。因为"同态复仇的经典表述是可以铸造出一些钱币。它使眼睛转化为一种金钱形式,或者一种类似金钱的实物。"❸眼睛成为一种法定计量单位,因此履行一项金钱功能。为什么同态复仇的表述最后成为经典的"以眼还眼,以牙还牙",米勒认为眼和牙与身体其他部位不同在于可以分离出来,而且眼睛象征着最好及最尊贵的感官,牙也会影响人们的感官,所以牙紧随眼之后。❹ 米勒指出《圣经》并没有告诉我们眼睛和牙齿确实用来赔偿,它只是一条规则的陈述,人们想遵守但事实上从未遵守过这个规则。正如保罗·拉丁说:"以眼还眼的理论,对原始人而言从未真正实行过。相反,损害可以用赔偿金的形式加以替代。"❺在米勒看来,同态复仇反应的是两个规则:所有权规则和责任规则。他举例道:你一取走我的眼睛,你的眼睛随即就变成我的;现在我拥有了它的所有权。而且这种权利受到所有权规则的保护。由我来定价,而你将不得不同意我提出的条件以防我挖出你的眼睛。❻ 总之,在米勒看来,以眼还眼,以牙还牙的同态复仇体现了均等、平衡和精确的规则要点,也体现出现了公平补偿的普遍原则。所以,同态复仇中包含了两个方面:复仇和赔偿。

---

❶ 理查德·A·波斯纳.正义/司法的经济学[M].苏力,译.北京:中国政法大学出版社,2002:199.
❷ [美]威廉·伊恩·米勒.以眼还眼[M].郑文龙,廖益爱,译.杭州:浙江人民出版社,2009:32.
❸ [美]威廉·伊恩·米勒.以眼还眼[M].郑文龙,廖益爱,译.杭州:浙江人民出版社,2009:42.
❹ [美]威廉·伊恩·米勒.以眼还眼[M].郑文龙,廖益爱,译.杭州:浙江人民出版社,2009:38.
❺ [美]博西格诺等.法律之门[M].邓子滨译.北京:华夏出版社,2002:328.
❻ [美]威廉·伊恩·米勒.以眼还眼[M].郑文龙,廖益爱,译.杭州:浙江人民出版社,2009:67.

无论是邓子滨论述的在初民社会赔偿是制裁的主要形式,还是波斯纳论述的报复先于赔偿,再到米勒论述的赔偿和复仇并存的形式,都说明赔偿是法律制裁原初形式之一。

二、从复仇、赔偿到报应——赔偿的衰落

在初民社会,复仇和赔偿是制裁的两种形式。但是随着国家的兴起,一种与初民社会赔偿体制分立的国家惩罚体制建立起来。在初民社会像杀人、殴打、偷盗等行为被视为侵权或不法行为,而在国家惩罚体制下却视为犯罪行为。统治者为什么要把加害人对私人的暴力行为视为是对自己的冒犯?波斯纳基于经济学理论解释说,杀人或伤害减少了最高统治者从受害人那里可能征收的税入,因此给最高统治者增加了一种费用。最高统治者在他的臣民中有一种利益,而犯罪行为减少臣民财富的行为损害了这种利益,因此,最高统治者建立了一个刑事惩罚体系,作为内化这种外在性的一种方法。❶

在初民社会,复仇和赔偿没有国家权力保障实施,波斯纳指出,复仇和赔偿的实施,主要基于两种方法:一种是基因的。当一种毫不动摇的报复政策会增加信守这一原则者的适存性,通过自然选择,就会演化出无论侵略行为发生时的收益成本比而坚决报复的心理特征。另一种是文化的。即一个人依据社会对有种的人的赞赏,随时准备对哪怕是最轻微的触犯也予以报复。❷ 波斯纳认为,复仇和赔偿的问题主要不是在实施上,而是在复仇和赔偿的不相称和不正义上。在初民社会,因为受害人在复仇时总是希望足够威慑到加害人,复仇和赔偿会导致惩罚过度,出现了损害与惩罚不相称。如果受害人过度的报复,会导致加害人的反报复,而加害人的反报复则是不正义的。因此,由国家来进行惩罚,限制或禁止私人惩罚,我们称之为报应,即由报应替代了报复。报应是关注枉行者的,而报复关注受害人,且不论伤害的理由是什么,受害人可对加害人进行反击,因而报复很像是一种严格责任。波斯纳认为,在初民社会,由于四个因素导致了报复和赔偿是严格责任。首先是信息费用。在当时条件下,要确定过错,费用很高。其次是可避免的伤害与不可避免的伤害比率。第三是受害人自己避免事故的费用。严格责任把避免事故的费用完全转移到了潜在的伤害者身上了。第四是关系到保险对于伤害者和受害人的相对费用。严格责任使伤害者成了受害人的保

---

❶ 理查德·A 波斯纳.正义/司法的经济学[M].苏力,译.北京:中国政法大学出版社,2002:211.
❷ 理查德·A 波斯纳.正义/司法的经济学[M].苏力,译.北京:中国政法大学出版社,2002:217.

险人。❶ 可以说,在初民社会,严格责任极大地促进了受害人对加害人的报复,在当时条件下可能比过错责任更有效率。但是正是因为这种惩罚与责任的分离,导致了报复和赔偿的过度,以及出现了不正义,这也为报应替代报复准备了条件。因为报应强调了枉行者,要求惩罚枉行者时要基于责任,一般是过错责任,这就确保了惩罚的相称性和正义性。因为报应基于过错责任确保了惩罚的相称性,又因惩罚是由国家实施的,防止了枉行者的反报复。因此,复仇和赔偿向报应的转变,是从关注受害人向关注加害人的转变,是逐步从严格责任向过错责任的转变,也是从私力救济向国家的公力救济的转变。

在初民社会,私人的复仇和赔偿基于严格责任并且集中关注受害人的利益,导致了惩罚的过度和不正义。同时,国家基于经济的理由,认为犯罪行为也侵害了国家自身的利益,因为国家无法从其被侵害的臣民身上收税。最后国家限制或禁止私人之间的复仇,主张由国家独占刑罚惩罚权,实行报应主义。在报应主义下,刑事犯罪中赔偿变成了罚金,赔偿不是给予受害人,而是交给国家。当然如果受害人有损失的话,加害人也应当给予补偿,对受害人的赔偿成为刑事损害赔偿。

波斯纳从经济学理论解释国家取代私人报复是一种可信的进路,但在我看来,这种解释不够全面,国家还有基于政治和社会的目的而取代私人报复或复仇。在初民社会,责任是集体的,这个集体主要是亲属群体。因为在初民社会,有许多人可能因为贫穷,无法支付其加害行为导致的损害,因此,集体责任原则确保了在大部分情况下赔偿成为可能。但是在某些情况下,由于达不成协议,可能导致血族复仇、世代的复仇。在复仇的过程中,受害人既是裁判者又是执行者,往往会导致复仇的过度,表现出残酷的一面,即对无辜者的惩罚。这反过来又导致了对方的复仇。这种冤冤相报何时了的结局,对双方和社会都是不利的,这时需要一个中立的第三人来调停或制止这种冲突,国家恰当地扮演着这个角色。国家依据法律,来保障被害人的利益,满足被害人获得赔偿的愿望,同时国家也规范了赔偿的标准。如《阿奎利亚法》规定:凡不法杀害他人的男奴隶或他人的女奴隶或他人之四足牲畜者,须以被害物当年的最高价值向其所有主以金钱赔偿。

在国家形成之初,国家并没有限制或禁止私人之间的报复或复仇。比如我国春秋战国时期就是如此,"赵氏孤儿"就反映了这种的社会现象。但是私力救

---

❶ 理查德·A·波斯纳.正义/司法的经济学[M].苏力,译.北京:中国政法大学出版社,2002:206-207.

济已经不能同国家的公力救济相抗衡了。随着国家权力的进一步扩张,国家开始用法律的形式禁止私力救济。如商鞅变法中规定,"为私斗者,各以轻重被刑大小"。甚至韩非子认为"侠以武犯禁",是国家"所以乱"的最根本的因素之一,因此必须由王权予以严厉打击和禁止的行为了。❶ 在当时的统治者看来,私力救济流弊太多,影响社会秩序,所以应加以禁止。当国家垄断了惩罚权时,国家认为犯罪行为侵害的不是受害人的利益,而是国家的利益或公共利益,国家会依职权主动地追究犯罪行为人的刑事责任。对被法律定义为犯罪行为,是否起诉已经不取决于被害人的意志了,被害人沦落为证人和证据的提供者。在国家权力膨胀的过程中,国家取代被害人的地位,导致被害人的权利越来越不被重视,被害人的损害赔偿一定程度被忽视,即使有赔偿,也是补偿性的,并不能够真正地弥补被害人的损害。在刑事诉讼模式下,变成了国家与犯罪人之间的对抗,赔偿变成了罚金交给了国家,而不是受害人。

当国家形成后,法律表现为诸法合体、刑民不分,对于犯罪行为,一般由受害人提起,国家作为仲裁者的身份出现,受害人在诉讼中占据主导地位,其受到的损害,容易获得赔偿。但是当国家形成到集中专制的程度时,把犯罪行为认为是对统治秩序的侵害,国家取代受害人的地位,禁止私力救济,并对犯罪行为人提起公诉、处以罚金,这表明受害人在国家诉讼过程中被边缘化,国家主要关注行为人,预防行为人或社会其他人犯罪,而不是关注受害人的损害赔偿问题。因此,在国家报应主义下,对受害人的赔偿,出现了衰落。

三、赔偿在近代法律制裁中的复兴

从国家取代私人报复并逐步确立了对社会的绝对控制之后到启蒙运动之前,法律制裁的方式由宽和的赔偿走向了严酷的惩罚。惩罚越来越残酷,对一个人处以死刑,还要穷尽人类的想象,先对其极尽折磨一番,如活埋、活剥、凌迟等,以达到对犯罪行为人和潜在的犯罪者足够的威慑力。让我们来回忆一下福柯在其《规训与惩罚》一书的描述的场面:

1757年3月2日,达米安因谋刺国王而被判处"在巴黎教堂大门前公开认罪",他"乘坐囚车,身穿囚服,手持两磅重的蜡烛","被送到格列夫广场。那里将搭起行刑台,用烧红的铁钳撕开它的胸膛和四肢上的肉,用硫黄烧焦他持着弑君凶器的右手,再将熔化的铅汁、沸滚的松香、蜡和硫黄浇入撕裂的伤口,然后四

---

❶ 苏力.复仇与法律——以<赵氏孤儿>为例[J].法学研究,2005(1):66.

马分肢,最后焚尸扬灰。"❶

我们看到,在专制国家独占刑罚权下,对犯罪人的惩罚制造了无法忍受的痛苦,惩罚的目的已经不在于预防犯罪或保护个人,也不在于修复或弥合违法所造成的伤害,其目的在于维护国家利益,维护其统治地位。为了镇压反叛,肃清异己,统治者用残酷的刑罚来树立其权威,"用恐怖去压制人们的一切勇气,去窒息一切野心。"❷在这种残酷的惩罚下,既无法矫正违法者,又无法安抚和补偿受害人,只是有助于国家达到对臣民的统治。

自启蒙运动以来,要求改革残酷的惩罚呼声越来越高,出现了大量的哲学家和法学家主张惩罚的人道化,因为残酷的惩罚严重地侵害了犯罪行为人的人权。无论是主张报应还是主张功利的哲学家和法学家,都主张限制权力的滥用,用法律的原则来限制过度惩罚。如报应主义者康德主张惩罚的等量报应、黑格尔主张惩罚的等价报应,他们强调了正义的理念。功利主义者贝卡利亚提出了罪刑法定和罪刑相适应的原则,来限制国家的过度惩罚。经过启蒙运动中许多哲学家和法学家们的努力,国家惩罚出现了人道化的趋势。我们再来看福柯在著作中描述的自达米安案件20世纪80年代后惩罚方式的改变:

20世纪80年代后,列昂·福柯制定了"巴黎少年犯监管所"规章。……我们已经看到了一次公开处决和一份作息时间表。它们惩罚的不是同一种罪行或同一种犯人。但是它们各自代表了一种惩罚方式。期间相隔不到一个世纪。但是是一个时代。正是在这段时间里,无论在欧洲还是在美国,整个惩罚体制在重新配置。这是传统司法"丑闻"迭出、名声扫地的时代,也是改革方案纷至沓来、层出不穷的时代。当时出现了一种新的有关法律和犯罪的理论,一种新的关于惩罚权利的道德和政治论证;旧的法律被废弃,旧的惯例逐渐消亡……这是刑事司法的一个新时代。❸

福柯描绘的刑事司法的新时代是这样一个事实:"即在几十年间,对肉体的酷刑和肢解、在面部和臀部打上象征性烙印、示众和暴尸等现象消失了,将肉体作为刑罚主要对象的现象消失了。"❹虽然福柯指出从传统司法时代进入到一个刑事司法的新时代,在法律史学家们看来,是刑罚人道化的制度变迁的过程,但

---

❶ 米歇尔·福柯.规训与惩罚:监狱的诞生[M].刘北成,杨远婴,译.北京:生活·读书·新知 三联书店,2007:1.
❷ 孟德斯鸠.论法的精神(上册)[M].张雁深,译.北京:商务印书馆,1995:26.
❸ 米歇尔·福柯.规训与惩罚:监狱的诞生[M].刘北成,杨远婴,译.北京:生活·读书·新知 三联书店,2007:6-7.
❹ 米歇尔·福柯.规训与惩罚:监狱的诞生[M].刘北成,杨远婴,译.北京:生活·读书·新知 三联书店,2007:8.

是福柯并不认为这种转变表明惩罚的人道化,而只是国家权力技术学,国家以更隐蔽的方式进行社会控制的策略更新,是一种基于剥夺权利的经济学。在季卫东教授看来,福柯的目的是试图论证现代化既带来了解放也带来了规训和压抑;既增进自由,也强化监控和责任。总之,福柯是在解释刑罚在人道主义洗礼仪式之后,个人改造机制以铸造主体开始,以形成客体告终。❶ 但在我看来,福柯的观念显然过于超前,个人主体彻底的解放就是到今天21世纪仍然没有办法达到,何况在启蒙时期。因此,我们不能否定在启蒙时期刑罚人道主义的存在以及其后对刑罚改革的影响。

随着刑罚人道主义的到来,刑事惩罚开始关注犯罪行为人的矫正,同时也开始关注受害人的赔偿,而不再仅仅是国家利益问题。如边沁就强调了对受害人的补偿。他指出:"补偿是对遭受损害所做的补救,是一种有效的回复方式。一旦涉及犯罪,补偿则是由于对被害人的权益造成损害而给予等价赔偿。"❷ 再如意大利犯罪学家恩里科·菲利主张赔偿损失作为一种社会防卫措施,并且主张严格赔偿制度。他认为:"即使被害人未提起诉讼,检察官也应当代表官方要求并执行赔偿;法官在每一份刑事判决中都要确定损失;及时扣押和索取罪犯的财物以避免他假装没有赔偿能力;从有偿付能力的被告的薪金或工资中扣除全部或部分金额;对无力支付者实行强迫劳动;从罪犯在监狱中劳动所得的报酬中提出一定比例来赔偿被害者;将是否已经赔偿全部或大部分损失作为赦免和附条件释放的一个必要条件;建立罚金国库以便预付赔偿金给被害人家庭;确定罪犯继承人具有赔偿责任等。"❸加罗法洛与菲利一样表达了强制赔偿的观点。可以说,在19世纪,法学家们已经认为要对受害人给予赔偿,甚至是强制赔偿受害人。因此,我们说,赔偿在19世纪法学理论中得到了复兴。

随着赔偿在法学理论中的复兴,这种理念也得到了进一步的传播,同时一些关于刑事赔偿研讨的国际会议,进一步的深化了赔偿的探讨。而且一些保障受害人的立法在一些国家相继制定。如英国1964年制定的《英国刑事伤害补偿方案》、德国1976年制定的《被害人补偿法》等。特别是在20世纪70年代兴起的恢复性司法(修复性司法),更是加快了赔偿制度的复兴和发展。总之,出现于初民社会的赔偿方式,在集权专制下长期衰落,又在启蒙运动下复兴,在今天得到了成长壮大,有可能成为主导21世纪法律制裁的方式。正如邓子滨博士所说

---

❶ 季卫东:《规训与惩罚》简评,2005年11月10日,http://www.civillaw.com.cn/article/default.asp?id=23132,2015年10月22日访问。

❷ 吉米·边沁. 立法理论[M].李贵芳,等译.北京:中国人民公安大学出版社,2004:331.

❸ 恩里科·菲利. 犯罪社会学[M].郭建安,译.北京:中国人民公安大学出版社,1990:149–150.

法律制裁经历一个历史的归回。

第二节 刑事制裁的变迁与赔偿

在上一节中,描述了作为一种制裁方式赔偿的兴起、衰落和复兴的过程。我们看到,赔偿的变迁过程与刑事制裁的变迁过程有着密切的联系。在初民社会,由于把侵害行为视为是侵权或不法行为,而不视为犯罪行为,在这种情形下,赔偿成为在初民社会一种主要的制裁方式。随着国家的兴起之后,赔偿与刑事惩罚出现了一种此消彼长的发展过程,在很长一段时间里,国家主要用刑罚的方式来惩罚犯罪行为,赔偿被忽视或被边缘化。随着启蒙运动的到来,赔偿又重新受到了关注,要求对受害人的损失给予赔偿。在20世纪70年代,伴随着恢复性司法的兴起,赔偿在21世纪受到越来越多国家的关注,赔偿与刑罚并存的成为法律制裁的方式。

一、刑事制裁的变迁

(一)刑事制裁的轻缓化趋势

学者邓子滨认为法律制裁的变迁过程是从原初的宽和走向严酷,又从严酷转向轻缓。❶ 在我看来,这种法律制裁的历史回归的过程,比较符合刑事制裁的变迁过程。他论证道,在初民社会的赔偿既满足了被害人的复仇欲望,又弥合了被害人所受的损失。因此,赔偿是当时一种主要的制裁方式。当然赔偿并不否定其他惩罚方式,如放逐和扑挞。如蔡枢衡先生认为,我国原始社会惩罚违反风俗习惯行为的方法是扑挞和放逐。在三皇时代,没有肉刑和死刑,只是到了五帝时代的苗族才首创了肉刑并逐渐渗透给夏族。❷ 总之,在初民社会,不管是赔偿、放逐还是扑挞,惩罚一般是比较宽和的。在邓子滨看来,在国家成熟完善之前,尤其是远古时代,纠纷的解决以和解为惯例,以惩罚为例外。其原因有二:一是运用制裁尤其是惩罚性制裁需要强大、稳定的权力后盾,而当时的社会统治力量尚不具有这种权威性。二是初民社会经济不发达,而且人们的生产环境恶劣、人口相对稀少,生存具有重要的意义,制裁一般不会进行杀戮或残害,只有在敬

---

❶ 邓子滨.法律制裁的历史回归[J].法学研究,2005(6):68-73.
❷ 蔡枢衡.中国刑法史[M].南宁:广西人民出版社,1983:55.

神时才会用生命献祭。❶ 当国家成熟完善之后,形成了中央专制集权,国家为了维护其统治地位,独占了刑罚权,用刑罚的方式来控制社会,维持统治秩序。这个时候,赔偿就在刑事制裁逐步走向严酷的过程中被边缘化。国家基于社会的稳定,在一定的程度上也会要求犯罪行为人赔偿受害人,大多数情况下,赔偿作为罚金交给国家。在国家独占刑罚权的时代,严酷的肉刑大行其道,对犯罪行为人进行残酷的伤害。这种方式只能显示国家的权威性和达到威慑目的外,对犯罪人、受害人和社会都不利。在欧洲,随着启蒙运动到来,国家的刑罚才开始从严酷转向轻缓,由残酷的肉刑变成了自由刑,同时,赔偿也开始复兴。在我国,自唐以来,一直沿袭着笞、杖、徒、流、死五种刑罚体系,直到清末沈家本改革才彻底完成了从肉刑中心向自由刑中心的过渡,实现了中国刑罚体系的近代化。❷ 到了现代,对犯罪人的自由刑已经发展到了保安处分、社区矫正等刑事制裁方式。接下来具体论述刑事制裁体系的近现代的变迁。

(二)刑事制裁的权力经济学与刑罚的轻缓化

葛磊博士在其博士论文《刑事制裁体系近现代史纲》中具体描述了刑事制裁近现代的变迁过程。他把刑罚由严酷转向轻缓化界定为刑罚的进化。他认为近现代刑事制裁体系主要有三种进化。一是从严酷的肉刑向监禁刑为中心的转变;二是保安处分的形成;三是社区矫正的形成。

他认为由肉刑向监禁刑的转变,是一种从身体到灵魂的技术。这也是他为什么不说刑罚的轻缓化而是刑罚进化论的原因。他认为人不仅有肉体而且还有灵魂,因此在监狱里,犯罪人在一个密闭的空间里面,身体受到反复操练,同时还要在规训之中反复地受到良心的自我谴责,虽没有肉刑下的残酷和血腥,但却有无形机制无所不在的监视和内心的苦苦折磨,这是一种不仅作用于身体的惩罚,更是触及人的心灵的惩罚。在我看来,葛磊借用了福柯的理论,来解释这种变化,与福柯一样,抓住惩罚本质没有改变这个事实,认为这种转变不一定意味着刑罚法人道化。

与监禁刑不同的保安处分的形成,也是刑罚的一种进化。曲新久教授认为,"一般来说保安处分是指为了保护社会安全,对具有犯罪或类似犯罪的反社会行为危险性的人或物采取的刑罚以外的预防性措施。"❸ 可以说,保安处分的目的不是为了惩罚和威慑犯罪,而是为了社会安全,实现个别预防。因此,保安处

---

❶ 邓子滨.法律制裁的历史回归[J].法学研究,2005(6):70.
❷ 蔡枢衡.中国刑法史[M].南宁:广西人民出版社,1983:95.
❸ 曲新久.刑法的精神与范畴[M].北京:中国政法大学出版社,2003:372.

分不具有道德性,不像报应主义那样基于责任,而是基于犯罪行为人的人身危险性。因基于人身危险性又导致了保安处分具有不确定性,这个不确定性表现为期限的不确定性和措施的不确定性,对罪犯的矫正什么时候达到了目的什么时候就终止,对罪犯采取的措施根据罪犯自身的情形而有所不同。在葛磊看来,保安处分的根本原因在于垄断资本主义政府需要一种比监禁刑更方便、有效地实现社会控制,并且能够维系着对人改善的乐观信心和满足虚幻的人权保障欲望的刑事制裁措施。❶他认为保安处分与监禁刑一样,并不是人道化的表现,它貌似轻缓和人道,但它仍然是对人的身体和心灵构成双重折磨。

保安处分在大陆法系国家兴起并逐渐发展,然在英美法系国家形成了另外一种刑事制裁方式即社区矫正。社区矫正是以个别预防或至少是以个别预防为刑罚目的,矫正犯罪行为人心理和行为恶习、防止其再犯为首要目的,以其人身危险性为适用标准。缓刑、假释和暂时监外执行是其基本适用措施。社区矫正其好处在于可以减少累犯、节省社会财政资源和减少监狱的罪犯人数。但是在葛磊看来,社区矫正的产生和发展是现代规训社会中宽严两分的刑事政策的必然产物,是国家在无力独自承担犯罪控制的情况下必需的一种维持社会正常运转的权力技术实现方式。❷监禁刑强调了刑罚严厉一面,而社区矫正与情境控制强调了刑罚宽松一面,二者在刑罚体系中构成互补,社区矫正并不是要完全替代监禁刑,而只是在一定领域内的替代。社区矫正虽然具有非监禁刑、行刑社会化和非惩罚化特征,但是本质仍然是一种社会规训机制,它把罪犯不是放在监狱而是社区,且把与罪犯有关联的群体连接起来,因此表现得更加隐蔽、宽和、有效,更符合时代的需要。

总之,葛磊在其论文中采用福柯的进路指出,监禁刑取代酷刑,保安处分的兴起以及后来的社区矫正的产生,如福柯所说,是权力技术和知识不断完善和自我复制的具体表现,而不是刑罚的人道化。事实上,在人道主义、人权、公正等美丽外衣下,国家通过规训的机制对社会的控制日趋严厉。社会化无非是为了节约国家资源,轻缓化无非是为了更加经济。❸

(三)对刑事制裁变迁的评价

关于刑事制裁是否变得人道化(轻缓化),涂尔干与福柯早有争论,涂尔干认为压制性制裁向恢复性制裁的转变,是社会分工的结果,也是文明进步的表

---

❶ 葛磊.刑事制裁体现近现代史纲[D].北京:北京大学,2007:37.
❷ 葛磊.刑事制裁体现近现代史纲[D].北京:北京大学,2007:104.
❸ 葛磊.刑事制裁体现近现代史纲[D].北京:北京大学,2007:138.

现。后来人们就认为这种制裁样式的转变是由严酷向人道化的转变。而福柯则认为这不过是权力策略使用得更隐蔽和更有效的缘由,其惩罚的本质没有改变,仍然是一种对人的规训和控制。邓子滨认为法律制裁是一种历史的回归,即由宽和到严酷再到轻缓的过程,而葛磊却表达了与福柯同样的看法,不认为是刑事制裁的人道化。

福柯描述了酷刑的衰落和监狱的诞生,表明严酷的肉刑向自由刑的转变。葛磊在其博士论文中接着福柯的描述,把刑事制裁的变迁推进到现代,他不仅描述监禁刑为中心的刑事制裁体系,还描述了部分替代监禁刑的保安处分和社区矫正的形成。正如福柯看到的一样,保安处分和社区矫正,都没有改变刑事制裁的本质,规训和社会控制,只是如涂尔干所说是刑事制裁样式的改变,因此,刑事制裁变得人道化或轻缓化,这个结论很容易引起争议。

按照福柯的政治观点,即视惩罚为权力技术,保安处分和社区矫正确实仍然是在国家权力掌控之下,对犯罪行为人的惩罚只是权力策略更有效和更经济的使然。就保安处分和社区矫正而言,它们都是国家为了社会安全,达到对罪犯的个别预防之目的,部分采取的替代监禁刑的刑事制裁措施。表面上看似对犯罪行为人有利,当然在一定程度上确实体现出了有利于犯罪行为人的一面,如缓刑、假释和监外执行这些措施。相比监禁刑,犯罪人都愿意接受这些方式。但是按照福柯的思想进路,保安处分和社区矫正中犯罪行为人仍然是国家规训的"客体",而不是"主体"。对于被国家视为犯罪的人或者是有危险性的人,是在精神病院接受治疗还是在社区接受矫正,主要还是国家说了算。比如在我国地方政府为了"维稳"把上访者送进精神病院。如 2003 年 10 月,河南农民徐林东因为替同村残疾人伸张正义而不断赴京上访被河南省漯河市有关部门"以组织的名义"送进精神病院,接受了长达 6 年半之久的强制性治疗。[1]

保安处分和社区矫正都是功利主义的表现,忽视了责任这个基本前提,正如康德批判功利主义那样,把人视为工具,而不是目的,这与福柯所认为的人仍然是规训的"客体"是一样的。其实葛磊描述刑事制裁的变迁过程并不完整,在当代的刑事制裁已经发展到了犯罪人与被害人和解的程度,出现了恢复性司法,在犯罪人与被害人和解或恢复性司法中,赔偿在刑事制裁中起着重要的作用。也就是说,赔偿作为刑事制裁的一个范式在当代重新复兴,因为在初民社会,赔偿就是一种主要的制裁方式。就目前而言赔偿部分地替代了监禁刑,在未来有可

---

[1] 详细事件见《谁把上访者送进精神病院》,2010 年 6 月 17 日,http://news.163.com/10/0617/07/69C4UKK3000146BD.html,2015 年 10 月 25 日访问。

能成为一种主要的制裁方式。赔偿不同于保安处分和社区矫正:其一,赔偿主要是向后看,基于责任,因此限定了国家把人当作工具的可能,强调了康德所说正义的理念。其二,刑事法律中的赔偿强调了双方当事人的自治,由双方当事人主导刑事司法的过程,国家隐藏在这个过程中,保证双方当事人达成的协议在合法的情况下得到实现。也就是说,国家不再是这个过程中的主导者,而是协调者和保障者。其三,赔偿的人际性和关联性,也可以在很多方面做到保安处分和社区矫正达到的效果。如在赔偿的过程中,可以把社区纳进来体现社区的要求或宣泄社区的不满。可以说,保安处分和社区矫正主要是以行为人为导向的,关注的是行为人的改造和特别预防,而忽视了受害人。在赔偿范式下,是以受害人为中心的,弥补了受害人的损失,同时也兼顾了加害人和社区各自的利益,又由于由双方当事人主导刑事司法过程,国家不再像以前那样成为主导作用,个人才真正地成为社会的主体,而不是国家规训的"客体"或工具。在赔偿范式下,个体得到了解放。

邓子滨认为法律制裁由严酷的肉刑转向自由刑,体现了法律制裁的人道化或轻缓化(主要是刑事制裁的人道化),而这种人道化在福柯看来,只是刑事制裁样式看似温柔的表象,惩罚的本质没有改变,人仍然是规训的"客体"。但是在我看来,刑事制裁样式逐步变得温柔也是惩罚的人道化或轻缓化的表现。如死刑,从严酷时代的五马分尸、凌迟到现代的枪决和注射,哪怕没有改变惩罚的本质也仍然被千百万人认为是一种人道化的表现。惩罚的人道化或轻缓化,其参考点是多元的,其中基于当时人民大众的普遍认识也是一种可行的标准,而不能仅仅以惩罚的本质是否改变为唯一标准。如果按照福柯认为惩罚本质的改变来判断是否人道化或轻缓化,那么我认为赔偿一定程度上是一种对人的解放,也一定的程度上意味着惩罚本质的改变,也就是说,在刑事法律中的赔偿的复兴,才真正地使得刑事制裁人道化或轻缓化成为现实。

二、刑事制裁人道化/轻缓化的原因

(一)涂尔干的道德解释

对刑事制裁的人道化和合理化的原因,涂尔干给予了道德解释。在《社会分工论》一书中,涂尔干问道:在现代发展中变得愈益自由和独立的个体如何能同时更加紧密地与社会联系起来? 也就是说如何防止社会不分裂,继续维持它的凝聚力和团结? 他指出人类社会有两种凝聚的形式:一是机械的团结。这种团结存在于结构简单的生活关系中,凝聚的依据是集体之间的共同信念和行为模式,即集体意识,这种集体意识将社会成员相互联系起来。这种团结是基于人的相似性,很少具有个性的行为。二是有机团结。这种团结与社会分工相适应,基于人的相异性,个人依赖于社会的各个组成部分,集体意识淡薄,社会中的每个成员具有完全不同的功能,并享有充分发展其个性的自由。在涂尔干看来,在每个社会中都可找到这两种凝聚方式。不过,随着历史的发展,机械团结逐步让位于有机团结。他认为法律是社会团结的最重要的外在形式,因此,为了与社会的两种团结相适应,也相应地存在着两种形式的法律,一是压制性法律,二是恢复性法律。前者与压制性制裁相联系,压制性制裁又与机械团结相对应,它将带给违法者痛苦和损失,重在惩罚。后者与恢复性制裁相联系,恢复性制裁与有机团结相对应,它建立在恢复损失或事物原状的基础上,重在协商。当机械团结让位于有机团结时,法律制裁就由压制性制裁转向了恢复性制裁。❶ 涂尔干论证了用外在的制裁形式可以维持社会团结或合作,他的这一理论在阿克赛尔罗德的著作《合作的进化》中被证实。

当由压制性制裁转向了恢复性制裁,就说明残酷刑罚的衰落和出现了严酷肉刑转向了监禁刑。涂尔干指出主要原因:一是社会的分工导致了人们之间的相互依赖,这种相互依赖关系保证了社会团结。由于社会分工,出现了专业化的趋势,专业化促使了社会个体之间相互依赖,并迫使个人遵守大量的普遍规则。保证社会团结的手段不再是对个人采取直接的强制手段,如在压制性制裁下的酷刑,而是为社会分工设定的游戏规则,组织引用这些规则,和保障它们被遵守。❷ 二是国家由专制走向有效限制。在涂尔干的意识中,与埃里希一样,把国家的作用放在阴暗之中,所以,在他的理论中,国家也应该受到规则的制约。一个国家统治越专制,惩罚越残酷,当一个国家受到制衡或有效限制时,惩罚变得温和。因此,依据规范裁决的普遍化,也使得惩罚轻缓化或人道化。三是集体意识的弱化。波斯纳指出在初民社会责任一般是集体的。其实在国家产生后至启蒙运动以前,责任也主要是集体的。如在中国封建社会时期,责任是集体的,主要表现为家庭承担责任,所以在中国封建社会"家庭"才是规训主体。在古代社会集体意识较强,犯罪被认为是对集体的犯罪行为,集体的愤恨越强,惩罚越严厉。但是随着经济法发展,社会分工越来越精细,个体从集体中独立出来,虽然人与人之间的相互依赖没有减弱,但已经不是从前那种依附于熟人社会的那种集体了,而是单个的个体之间的相互依赖,集体意识减弱,犯罪被认为是对个人的犯罪行为,因而惩罚就变得温和起来。

---

❶ [法]涂尔干.社会分工论[M].渠东,译.北京:生活·读书·新知 三联书店,2008.
❷ [德]托马斯·莱塞尔.法社会学导论[M].高旭军,等译.上海:上海人民出版社,2008:62.

涂尔干是从集体利益的进路来解释法律制裁制度的变迁(主要是刑事惩罚制度的变迁)。集体利益是解释制度变迁的经典学说,当在强调国家和社会利益时,对违法者的惩罚一般比较重,当在强调是个人利益时,惩罚比较轻些。涂尔干把刑事制裁的人道化看成是社会分工的结果。涂尔干正确地揭示了在18—19世纪,法律制裁的变迁规律,由酷刑向监禁刑转向,体现了惩罚人道化转向,对这种变迁的原因解释也是合理的。当然制度的变迁不仅仅只有涂尔干解释的一种说法,还有其多种原因合力共同导致了刑事制裁人道化或轻缓化的转向。

(二)信念的改变导致刑事制裁的变迁

人们信念的改变也是刑事制裁变迁的原因。如经济学家丹尼尔·W. 布罗姆利认为制度是人类有益的创造,观念的改变是制度变化的"目的因"。他认为前瞻意志确定了个人选择和行动的主题。❶ 如果个人在选择的过程中必须既要处理目标,也要处理手段,那么参与集体行动的群体也必然如此。❷ 也就是说,目的是人类行动的理由,制度的变迁基于信念的变迁。当统治者或人民认为未来用监禁刑替代现在严酷的肉刑会更好,那么这种转变就有可能发生。可能开始的时候这种前瞻意识只是在一部分人(主要是精英们)的观念中,并形成一种价值信念,一旦这种价值信念被广泛传播,被普通大众接受,就成为一种共识信念,这时转变就一定会发生。如在启蒙运动中,哲学家和法学家们极力地传播对犯罪行为人的人权保护,并形成一种价值信念,慢慢地这种价值信念又被大众接受,成为共识信念,于是在刑事制裁中就规定了对犯罪人的人权保护内容。如我们认为保安处分和社区矫正部分替代监禁刑会更好,一旦这种意识形成共识信念,那么就意味着刑事制裁会发生变迁。如果我们基于未来看现在,认为赔偿替代监禁刑会更好,同样如此,刑事制裁也会跟着发生变迁。

社会经济的发展和信念的改变导致了法律制裁的变迁,也促使了刑事制裁的人道化或轻缓化。而最能体现刑事制裁的轻缓化的是赔偿范式,为什么赔偿会在20世纪末受到越来越多的关注?经济的发展和信念的改变也是赔偿得以复兴的原因,但这两个因素比较宏观,现从微观基础来寻找赔偿得以作为部分替代监禁刑的原因。首先,国家独占刑罚权与受害人权利之间的紧张冲突。在国家独占刑罚权的情况下,无论国家是基于报应还是威慑,都是从犯罪人的立场来

---

❶ 前瞻意志就是指从未来思考现在。
❷ [美]丹尼尔·W 布罗姆利. 充分理由——能动的实用主义和经济制度的含义[M]. 上海:上海人民出版社,2008:27.

理解刑罚的作用,所考虑的是国家与犯罪人之间的关系。从受害人的角度看,不管是监禁刑、保安处分还是社区矫正,或法定起诉、缓刑、假释等,都是以行为人为中心,无法带给受害人利益损害实质的补偿,甚至还会抑制或排挤犯罪人对受害人的补偿之意。[1] 其次,修复主义的新发展,由对犯罪人的修复转向对受害人的修复。传统的修复主义,主要关注对犯罪人的修复,防止其再犯。在传统修复主义下,犯罪人被认为是"病人",因此需要"治疗",而不是惩罚,这对犯罪人的好处是避免贴上犯罪标签,有利于再社会化。在刑事制裁越来越人道化或轻缓化的过程中,犯罪人倒成了被关注和同情的对象,而真正的受害人却被忽视了。因此,在20世纪中期,出现了受害人学,受害人学认为犯罪是基于犯罪人和受害人之间的互动形成的,二者都是与犯罪密切相关的一方当事人,应该受到刑事法学的同等关注。在受害人学的影响下,出现了新修复主义,主张受害人的损害首先应该得到补偿。第三,赔偿受害人实现了和解,消除了对立。在赔偿范式下,受害人参与到诉讼程序中,赔偿由双方主导进行协商并达成和解,这样消除了双方在国家独占刑罚权下的对立。通过赔偿受害人,使受害人从心灵上沉重的被害负担中解放,亦有助于提升犯罪人的内在自省。正如安德鲁·卡门所言:"获得赔偿是令人抚慰的,复仇是甜蜜的。"[2]通过赔偿让受害人得到抚慰,也间接地实现了复仇。对犯罪人而言,通过赔偿显示悔罪表现。如加罗法罗所言:"赔偿损害最能作为犯罪人悔罪的指标。"[3]

三、刑罚与赔偿的关系之实证——以我国的"赔偿减刑"现象为例

我国近年来出现了"赔偿减刑"的现象,并且这种现象在法院有推广之势,受到广泛关注,也引起民众的质疑。本节将利用刑事制裁的人道化和赔偿理论之间的关系对此现象加以解释,以论证"赔偿减刑"现象是合理的。

(一)"赔偿减刑"现象

"赔偿减刑"在我国不同地区的法院或明或暗的实践着,明的是说有的法院打着试点或实践探索的口号,在法院司法实践中对赔偿的犯罪人酌情减轻刑罚,如广东东莞市的中级人民法院和山东日照市中级人民法院就是这种探索先锋。还有许多地方的法院虽然没有明确表示他们在司法实践中践行"赔偿减刑",但是在暗地里也会对一些案件中赔偿的犯罪人予以减刑。在这里引用一名基层人

---

[1] 王皇玉.刑罚与社会规训[M].中国台湾:元照出版公司,2009:52.
[2] 侯雪.刑事损害赔偿法律制度研究[D].长春:吉林大学,2010:13.
[3] [意]加罗法洛.犯罪学[M].耿伟,王新,译.北京:中国大百科全书出版社,1996:384.

民法院刑事审判庭法官的硕士论文来说明"赔偿减刑"现象在法院的存在,该论文是基于他所在市的两个基层法院2002—2006年间判决的397个刑事附带民事案件为例,考察了民事赔偿对刑罚适用造成的影响。

通过对397个案例进行比较和分析后,他指出:①在相似案件不同被告人的刑罚适用中,首先,对被害人进行赔偿的案件判处非监禁刑或适用缓刑的比例大大高于没有对被害人进行赔偿的案件。其次,判处监禁刑的被告中,对被害人进行赔偿的案件量刑明显偏轻,没有对被害人进行赔偿的案件量刑明显偏重。第三,当有自首、立功、累犯等法定量刑情节时,是否对被害人进行赔偿对刑罚适用的影响更加突出。❶ ②对同一案件不同被告人刑罚适用中,赔偿受害人的犯罪人比没有赔偿的犯罪人的判决轻。他认为在同案犯中,由于共同犯罪人在案件中的作用不同或其他适用因素,导致有时无法量化赔偿是否影响了刑罚判决,但是他认为从上诉率可以间接的证明,赔偿的犯罪人要比没有赔偿的判决轻。因为赔偿的犯罪人上诉率低,而没有赔偿的犯罪人上诉率明显高于前者。❷ ③对同一案件同一被告人刑罚适用中,在二审中因赔偿导致改判率要大于没有赔偿的改判率,当然因赔偿而改判一般来说刑罚会降低,没有赔偿的犯罪人在无其他情节下一般会维持原判。❸ 通过这三个方面的比较分析,他得出结论,对被害人进行民事赔偿这一酌定情节对刑罚适用的影响极大,很多时候甚至超过了自首、立功、累犯等法定情节对刑罚适用的影响,而且当民事赔偿与其他法定量刑情节并存时,这种影响更加巨大。❹

上述论证赔偿对刑罚的影响的案件,我们一般人可能看不到,需要通过调研的方式才能获得。现在我们再看看大家能够在新闻上看到的案件。如胡斌案、孙伟铭案和李启铭案,❺这三起案件,都出现了被告人事后支付受害人家属较高

---

❶ 陈至求.论民事赔偿对刑罚适用的不当影响及其对策——以湘潭市区基层法院2002—2006年判案为例[D].湘潭:湘潭大学,2007:5.
❷ 陈至求.论民事赔偿对刑罚适用的不当影响及其对策——以湘潭市区基层法院2002—2006年判案为例[D].湘潭:湘潭大学,2007:5-6.
❸ 陈至求.论民事赔偿对刑罚适用的不当影响及其对策——以湘潭市区基层法院2002—2006年判案为例[D].湘潭:湘潭大学,2007:7.
❹ 陈至求.论民事赔偿对刑罚适用的不当影响及其对策——以湘潭市区基层法院2002—2006年判案为例[D].湘潭:湘潭大学,2007:2.
❺ 胡斌案和李启铭案的案情,在前面注释里已经列举了,在此不再列举。孙伟铭案的案情,2008年12月14日,孙伟铭无证醉酒驾车,发生碰撞事故后逃逸,造成四死一伤,法院一审以危险的方法危害公共安全罪判处死刑。孙伟铭不服提起上诉,在上诉期间,孙伟铭父亲集资百万赔偿受害人家属,获得谅解,二审改判为无期徒刑。《孙伟铭醉驾改判无期始末》,2009年9月10日,http://focus.news.163.com/09/0910/13/5IRRDF6S00011SM9_2.html,2015年10月25日访问。

赔偿,而法院据此减轻量刑的情况。而且在我国还出现了以民事赔偿来限制死刑的适用。如赵秉志教授就认为民事赔偿作为酌定量刑情节,来限制死刑的适用有着重要的意义,不仅有理论支持,还有法律依据,而且实践中也存在这种现象。❶ 如在胡斌案后,浙江省高级人民法院出台了关于审理交通肇事刑事案件的若干意见,认为民事部分的及时足额赔偿,一般应该在量刑时有所体现,酌情予以从轻处罚,以最大限度地化解矛盾,促进和谐。❷

(二)关于"赔偿减刑"现象的争论

赔偿减刑反映了赔偿和刑罚两种法律惩罚形式之间的关系,赔偿部分替代或减轻了刑罚。这种现象在现实中和理论中都出现了争议。在现实中,广大民众认为赔偿减刑有花钱买刑之嫌,还可能导致腐败,所以反对这种做法。就胡斌案、孙伟铭案和李启铭案而言,都因为赔偿因素在减刑中起了重要作用,遭到广大网友的质疑。从网易和新浪网的调查来看,大部分民众对这种方式持反对的态度。在理论上,目前赞成的比较多,但也有反对的声音。也就是说,法学专业人士比较认可赔偿减刑的做法,但是公众对这种做法存有质疑:第一,"赔钱减刑"客观上有利于富人而不利于穷人,因而是不公平的;第二,从后果上看,"赔钱减刑"将激发更多的犯罪,造成社会危害;第三,法院可能因此滋生司法腐败。❸ 在理论上的反对意见:第一,冲击刑法目的。刑法的目的在于惩罚犯罪,保护人民,而赔偿则对这两个目的产生了冲击;第二,违反刑法的基本原则。即违法了罪刑法定原则、适用刑法人人平等原则和罪责相适应原则;第三,干扰了司法对立。赔偿减刑可能为某些部门和个人干涉司法提供方便之门、被告人可能以赔偿作为要求从轻的砝码和被害人恶意报复的借口。❹

从目前民众和理论上的反对意见来看,并没有真正的驳倒赔偿减刑。就民众担心的问题来看,如赔偿可能导致不公平、腐败甚或激发更多的犯罪等,其实大卫·鲍尼因在探讨赔偿理论时,就已经考虑到这些问题了,它用归谬法论证了在报应、威慑下同样存在这些问题。就以刑罚为例,有钱人在犯罪后比穷人犯罪后逮捕或审判的概率要低,即使被逮捕和审判也在很多情况下也比穷人更有机会获得保释、轻判,就算最后被投入监狱,也会享受不同的待遇。赔偿减刑在理

---

❶ 赵秉志,彭新林. 论民事赔偿与死刑的限制适用[J]. 中国法学,2010(5).
❷ 《浙江省高级人民法院关于审理交通肇事刑事案件的若干意见(浙高法 < 2009 > 282 号》,2010 年 6 月 25 日,http://wenku.baidu.com/view/8420cb8583d049649b665834.html#,2015 年 10 月 25 日访问。
❸ 陈硕. "赔钱减刑"的激励机制[M]//苏力. 法律和社会科学(第五卷). 北京:法律出版社,2009:30.
❹ 陈至求. 论民事赔偿对刑罚适用的不当影响及其对策——以湘潭市区基层法院 2002—2006 年判案为例[D]. 湘潭:湘潭大学,2007:8 - 15.

论也会获得了支持,如陈光中先生认为刑事和解为我国目前刑事司法改革提供了一种崭新的思路,而中西和谐文化传统的交融、被告人与被害人主体地位的回归、罪刑法定和罪刑相当原则从绝对到相对的理论转变,为刑事和解在中国提供了理论依据。❶ 赔偿减刑的一个目的就是促使双方的和谐或和解,所以,陈光中先生论述的刑事和解的理论依据也适用赔偿减刑。赵秉志教授也认为赔偿减刑有理论依据,一是积极进行民事赔偿反映了被告人有一定的悔罪表现,表明其人身危险性有所降低;二是积极进行民事赔偿也在一定程度上减轻了犯罪行为对于社会的危害;三是积极进行民事赔偿具有重要的刑事政策意义。❷

可以说上述支持赔偿减刑的理论主要是部门法理论,特别是刑法理论。但是在戴昕看来,这些研究尚未提出解释力较强的理论框架,未能对赔偿与刑罚之间的关系做进一步理论化处理。❸ 于是他基于法律经济学的威慑理论,对赔偿与刑罚之间的关系进行了论证。从法律经济学的进路论证赔偿减刑的合理性,可以从两个方面加以论证,一是刑罚在一定程度上需要赔偿予以激励;二是赔偿需要刑罚威慑补充。这两个方面的结合,形成了刑罚与赔偿关系一个完整的理论框架。

一是刑罚需要赔偿激励。在中国当下司法语境中,一个比较大的问题就是执行难,在刑事附带民事赔偿中,对受害人的赔付执行率低。原因是多方面的,首先是犯罪人在自己被判刑后,对赔付有抵触情绪,虽然有部分人会因自己的罪行忏悔并愿意赔偿,但是也有部分犯罪人,在面对刑罚和赔偿时,不忏悔自己的罪行及努力做出赔偿,反而对刑罚产生恨,因此抵制赔偿。其次,由于信息不对称导致的刑事附带民事赔偿执行难。加害人在刑事附带民事赔偿时,犯罪人可能故意隐瞒自己的财产导致无法执行,或者自己本身就没有财产赔付,这些信息法院和受害人很难确切获得,这就导致了法院执行能力差。在犯罪人有抵触情绪和法院信息不对称的情况下,赔偿减刑是一个很好的激励机制。它可以消除犯罪人的抵触,犯罪人会积极寻求赔偿获得减刑的机会。❹ 正如张维迎所说,法律实际上是一种激励机制,它通过责任的配置和赔偿(惩罚)规则的实施,内部化个人行为的外部成本,诱导个人选择社会最优的行为。❺

---

❶ 陈光中,葛琳.刑事和解初探[J].中国法学,2006(5):3.
❷ 赵秉志,彭新林.论民事赔偿与死刑的限制适用[J].中国法学,2010(5):54.
❸ 戴昕.威慑补充与"赔偿减刑"[J].中国社会科学,2010(3):128.
❹ 陈硕."赔钱减刑"的激励机制[M]//苏力.法律和社会科学(第五卷).北京:法律出版社,2009.
❺ 张维迎.作为激励机制的法律[M]//张维迎.信息、信任与法律.北京:生活·读书·新知 三联书店,2006:77.

二是赔偿需要刑罚威慑补充。戴昕律师认为,威慑是法律的重要功能,法律试图威慑一个行为,是因为该行为带来了社会损失,通过威慑该行为,损失得以避免。威慑的目的是为了增进社会整体福利,因此对法律威慑进行评价要看对行为的威慑效果和威慑效率两个方面。❶ 他认为民事侵权中的赔偿在民事领域是具有威慑效果和威慑效率的,特别是具有威慑效率。用赔偿方式解决社会纠纷,这种方式社会成本小,这也就是为什么侵权法中赔偿作为一种主要纠纷解决方式。但是侵权赔偿主要是以补偿为原则,以惩罚为例外,同时有一些犯罪行为基于侵权法是无法用赔偿责任对特定行为实现威慑的。如犯罪人无力赔偿或犯罪人是亿万富翁有足够的能力赔偿,这就出现了资产不足和威慑不足。当两者任一存在时,法律都需要刑罚来对赔偿的威慑效果实现必要的补充。❷ 可以说戴昕从法律经济学的进路很有力地论证了刑罚与赔偿之间的关系,即通过刑罚补充赔偿的威慑力,是很有说服力的。

我们发现刑罚需要赔偿激励和赔偿需要刑罚威慑补充在论证刑罚与赔偿的关系时,都是单向度的。刑罚需要赔偿激励,即赔偿作为一种激励机制,是假定在我国现行法院执行能力差的基础之上,一旦我国解决了信息不对称问题,赔偿作为激励机制的效果会减弱。但是在我国现行阶段,赔偿作为激励机制,赔偿减刑是具有现实意义和合理性的。因此,把二者结合起来,就使得刑罚与赔偿在功能上统一起来。这也是从法律经济学的进路完整地解释了刑罚与赔偿的关系。

(三)对"赔偿减刑"的评论

1."赔偿减刑"是我国刑事制裁轻缓化的表现

"赔偿减刑"为什么会产生如此大的争议,一个很重要的原因是赔偿作为犯罪行为的制裁方式似乎太轻了,没有威慑力。这恰恰证明了赔偿作为一种惩罚方式体现了刑事制裁的轻缓化或人道化。人们反对"赔偿减刑"其实说明刑事制裁的轻缓化的理念在我国没有被普遍接受。为什么法学专业人士赞同"赔偿减刑"而普通大众反对?其中的原因就是我国法律精英们认同并想推动刑事制裁的轻缓化。

如近年来我国法学家们极力推动减少死刑甚至最终废除死刑,但在目前现实情况下,废除死刑可能存在困难,于是专家们提出减少死刑罪名,进而限制死刑的适用。2011 年 5 月 1 日实施的我国刑法修正案(八)首次取消 13 个死刑罪名,相当于我国现行刑法死刑罪名的 1/5,使我国死刑罪名减少至 55 个。2015

---

❶ 威慑效率表现为两种标准:一种是成本最小化标准;另一种是威慑的收益大于其成本。
❷ 戴昕. 威慑补充与"赔偿减刑"[J]. 中国社会科学,2010(3):130 – 131.

年8月29日全国人大常委会通过了我国刑法修正案(九),该修正案再减少9个适用死刑罪名,使得死刑罪名减至46个。早这两个修正案之前,在我国法院中就存在用民事赔偿的方式来限制死刑的适用。如在2007—2008年,由重庆市人民检察院办理的死刑二审上诉案件中,因被告方赔偿而改判的案件,就占死刑二审上诉改判案件的57.89%。在因被告人方赔偿而改判的死刑案件中,由死刑立即执行改为死刑缓期执行的占到63.64%。❶ 可以说在法学理论界和司法实践中正在悄然地进行刑事制裁的轻缓化的探讨和改革。由于民众受到长期的重刑思想的影响,在目前还无法接受废除死刑或用赔偿替代监禁刑。就我国刑法修正案(八)和(九)来看,在一些主要网站上网友对这两个修正案进行诸多评论,占绝大对数人反对这种减少死刑的做法,甚至带有讽刺的评论,认为这是为贪官污吏减轻罪责"修正案"。因此,在我国民意中有着重刑思想,用赔偿替代刑罚,甚至废除死刑,在观念上和现实中都难以行得通。赔偿减刑是目前状态下的不得已的一种折中,所以,在赔偿受害人并可能得到受害人原谅的基础上,减轻刑罚,是当前情势下的可行性和最优性的方式。

2."赔偿减刑"体现了报应、威慑、修复的综合

反对"赔偿减刑"的人主要强调了刑罚的威慑,而忽视了其他三个惩罚正当性的原理。仅仅强调威慑正如康德指出的一样,是把人作为手段而不是目的。我们一方面强调正义、自由和解放,另一方面却强调威慑主义对犯罪人和其他潜在的犯罪人施以重刑。威慑效果主要在于惩罚的确定性和及时性,而不仅仅在于惩罚的严厉性。在我国大众中恰恰强调了严厉性,而忽视了确定性和及时性。郎咸平先生强调的严刑峻罚主要指的是惩罚的执行力,而不是古代严刑峻罚下立法的严酷性。

以孙伟铭案为例,2008年12月14日,孙伟铭无证醉酒驾车,发生碰撞故事后逃逸,造成四死一伤,法院一审以危险的方法危害公共安全罪判处死刑。孙伟铭不服提起上诉,在上诉期间,孙伟铭父亲集资百万赔偿受害人家属,获得谅解,二审改判为无期徒刑。在该案二审判决之后,社会上对该案进行了激烈的争论。法学教授刘仁文认为二审的改判体现了刑罚的人道化,是"理性"战胜"感情"。而作家王小东认为法学家的"理性"无权凌驾于公众的"感情"之上,反对二审的改判。就孙伟铭案改判始末来看,其中一个很关键的因素,是孙家对受害人家属进行了赔偿,并获得受害人家属谅解。从赔偿理论来看,这属于加害人与被害人在意思自治下达成的协议。如果说法学家的"理性"无权凌驾于公众的"感情"

---

❶ 于天敏等.因被告人方赔偿而改判的死刑案件情况分析[J].人民检察,2009(8).

之上,那么公众的"感情"也无权凌驾于当事人的意思自治之上。因赔偿减刑,遭到了"以钱买命""以钱减刑"的质疑,但是该案体现了刑事制裁的轻缓化,而且集合了惩罚正当性的三种方式。首先,体现了威慑。一审判死刑,这应该说在当今中国是最高威慑力了,二审因赔偿改判无期,这种威慑力也应该是比较强的,其实并没有弱化刑罚的威慑力。其次,体现了报应。报应基于责任,它体现了正义的理念。对孙伟铭判决无期,是法院基于该案孙伟铭应该承担的责任判决,体现了正义。孙伟铭因自己的过错得到了应有的惩罚,受害人的愤恨或冤屈得到了伸张。第三,体现了修复。因为受害人从犯罪人的判刑和赔偿中,损害得到一定的修复,另一方面,孙伟铭也有重新做人的机会,在一定程度上也得到修复。因此,"赔偿减刑"体现了惩罚的正当性原理,也是惩罚的人道化的表现。

3. "赔偿减刑"没有真正的体现"赔偿作为惩罚的正当性原理"

按照赔偿理论,赔偿替代刑罚或部分的替代刑罚,应该是在双方当事人的意思自治的情况下达成的,国家的权力隐藏在双方意志自由之后。而我国存在的"赔偿减刑"其实质仍然在国家的主导之下,正如福柯所说,只是更巧妙的权力技术和政治策略的运用。犯罪人仍然是被规训的"客体",而不是主体。我们看到在胡斌案、孙伟铭案和李启铭案中,只看到被告人及其家属表现出来的求生或求轻判的欲望,而看不到他们作为一个主体应有的尊严(当然犯罪人应该为自己的罪行忏悔,但不能说犯罪了就没有做人的尊严)。在案件进入司法程序后,特别是成为公共事件后,被告人已经完全成为一个被规训的"客体",被人们围观、批评。

所以,我认为在我国存在的"赔偿减刑",如福柯批评涂尔干认为惩罚的人道化一样,惩罚的本质没有改变,仍然是控制和规训,只是表面上和形式上的人道化或轻缓化。而就是这样形式上的或表面上的人道化,国家还要谨慎行事。如面对广大民众疑问"以钱买命",最高人民法院有关负责人对这一说法给予了解释:对于罪行极其严重的犯罪分子,即使赔偿了被害人的经济损失,也是可以适用死刑的。但是,在有些情况下,罪行不是极其严重的,如果他犯罪后真诚悔罪,积极赔偿被害人的经济损失,可以考虑不适用死刑。[1] 因此,"赔偿减刑"只是迈出了刑事制裁轻缓化努力的第一步,也是目前刑事制裁人道化趋势与我国民众重刑思想严重之间不得已的一种折中,远没有达到赔偿作为惩罚正当性原理的程度。即由双方当事人在法律范围内的自由协商,用赔偿替代或部分替代刑罚,让赔偿来消除双方的对立,修复受害人的损失,同时犯罪人不再是被规训

---

[1] 赵秉志,彭新林.论民事赔偿与死刑的限制适用[J].中国法学,2010(5):56.

的"客体",而是规训的主体。

第三节　民事制裁的变迁与赔偿

在上一节中,论证了刑事制裁的轻缓化或人道化的趋势,而民事制裁的变迁却如刑事制裁的变迁相反,民事制裁在以前只是补充性赔偿,现在转向惩罚性赔偿,即民事制裁出现了严厉化的趋势。为什么出现民事制裁的严厉化,因为在刑事与民事之间有一个空白地段,要么扩张实用刑法,要么扩张民法来填补漏洞,但是在刑事制裁轻缓化的情况下,只好增加民事制裁的严厉化。❶

一、惩罚性赔偿的历史变迁

据学者们考证惩罚性赔偿在古代早就存在了,到了近现代惩罚性赔偿在大陆法系逐渐消失,而在英美法系却继续发展并延续至今。

（一）惩罚性赔偿作为古代法的一种制裁形式

惩罚性赔偿究竟最早起源哪个国家的法律,学者存在不同的看法,有的认为起源于古巴比伦的法律,也有认为是古希腊、罗马和埃及的法律。❷ 可能我们无法达成最早起源哪个国家的共识,但是可以肯定的是在古代法中已经出现了惩罚性赔偿作为一种制裁形式。

依据学者的文献考证和现有的古代法律文献,我们能够找到许多古代法中惩罚性赔偿的规定。如公元前18世纪古巴比伦王国颁布的《汉谟拉比法典》,该法典第8条规定:自由民窃取牛或羊,或驴,或猪,或船舶,倘此为神之所有物或宫廷之所有物,则彼应课以三十倍之罚金;倘此为穆什钦努所有,则应科以十倍之罚金。倘窃贼无物以为偿,则应处死。在《圣经》旧约中的《出埃及记》22:1规定:人若偷牛或羊,并将其宰杀或出卖,则他须以五牛赔一牛,四羊赔一羊。《出埃及记》22:4规定:若他所偷的牛或羊,仍然在他手下存活,则他应加倍赔还。❸ 公元前451年制定的《十二铜表法》第八条规定,盗窃他人木材用于修建房屋的,应支付双倍赔偿。关于中国古代是否有惩罚性赔偿,学者认为中国存在惩罚性赔偿,然而中国惩罚性赔偿与上述叙述的各国惩罚性赔偿有所不同。虽

---

❶ 余艺.惩罚性赔偿研究[D].西南政法大学博士学位论文,2008:19.
❷ 王利明.惩罚性赔偿研究[J].中国社会科学,2000(4):113.
❸ 余艺.惩罚性赔偿研究[D].西南政法大学博士学位论文,2008:24.

然我国有惩罚性赔偿,如汉代的"加责入官"制。《周礼、秋官、司历注》云:"杀伤人所用兵器,盗贼赃,加责没入县官。"唐宋时期的"倍备",以及明会典中的"倍追钞贯"。❶ 但是我国惩罚性赔偿除了补偿给受害人外超过的部分钱不是给受害人,而是交给官府。上述各国惩罚性赔偿中超过损害部分的钱仍然是给予受害人而不是国家,这与现在的惩罚性赔偿是一致的。

从上述对各国惩罚性赔偿简单的梳理,我们发现惩罚性赔偿在古代法律中已经被运用。虽然在古代法中惩罚性赔偿大多被称为"倍数赔偿",与今天惯用的惩罚性赔偿称呼不一致,但是除中国外,其他古代法的"倍数赔偿"在本质上与现在的惩罚性赔偿相类似,由此我们可以说古代法中早已存在惩罚性赔偿,并作为一种法律制裁的形式。

(二)惩罚性赔偿在近现代两大法系的发展际遇

惩罚性赔偿在古代法中广泛存在,但是当其发展到了近现代时,在两大法系中出现了明显的分歧,大陆法系国家中,惩罚性赔偿制度发展遇阻,而在英美法系国家中不仅得到了延续,而且进一步的现代化。

1. 惩罚性赔偿在大陆法系国家发展受阻

大陆法系国家并不是一贯地排除惩罚性赔偿制度,在近现代化以前,许多大陆法系国家也是认可这种惩罚制度的。大陆法系国家无论继承日耳曼法还是罗马法,这两种法都认可惩罚性赔偿。虽然到了近代在欧洲大陆罗马法复兴,但是大陆法系国家没有延续罗马法中惩罚性赔偿这种制度,如在法国民法典和德国民法典中,惩罚性赔偿演化为纯粹的补偿性赔偿制度。

为什么惩罚性赔偿在大陆法系国家发展受阻? 首先,在古代法中,虽然很多法律规定了倍数赔偿,但在一些法中也出现了补偿性概念。如在《阿奎利亚法》中,补偿的概念就取得一定的主导地位,其中规定:"如某人违法地杀死他人的一个奴隶、女仆或一只四脚牲畜,应向有关主人支付相当于该人活牲畜在受害前一年的最高价值款项。"❷该条规定并没有对不法行为处以惩罚,仅是要求不法行为人对受害人给予特定数额的补偿,并不是惩罚违法者。所以,我们说大陆法系没有继续沿用惩罚性赔偿而用补偿的方式解决纠纷,并不是无源之水。对于不法行为处罚究竟是补偿性还是惩罚性,大陆法系选择了补偿性。其次,大陆法系中的公私法之分的影响。随着大陆法系的发展,明确区分了民事责任和刑事

---

❶ 王立峰.论惩罚性损害赔偿[M]//民商法论丛(第15卷).北京:法律出版社,2000:57-58.
❷ 转引自 António Katchi:《澳门民法典规定之法律行为中的私法上的制裁》,第13页。2003年11月4日,http://www.dsaj.gov.mo/MacaoLaw/cn/Data/prespectiva/issued11/c1.pdf,2015年10月25日访问。

责任。把以前在古代法中一些不法行为认定为犯罪行为,犯罪行为人接受刑事制裁。刑事制裁的目的不是使受害人获利,而是惩罚犯罪、预防犯罪及其再社会化。由此在大陆法系出现了一种由公共实体负责课处处罚的趋势,损害赔偿归受害人,处罚归国家。同时,在民事责任中形成了补偿受害人的填补原则。正是公私法划分形成的这些理念,导致了惩罚性赔偿在大陆法系国家受到阻碍。第三,公正的观念。即当任何一个人侵害他人,应该对其违法行为造成的损害予以赔偿,赔偿应与损害相当,在这种情况下,就是公平的。如果侵害人的赔偿高于所造成的损害,那么就不是公正的,受害人获得的超额部分是一种不当得利。因为公正就是"向每个人给付属其所有的东西"及"不侵害他人"。❶

当然惩罚性赔偿为什么在大陆法系国家受阻,原因其实有很多,可能探讨解释惩罚性赔偿制度的一些原因存在很大争议,但是惩罚性赔偿在大陆法系中消退是一个既定事实。

然到了现代,大陆法系国家在理论上已经开始探讨惩罚性赔偿的可能性,在实践中也有大陆法系的国家或地区在法律中开始接受惩罚性赔偿制度。如日本的学者田中英夫和竹内昭夫认为,美国重视用惩罚性赔偿来抑制加害人的极端恶劣行为,并且取得了很好的遏制违法效果,而日本的相对确定补偿性民事制裁,既缺乏灵活性又缺乏遏制力,因此主张在日本借鉴美国的惩罚性赔偿制度。主张在日本实行惩罚性赔偿制度也正切合两位教授主张的私人在法实现中的作用,因为惩罚性赔偿有利于受害人,这可以鼓励受害人积极行使权利,从而遏制违法行为。❷

从惩罚性赔偿在大陆法系近现代的演变来看,惩罚性赔偿出现了从被否定到慢慢地开始接受的趋势。

2. 惩罚性赔偿在英美法系国家的继续发展

依据文献记载,英国在中世纪就出现了惩罚性赔偿制度。如公元 1275 年英国国会制定了《复数损害赔偿条款》。而现代意义上的惩罚性赔偿观念起源于英国,在公元 1763 年的 Wilkes v. Wood 案和 Huckle v. Money 案中,❸法院在这两个案件的判决中,对被告判决了惩罚性赔偿,表达了损害赔偿不仅是要补偿受害人的实际损失,而且还要对不法行为人起到惩罚和遏制的作用。这个判例形成的惩罚性赔偿的观念后来被英国普通法院接受。随着惩罚性赔偿判例在英国

---

❶ António Katchi:《澳门民法典规定之法律行为中的私法上的制裁》,第 19 页。(2003 年 11 月 4 日) http://www.dsaj.gov.mo/MacaoLaw/cn/Data/prespectiva/issued11/c1.pdf,2015 年 10 月 25 日访问。

❷ 田中英夫,竹内昭夫. 私人在法实现中的作用[M]. 李薇,译. 北京:法律出版社,2006.

❸ 这两个案件的中文详细介绍参见金福海. 惩罚性赔偿制度研究[M]. 北京:法律出版社,2008:18-20.

普通法中形成了普遍适用的原则后,又传到了美国,并被美国法院接受,在美国则是在1784年的Genay v. Norris一案中最早确认了这一制度。到19世纪中叶,惩罚性赔偿已被英美法系国家的法院普遍采纳。❶

现代意义上的惩罚性赔偿制度在英国兴起,被美国继承和发扬光大,今日世界,受到英美法系影响的国家普遍接受了惩罚性赔偿制度。而大陆法系国家坚持民事制裁的补偿性原则和坚持公私法的二分的立法体系,仍然排斥惩罚性赔偿制度。英美法系国家中一些学者依据大陆法系国家的做法来反对惩罚性赔偿制度,惩罚性赔偿制度在英国和美国的适用过程中也遭到了质疑,甚至英国在20世纪60年代曾一度出现了倒退,主要是要求对惩罚性赔偿的适用范围进行严格的限制。❷但是同一时期在美国,惩罚性赔偿制度处在快速发展的趋势之中,在普通法领域,惩罚性赔偿的适用范围不断扩张、案件数量和金额不断增加。自20世纪80年代后,在美国虽然惩罚性赔偿制度遭到了一些反对,但是这些质疑或反对至今没有改变美国惩罚性赔偿制度发展的趋势,这些反对意见促使了惩罚性赔偿制度更合理、精致和科学。

从惩罚性赔偿制度的历史演变来看,在古代法中就出现了惩罚性赔偿的雏形,虽然在称呼上与现在的惩罚性赔偿不一致,但是其实质内涵与现代的惩罚性赔偿是相似的。而真正现代意义上的惩罚性赔偿概念起源于英国,并由英国传到英美法系国家,在英美法系国家中不断地成长和完善,现在成为英美法系中一个普遍适用的原则。今天,英美法系国家惩罚性赔偿仍然处在继续发展的趋势之中。大陆法系国家虽然目前仍然排斥适用惩罚性赔偿制度,但是有些学者从理论上开始论证惩罚性赔偿制度在大陆法系国家适用的可行性,并为此作了理论准备,期待能够改变大陆法系国家人民传统的信念——民事制裁的补偿性原则。环顾今日主要大陆法系国家或地区,似乎有松动适用惩罚性赔偿制度的迹象,我们看到了这种发展的小趋势,然与英美法系国家适用的惩罚性赔偿制度来说还相距太远。

(三)对惩罚性赔偿的评价

对惩罚性赔偿的质疑一直不断,因为惩罚性赔偿制度是在惩罚不法行为人的基础上,威慑不法行为人和潜在的不法行为人,对不法行为人处以超过受害人损失的赔偿数额。正如王利明教授所说,惩罚性赔偿的功能在于赔偿、制裁和遏

---

❶ 王利明.惩罚性赔偿研究[J].中国社会科学,2000(4):113.
❷ 金福海.惩罚性赔偿制度研究[M].北京:法律出版社,2008:29.

制。❶ 因此惩罚性赔偿似乎有准刑事制裁的性质。由于这种介于刑事制裁与民事制裁之间的处境,使得惩罚性赔偿制度饱受争议。

余艺博士在其博士论文中概括了五种主要质疑的观点:一是法律体系性之违反;二是令受害人不当得利;三是缺乏必要的适用控制技术;四是对社会经济进步的负面影响;五是惩罚性赔偿与侵权法功能的演变。❷ 他还对这五种质疑的观点进行了评析,认为这五种质疑都是站不住脚的。他指出惩罚性赔偿制度是一项私法上的权利救济机制同时又不同于传统的权利救济机制,因为它一方面强调了民事制裁的补偿性,另一方面却在一定情况下突破公私法的功能划分,以惩罚性来遏制私法范畴内的恶性不法行为。惩罚性赔偿能够以更小的社会成本更有效地实现对恶性行为的社会控制,同时还最大限度地保全着社会个体的基本行动自由。因此,惩罚性赔偿制度应该值得肯定。

黄鸿图博士在其博士论文中概括了美国在适用惩罚性赔偿时面临的宪法层次的争议。美国惩罚性赔偿合宪性争议主要表现在三个方面:一是禁止双重处罚条款。即反对者认为惩罚性赔偿有双重处罚的危险。二是正当性程序条款。因为惩罚性赔偿适用民事诉讼程序,反对者认为这对被告的权利保障不利。三是禁止过度罚金条款。即惩罚性赔偿违反了惩罚的相称性原则。黄鸿图指出,这三个反对质疑,都被美国法院在司法实践中认定没有违反宪法的三个重要条款。❸

上述两位都论证了惩罚性赔偿的合理性,笔者从赔偿本身的视角也认为惩罚性赔偿具有合理性。首先,赔偿作为一种惩罚正当性原理,不仅在民法制裁中适用具有正当性,即使在刑事制裁中替代或部分替代刑罚也具有一定的正当性。那么对处于民事行为与刑事行为之间的恶性不法行为,用惩罚性赔偿的制裁方式进行规制也具有正当性。赔偿集合了报应、威慑和修复三者的功能,面对需要用惩罚性赔偿解决的问题,在目前来说,没有其他方式可以比这种方式更好。以欺诈为例,对于商家欺诈顾客,用刑法制裁可能太重,阻碍了贸易交流和商家与顾客之间的互动;用民事补偿的方式,又无力威慑到商家继续的欺诈。在这种情况下,惩罚性赔偿可能是目前最可行和最优的选择。其次,赔偿的人际性要求。民事制裁以补偿为原则,以惩罚为例外。民事制裁在绝大部分情况下主要涉及双方当事人,在这种情况下,以补偿受害人为原则无可厚非。但是在某些案件

---

❶ 王利明. 惩罚性赔偿研究[J]. 中国社会科学,2000(4):116.
❷ 余艺. 惩罚性赔偿研究[D]. 重庆:西南政法大学,2008:17-21.
❸ 黄鸿图. 惩罚性损害赔偿制度之研究——兼论两岸<消保法>之法制[D]. 北京:中国政法大学,2006:40-45.

中,由于案件本身或案件判决可能影响到社会其他人,这个时候就要考虑加害人、受害人和共同体三方面,在案件的判决时既要考虑到报应又要考虑到威慑。故惩罚性赔偿是赔偿的人际性的要求。第三,赔偿的关联性要求。惩罚性赔偿在英美法系的案件判决中并不是所有的案件都要适用,其实仅仅在小部分的案件中才适用惩罚性赔偿,在大部分的民事案件中仍然是以补偿性来解决纠纷。在什么时候考虑惩罚性赔偿,这不仅涉及人际性的问题,而且还涉及关联性的问题,即看案件本身所处的社会情境需不需要给予惩罚性赔偿。

总之,英美法系主要是以判例法判案,法官有很大的自由裁量权,而且在美国又奉行实用主义,所以,英美法系的法官在判决时可以考虑案件的人际性和关联性的问题,而在大陆法系由于受成文法的限制,法官自由裁量权相比英美法系而言,要小得多,因此即使考虑案件的人际性和关联性时,也不能与法律规定相差太大。故此可以说是由于这些原因导致了惩罚性赔偿在两大法系不同际遇。

二、我国惩罚性赔偿现状

惩罚性赔偿在我国目前还没有被广泛地接受。在理论上仍处在探讨阶段,没有形成一种价值信念。在立法中只有少数几部法确立了惩罚性赔偿。在司法实践中惩罚性赔偿也受到质疑。如王海打假现象,就出现了争议。可以说,惩罚性赔偿在我国出现了被确认和接受的趋势,但从整个民事制裁体系来看,补偿性原则仍然占据绝对的支配地位,因为在我国惩罚性赔偿无论是理论上和实践上都存在争议,远没有形成一种共识信念。

(一)惩罚性赔偿学术研究的考察

一个制度的确立,一般而言首先会在理论上进行一番研究,从理论上为一个制度的确立提供理论基础。通过我国1982年至今对惩罚性赔偿制度的理论探讨的增长趋势,来说明惩罚性赔偿在我国未来的发展趋势。

通过中国知网的中国期刊全文数据库检索从1982年1月至2015年12月三十多年收录的学术论文,以惩罚性赔偿为检索词共检索到843篇论文。1987年邱清在《探索与争鸣》上发表了《经济合同法应对惩罚性违约金和赔偿性违约金作分别规定》,在该文中他指出在我国合同法律制度中,有必要根据不同情况分别规定惩罚性违约金和赔偿性违约金。❶ 这是从期刊网上通过检索比较早的提出在我国实行惩罚性赔偿的论文。此后六年出现了一段空白,没有一篇关于惩罚性赔偿的论文,直到1993年又开始出现了惩罚性赔偿的探讨论文,从这一

---

❶ 邱清.经济合同法应对惩罚性违约金和赔偿性违约金作分别规定[J].探索与争鸣,1987(4):54.

年开始,惩罚性赔偿研究的论文成增长趋势,我想主要是在1993年我国消费者权益保护法颁布,其中第49条规定了对于欺诈行为消费者可以双倍索赔。可以说,惩罚性赔偿立法推动了惩罚性赔偿理论的发展,特别是近十年惩罚性赔偿研究论文占据了整个研究论文的76.6%(自2005年1月至2015年12月,惩罚性赔偿研究论文篇数是646篇)。

再通过中国知网的中国优秀硕士学位论文全文数据库和中国优秀博士学位论文全文数据库,检索从1999年1月至2015年12月近15年的硕士、博士优秀学位论文。以惩罚性赔偿为检索词检索到优秀硕士论文358篇,其中最早的一篇是2002年华东政法学院的王剑平以《惩罚性损害赔偿》为题的硕士论文,自2002年始,研究惩罚性赔偿的硕士论文数量逐年增加。以惩罚性赔偿为检索词检索到优秀博士论文有9篇,最早的一篇是2006年中国政法大学的黄鸿图以《惩罚性损害赔偿制度之研究——兼论两岸＜消保法＞之法制》为题的博士论文。

通过学术期刊和优秀硕博学术论文的数量增长的考察,自2005年以后,无论是期刊论文还是硕士、博士学位论文,对惩罚性赔偿研究数量呈逐年增长的趋势,从这些学术论文数量增长的趋势来看,可以推断惩罚性赔偿正在法律共同体中形成一种价值信念,这种价值信念会推动我国在立法和司法过程中更广泛接受惩罚性赔偿制度,甚或推动民众普遍接受惩罚性赔偿制度。

(二)法条规定的考察

在我国有几部法律规定了惩罚性赔偿的内容,表明我国在立法上逐步地、部分地接受惩罚性赔偿制度。最早规定惩罚性赔偿的是1993年10月31日颁布的《消费者权益保护法》,不过只限定在产品或服务欺诈方面,而在2009年12月26日颁布的《侵权责任法》中把惩罚性赔偿扩展到所有产品的侵权领域。

如《消费者权益保护法》第49条的规定,"经营者提供商品或服务有欺诈行为的,应当按照消费者的要求增加赔偿其受到的损失,增加赔偿的金额为消费者购买商品的价款或者接受服务费用的一倍",该条款也就是通常说的"双倍赔偿"条款。虽然该条没有出现惩罚性赔偿概念,但其内涵与惩罚性赔偿一致。这是我国现代民事立法中出现的第一个惩罚性赔偿制度。

继《消保法》后,最高人民法院发布了《关于审理商品房买卖合同纠纷案适用法律若干问题的解释》(简称《商品房买卖合同司法解释》),《商品房买卖合同司法解释》中的第8条、第9条和第14条,规定了在商品房买卖合同中买受人在6种情形下,可以要求惩罚性赔偿。如先买卖后抵押情形、一房数卖情形、无证销售情形、先抵后卖情形、一房数卖的其他情形和房屋面积差异情形等。

随着人们对食品安全的担忧,国家出台了《食品安全法》,在该法中也规定了惩罚性赔偿,用来遏制不法商贩生产不符合卫生标准的食品。如《食品安全法》第 96 条规定:生产不符合食品安全标准的食品或者销售明知是不符合食品安全标准的食品,消费者除要求赔偿损失外,还可以向生产者或者销售者要求支付价款十倍的赔偿金。

在我国表明惩罚性赔偿制度迈出更为前进的一步,是在《侵权责任法》中规定了惩罚性赔偿制度。如我国《侵权责任法》第 47 条规定:明知产品存在缺陷仍然生产、销售,造成他人死亡或者健康严重损害的,被侵权人有权请求相应的惩罚性赔偿。这是我国法律条文中第一次明确出现了惩罚性赔偿的概念。前面几部立法主要限定在某一方面,如《消费者保护法》主要限定在产品或服务的欺诈上,《食品安全法》限定在食品安全领域,但是《侵权责任法》则适用所有的产品侵权领域,具有一般性。

从我国关于惩罚性赔偿的学术研究数量的增长和立法中逐步接纳惩罚性赔偿来看,惩罚性赔偿制度已在我国初步形成,并在理论、立法和司法实践中稳步发展。

第五章 当代中国法律制裁体系与赔偿

在第二章中论证了法律制裁的正当性基本原理,认为赔偿也是法律制裁的正当性基本原理;在第三章中论证了责任作为法律制裁的基础,认为赔偿很好地兼顾了责任的人际性和关联性;在第四章中论证了法律制裁的变迁,认为赔偿很好地兼顾了刑事制裁的轻缓化和民事制裁的严厉性。在本章中,将运用上述的理论,来分析我国法律制裁体系存在的问题及优势,为我国法律制裁体系改革提供参考。

第一节 当代中国法律制裁的正当性原理基础:报应、威慑、修复与赔偿

一个国家惩罚制度的正当性原理基础影响了一个国家惩罚的方式,在本节中,将以中国自1978年至今的法律制裁实践来阐述我国法律制裁的正当性原理基础。

一、由改造向报应的转变

强世功教授在《惩罚与法治——当代法治的兴起(1976—1981)》一书中描述了惩罚由弥散性向职能化、理性化的转变。从惩罚正当性原理来看,是从改造向报应的转变。

强世功指出,在"文化大革命"时期,惩罚是弥散性的,任何一个社会组织都成为一个相应的监视罪犯并惩罚罪犯的组织。从正规的司法机关到国家机关再到大队、民兵连、党支部、妇联、青年团、少先队、调解委员会、调解领导小组、社员大会、学校、家庭等,这些机构和组织之间在惩罚的意义上并没有明确的不可逾越的分工。这种惩罚艺术的特点不仅仅是惩罚组织的繁多严密,而且它能使每个人在作为一个可能罪犯的同时,又成为一名潜在的警察。[1] 他认为国家把这

---

[1] 强世功.惩罚与法治——当代法治的兴起(1976-1981)[M].北京:法律出版社,2009:20.

种惩罚弥散化和剧场化,其目的是达到国家惩罚的效果。

惩罚的弥散化和剧场化的形式常见的是批斗会,通过批斗会对罪犯进行教育或改造,对罪犯的改造主要是针对罪犯的灵魂和思想,也就是从日常生活入手对罪犯进行思想改造,因此,在那个时期,犯罪与思想相连,惩罚也针对罪犯的思想,通过教育或改造,让罪犯重新做人。但是这种惩罚的弥散性也有其缺陷性,一是惩罚的不确定性。因为犯罪与思想相连,谁也无法准确地说出自己行为属于哪一类矛盾,因此,惩罚随时都有可能降临,虽然惩罚的弥散性增加了社会安全,但是同时也使得社会处于一个不确定的环境之中。二是降低了惩罚的严肃性。通过批斗会的形式,它一方面使人们对惩罚产生畏惧,另一方面使人们对惩罚产生了嘲讽。总之,无法使人们产生对法律的拥护,相反使得人们仇视、漠视或嘲弄法律。❶

"文化大革命"后,人们开始反思这种惩罚改造方式,特别是国家政治高层对过去一段历史和中国未来的理性思考,决定"健全社会主义民主与加强社会主义法制",提倡依法治国,惩罚罪犯或违法者要依据法律并由法院通过司法程序进行判决,犯罪与行为相连,而不再是与思想相连,这就由改造转向了报应。在前面已经论述过,报应主要是向后看,关注侵犯者的行为,对罪犯依据法律做出公正的裁判。与以前的改造相比,报应就具有确定性和严肃性。可以说由改造向报应的转变也预示着在当代中国法治的兴起。

二、报应和威慑的综合论

在中国法律发展的历史过程中,威慑一直是古代法和现代法非常强调的一种制裁正当性基础。虽然伴随着法治在我国当代的兴起和发展,报应逐步作为我国法律制裁的正当性原理基础,但是威慑一直存在我国法律制裁体系中,它随着社会情势需要和国家政治高层的重视在某一阶段会出现,也会因社会情势不需要和国家政治高层认为现阶段不必要时,会隐藏报应的背后。

(一)威慑一直存在于当代法律制裁体系——严打与打黑

1. 改革开放以来的三次全国性严打

严打突出两个"严"字,一是打击重点是严重犯罪活动;二是对严重犯罪活动的打击要严厉,坚决贯彻依法从重从快的方针,稳、准、狠地打击犯罪分子。严打刑事政策在我国20世纪50年代确立,当时的严打是为了镇压反革命运动。而80年代后严打得到进一步发展,主要是为了打击严重经济犯罪和严重刑事犯

---

❶ 强世功. 惩罚与法治——当代法治的兴起(1976-1981)[M]. 北京:法律出版社,2009:26-28.

罪。在此处以改革开放以来的三次全国性严打为例,是因为我国改革开放后逐步实现依法治国,在这里要探讨的是在依法治国下,威慑仍然存在我国法律制裁体系中,作为一种惩罚的正当性原理基础。

首先是20世纪80年代的全国性严打,即1983年8月至1987年1月全国性的"严打"三大战役。这次全国性的严打将杀人、强奸、抢劫、爆炸、流氓、致人重伤或者死亡、拐卖人口、非法制造、买卖、运输或者盗窃、抢夺枪支、弹药、爆炸物、组织反动会道门、引诱、容留、强迫妇女卖淫、传授犯罪方法等危害社会治安的犯罪确定为打击重点。三大战役历时3年5个月,取得了巨大成果。全国治安状况有了明显好转。

其次是20世纪90年代的严打,从1996年4月到1997年2月全国集中统一行动。这次打击重点为杀人、抢劫、强奸等严重暴力犯罪、流氓犯罪、涉枪犯罪、毒品犯罪、流氓恶势力犯罪以及黑社会性质的犯罪等严重刑事犯罪。

最后是21世纪初期的严打,从2001年4月开始,为期两年。将带黑社会性质的团伙犯罪和流氓恶势力犯罪、爆炸、杀人、抢劫、绑架等严重暴力犯罪、盗窃等严重影响群众安全的多发性犯罪确定为重点打击对象❶。

根据陈屹立在其博士论文《中国犯罪率的实证研究:基于1978—2005年的计量分析》中指出,我国这三次全国性的严打表明,严打的威慑效应仅仅对暴力犯罪是显著存在的,对其他类型的犯罪则没有明显的威慑效应❷。正是基于严打对暴力犯罪的显著威慑力,每当国家在社会治安恶化时就会考虑用严打的方式来威慑潜在的犯罪人。根据我国全国性的三次严打效果来看,虽然如陈屹立博士所说对暴力犯罪有显著的威慑力,但是这种威慑力的持久性值得怀疑,也就是说,严打的威慑力是短期的,如果是长期的话,也就不会出现多次严打。同时,由于严打是基于威慑的惩罚正当性原理,是向前看,所以有如报应主义者康德所说,把人当作工具而不是目的,存在惩罚不相称,侵犯犯罪人的人权之嫌。因此以威慑为目的的中国式严打,被法学界大多数专家学者批评。自第三次全国性严打后,国家对严打方式的运用谨慎收敛,目前没有再次出现全国性的严打。

2. 打黑

随着人们法制观点的增强和国家依法治国的理念形成,严打式的运动在全国已经很难展开。在我国社会转型时期,地方出现了黑社会性质的犯罪组织,严

---

❶ 这里的三个全国性严打参见:秦德良. "严打"刑事政策及其实践的历史考察[EB/OL]. http://news.sohu.com/20070314/n248708618.shtml,2015年10月26日。

❷ 陈屹立. 中国犯罪率的实证研究:基于1978—2005年的计量分析[D]. 济南:山东大学,2008:60.

重影响并扰乱了经济秩序和社会安宁。在这种情势下,我国一些地方政府在一定阶段发动了打黑运动。由于打黑具有惩罚的确定性、及时性和严厉性,因而对犯罪人和潜在的犯罪人有着明显的威慑力。但是在打黑的过程中,也遭到一些学者们的质疑,一是惩罚犯罪不一定要用运动式的方式进行,惩罚犯罪应是常态化,即一旦有黑社会犯罪现象就应该打击,而不是等问题集中暴露时才集中治理。二是在打击的过程中对"黑社会性质组织"定义有扩大化之嫌。

从改革开放之初的严打到现在的打黑,在我国司法实践中一直存在用威慑的方式来打击严重的暴力犯罪。虽然在法学界学者们一直强调以报应作为惩罚的正当性,但是威慑仍然被国家和地方国家机关视为遏制犯罪的有力方式。不仅在严重的暴力犯罪方面,国家倾向用威慑的方式遏制犯罪,在社会其他方面,一旦某种犯罪行为受到人们的普遍关注并反映强烈,那么国家解决的办法就是严惩。如在近几年严重的交通事故频发,如胡斌案和李启铭案等,引起了民众强烈不满,于是国家就开始修改现行法律加大刑罚的力度,来威慑交通肇事的人。可以说,上至国家下至民众都有着威慑倾向。比如老百姓拥护政府的打黑行动,正如功利主义强调的一样,重视结果,结果好什么都好。老百姓完全忽视了犯罪人在被惩罚的过程中作为一个人应有的尊严和享有人权。

(二)报应和威慑的综合论

自改革开放以来,我国提出依法治国建设社会主义法治国家,并弘扬社会主义法治理念,可以说我国已经从过去的改造论完成了向报应论的转变。如在我国法律共同体中形成了报应主义惩罚正当性的观念,并且在立法和司法中也体现了报应主义的观念。报应主义的目的是规范和制约国家刑罚权以防止其侵犯公民人权并进而推进法治进程、实现民主化、法治化、落实宪政的艰巨任务。[1]报应主义是对我国长期的威慑主义和改造论的一种修正,在威慑和改造下,人是手段,是达到某种目的的手段,因此,人的权利经常被国家以某种目的侵犯或剥夺。只有在报应主义下,人才是目的,人的人权才能受到保护,也只有在报应主义下才能真正地建立法治。因为报应主义从已然之罪中去寻找刑罚的合理限度,追求社会公正性,这样人们才能确定自己的预期,安排自己的生活。

但是,中国长期的威慑主义思想不仅被国家视为是打击严重犯罪的法宝,而且也被老百姓认可和接受,因此抛弃威慑主义在我国还不具有现实的基础。从另外一方面看,威慑主义也并不是一无是处,它也有其优点和存在的价值,因为威慑着眼于未然之罪,即向前看,可以达到防患于未然,也没有必要彻底抛弃。

---

[1] 梁根林.刑事制裁:方式与选择[M].北京:法律出版社,2006:22.

可见虽然报应与威慑有其冲突和对立的一面,但是在西方有法学家主张二者的折中。如哈特的以报应论为基础的有限的功利主义、帕克的功利限报应、赫希的相称的该当理论,即报应论与有选择的功利的结合。在我国邱兴隆教授认为折中刑之最合理之处在于,其较充分地体现了报应与功利相统一的刑罚理性规定。❶梁根林教授认为:"惟有以正义报应为基础,在此基础上追求刑罚的功利目的,才是报应和功利关系的最佳选择。"❷所以,一方面现实基础支持威慑,另一方面威慑有其自身的优势,在我国目前出现了报应和威慑的综合论。

我国学者们主张报应和威慑相结合,他们的目的还是在宣扬报应,因为在目前国家层面和大众方面都有着威慑的思想,要抛弃威慑可能不现实,当然威慑也有其存在的正当性理由,因此,学者主张二者的结合,其实质就是担心在威慑的思想下而把报应给抛弃了。而这也是我国目前最大的问题,抛开报应而用威慑的方式打击犯罪。就目前而言,在我国主张以正义报应为基础,在此基础上追求功利(或威慑),是一条比较可行的道路。

三、我国法律制裁体系正当性原理的新发展:修复和赔偿

我国当代法律制裁体系取得了两个重要成就,一是对犯罪人权利的保护,二是对受害人损害的补偿。这是在过去无论是威慑主义还是报应主义下,都不能获得的成就。而这两个成就的取得得益于惩罚正当性原理的更新,即在我国出现了修复和赔偿作为惩罚正当性的基本原理。

(一)修复作为一种惩罚正当性的原理——非刑罚化在中国的发展

报应主义在我国三十多年的法治建设过程中,刚刚在法律共同体中形成一种价值信念,却又要面对世界范围内的各种法律制裁新思潮,如刑罚的非刑罚化和社区矫正的冲击。在前文中已经指出,刑罚的非刑罚化和社区矫正是刑事制裁轻缓化的表现。那么,刑罚的非刑罚化和社区矫正的正当性何在?从表面上看,非刑罚化和社区矫正是有益于犯罪行为人的,本质上如福柯所言,没有改变规训的本质,犯罪行为人仍然是规训的"客体"。但是,非刑罚化和社区矫正目前在我国出现了很大的争议,民众一般来说不认可这种方式。可以说非刑罚化和社区矫正在质疑中前行。

目前在中国非刑罚化的实现方式主要有三种:单纯宣告有罪、非刑罚处罚和保安处分。单纯宣告有罪是对于犯罪情节轻微、不需要判处刑罚又免于非刑

---

❶ 邱兴隆.刑罚理性评论——刑罚的正当性反思[M].北京:中国政法大学出版社,1999:106.
❷ 梁根林.刑事制裁:方式与选择[M].北京:法律出版社,2006:22.

处罚的犯罪人以有罪宣告,作为其承担刑事责任的方式。❶ 单纯宣告有罪主要隐含在我国刑法具体条文中,对犯罪情节轻微的犯罪人不用判处监禁刑,这样有利于犯罪人再社会化。非刑罚化是对免除刑罚处罚的犯罪人,给予刑罚以外的实体上的处罚。如给予训诫或责令具结悔过、赔偿损失、行政处罚等。这种非刑罚的处罚方式好处在于避免给犯罪人贴上标签,传统的刑事制裁往往运用刑罚手段对抗犯罪人,给犯罪人贴上"罪犯"的标签,使其释放后很难融入社会。保安处分是一种预防性措施,以特别预防为目的,它不是基于行为人的社会危害性,而是基于行为人的人身危险性,以非刑罚的方式,如矫治、感化、医疗和禁戒等处分行为人。保安处分与前两者有所不同的是,保安处分是以预防为目的,防卫犯罪,保护社会安全,可能表面上看起来很人道,但在实际的操作过程中,由于对于人身危险性的界定很模糊和"正常"人的标准很难把握,导致最后的结果不一定人道。如有的人宁愿选择在监狱里,也不愿意在精神病院。更为严重的是,保安处分在我国具有明显的政策性和行政性,不仅主要规定于行政法律法规中,而且主要由公安机关决定适用,实践中也没有很有效的机制来限制公安机关裁量,导致了对基本人权的侵犯,❷ 如孙志刚事件。保安处分在我国之所以饱受质疑,就在于在实践操作中通过矫正、感化和医疗行为人,来达到保护社会安全的目的,而人成为目的的手段,有时虽有人道化之名,但却可能遭受身体和灵魂的双重折磨。

虽然保安处分有其不足,但是如果在实践中操作得当,也是可以体现人道化的,对于那些真正的精神病人、未成人等违法犯罪行为通过强制医疗和收容教养,可以为他们重新融入社会创造了条件。总之,单纯宣告有罪、非刑罚处罚和保安处分,从它们能让犯罪人或行为人更容易重新融入社会功能来看,它们符合了作为惩罚正当性原理基础的修复主义。相比报应、威慑,只有在传统的修复主义下,才主要关注犯罪人或行为人,关注他们的人权保护,甚至把他们看作是一个"病人",需要"治疗",以此让他们重新融入社会。因此,传统的修复主义为单纯宣告有罪、非刑罚化和保安处分提供了正当性原理基础。

社区矫正是行刑社会化,而不是非刑罚化。❸ 在我国自由刑的行刑一般是在监狱里对罪犯进行矫正,这种单轨模式在世界范围内行刑社会化的趋势下,面临着外在的压力,同时行刑社会化也有着现实的内在需求。因而出现了行刑的

---

❶ 杜雪晶.中国非刑罚化论纲[D].长春:吉林大学,2005:98.
❷ 梁根林.刑事制裁:方式与选择[M].北京:法律出版社,2006:287.
❸ 梁根林教授把社区矫正界定为行刑社会化。

双轨模式即监禁与社区矫正,其中把一部分自由刑放在社区进行矫正。我国自2003年以来在传统行刑社会化措施的基础上,开始试点推广社区矫正处遇。❶ 梁根林教授认为,社区矫正出于再社会化、避免监狱化、监狱亚文化和行刑经济的刑事政策考量,一改传统的监狱矫正处遇,把受刑人从封闭的监狱矫正处遇置于完全自由的社区环境中予以矫正处遇。❷ 我们看到社区矫正与单纯宣告有罪、非刑罚处罚和保安处分都是有益于犯罪人再社会化,都从形式或表面上体现了刑事制裁的轻缓化。因此,传统修复主义也可以为社区矫正提供正当性原理基础。

总之,传统修复主义为非刑罚化和社区矫正提供了正当性的原理基础。梁根林教授认为在我国有着根深蒂固的重刑主义情结下,社会公众对这些处遇的实施存有疑虑,担忧这会削弱社会安全。就目前我国这些处遇实施的情况来看,仍然处在初步或试点阶段。实际上,其适用范围是有限制的,它们不是完全取代监禁刑,只是部分的适用。如保安处分适用对象不是一般主体,而是特定主体,像无责任能力和限制责任能力的精神病人、未成年人等。因此,人们顾虑或质疑主要不是这些非刑罚化措施没有威慑力,而是不能宽恕犯罪人,不能宽恕的原因之一就是现代刑事制裁的变迁向朝着有利于犯罪人的方向发展,如保护犯罪人的人权,关注犯罪人释放后是否能够重新融入社会等,但是却忽视了受害人的权益保护问题。另外,在我国由于权力制约问题,非刑罚化和社区矫正可能会导致一些腐败,也让人们对这些措施心生疑虑。

(二)赔偿作为一种惩罚正当的原理——修复性司法在中国的兴起

在刑事制裁的轻缓化或人道化的趋势下,犯罪人的权益得到了极大的保障,然而在传统的刑事制裁体系中,受害人被边缘化,成为证据提供者或证人,而且受害人的权益被国家追诉制度所淹没和强制替代。即使在案件中有赔偿受害人的判决,最后因犯罪人的抵触而不能得到有效保障。因此,需要一种兼顾或平衡各方利益的机制,于是修复性司法(又称恢复性司法)在我国兴起。

修复性司法改变了过去传统刑事制裁范式,以犯罪人为中心转向了以受害人为中心,它平衡各方利益,使得受害人、犯罪人、他们的家庭成员以及社区代表都参与到了司法过程中来,表达他们各自的意见和要求。修复性司法的特征主要有五个方面:①对犯罪造成的损害而不是对法律的违反给予更多的关注。②

---

❶ 2003年7月10日,最高人民法院、最高人民检察院、公安部、司法部发布了《关于开展社区矫正试点工作的通知》,确定北京、天津、上海、江苏、浙江和山东等省(市)为进行社区矫正工作的试点省(市)。

❷ 梁根林.刑事制裁:方式与选择[M].北京:法律出版社,2006:238.

为被害人提供了一个扩大了的角色。③将司法融入社区。④要求犯罪人承担责任。⑤平衡各方利益,给予犯罪人和受害人同样的关注和尊重。❶ 从修复性司法的特征来看,与以往的传统法律制裁范式相比,有两点最为突出:一是突出了对受害人损害的赔偿;二是突出了受害人的地位。

修复性司法在我国当前主要表现为刑事和解,还有的体现在地方司法实践中一些做法,如烟台市检察机关在实践中运用平和司法程序办理案件。❷ 平和司法是烟台市检察机关在我国国情下的一种修复性司法的本土化做法,它与修复性司法不同在于仍然有司法机关主导,达成双方的和解,而修复性司法中司法机关退居其次,主要由双方当事人主导达成和解。我国目前的刑事和解也同样如此,是由司法机关主导下的双方和解。不管是刑事和解还是地方实践中的平和司法,虽然我国目前还没有达到国家机关放手由双方当事人自由达成和解程度,但都体现了修复性司法的主要功能,即赔偿受害人损害。

为什么今天我们这么强调赔偿受害人损害? 首先,赔偿受害人是公平的要求。在我国传统的刑事诉讼中,犯罪被认为对国家的侵害,即侵害的是国家利益,被告人与受害人的利益往往都被忽视。随着人权观念在我国的深入人心,认为犯罪嫌疑人、被告人的人权也应该受保护,他们权利也应受到重视。如无罪推定、疑罪从无等原则在司法中的运用;被错拘错捕错判的嫌疑人与被告人可获得国家赔偿。而与此同时,受害人的地位没有得到提升,其权益仍然被忽视。如受害人的损害有时面临犯罪人的抵触而得不到赔付;如犯罪人无力赔偿,国家补偿没有得到法律的有效支持,也不能给予受害人及其家属的救济。因此,对双方当事人而言,公正应该是双方的保护利益平衡,而不是失衡。

其次,赔偿受害人是对受害人及其家属的抚慰。赔偿可以消除受害人的复仇欲望,同时也到达对其抚慰。在文明社会,国家垄断了处理受害人与加害人的权力。尽管这样实现了国家层面的正义,但是忽视了一个个具体受害人。受害人的损害得不到赔偿,他们也不认为正义就实现了,受害人容易因此形成对国家、对社会的仇恨,甚至走向极端,出现报复性犯罪。如果被害人得不到加害人的赔偿又得不到国家补偿,抵触情绪会更严重,很多人会因此上访,上访又会导致社会的不稳定。切实的赔偿受害人才能抚慰他们,同时国家也应该建立受害人国家补偿制度,只有这样才能减少社会仇恨,减少受害人上访。

---

❶ 陈晓明.论修复性司法[J].法学研究,2006(1):53.
❷ 平和司法是烟台市检察机关在办案中提出来的,并用平和司法程序办理案件。参见:宋镇藤,徐志涛.平和司法:恢复性司法的本土化——关于平和司法理念与实践的调研报告[M]//周长军,于改之.恢复性司法——法理及其实践展开.济南:山东大学出版社,2008.

第三,赔偿受害人是受害人权利保障的要求。在人类法律发展的历史中,受害人是逐渐被法律"遗忘"的人。在初民社会,受害人通过私力救济,如复仇或报复来实现自己的权益,受害人在这个过程中占据着主导地位。即使在国家产生之初,也是有限度地允许受害人诉诸私人复仇。后来就逐步演变为完全由国家对犯罪的追诉,不允许私人复仇,对犯罪的追诉被视为是一种国家职能活动,被害人不再担当原告人的角色,而成为一种证人的角色。在我国有着长期的国家本位主义思想,认为国家利益优先于个人利益。当犯罪与侵权并存时,首先需要维护的是国家利益、公共利益,对于被害人利益的侵犯,也被认为是对整个社会的侵犯。在刑事附带民事诉讼中,国家吞并了个人,私人利益被消解在国家利益之中。[1] 所以,在国家独占刑罚权阶段,受害人完全被边缘化。在21世纪,虽然受害人得到一定程度的关注,但其作为证人的角色地位没有根本性的改变。目前我国每年有百万受害人因为刑事伤害而得不到赔偿,造成这种现象与立法者设计的立法理念有关,首先关注的是国家利益,其次才是受害人的利益保护问题。这种设计理念导致了受害人的损害不能得到有效的赔偿,而国家也没有立法给予这些受害人一定的国家补偿救济。反观被告人或犯罪人,在现代法治社会,对他们人权的保障已经成为衡量一国法治现代化程度的主要标准。随着国际人权保障运动的开展,加强对被害人在刑事司法中的权利保障成为各国司法改革的重要目标。近年来我国也开始对受害人权利保护给予关注,如刑事和解中强调了对受害人的赔偿问题,用"赔偿减刑"激励对受害人的赔偿等。

修复性司法在我国的兴起,虽然受到西方理论的影响,但是在我国也有着现实的基础,那么在我国兴起的修复性司法或刑事和解或平和司法等形式,它们的正当性原理基础是什么?通过分析,这些形式名称虽然不一致,但是它们有一共同特征就是赔偿受害人。正是赔偿使得修复性司法或其他类似形式的司法获得了正当性。赔偿关注受害人,它可以消除损害;赔偿具有人际性,它同时兼顾受害人、犯罪人和共同体三个方面,平衡各方利益。这正好切合修复性司法或刑事和解制度。

第二节 当代中国法律制裁的基础与赔偿

2012年发生在美国一起案件引起了国内讨论,即一名中国留学生涉嫌强奸

---

[1] 陈卫东. 打破"先刑后民"让司法价值回归[N]. 新京报,2005-01-06.

女房东而被捕,其父母到美国后试图以利益与受害人"私了",结果父母也因涉嫌引导证人改变口供被警察逮捕。❶ 虽然最后美国检察官以"文化差异"撤销对该父母的干扰证人的指控,但中国式的私了在美国遭遇尴尬引起网友热议。为什么中国父母会跑到美国用中国式的"私了"方式处理儿子的涉嫌犯罪行为?这涉及我国赔偿与责任的关系问题。在我国语境下,责任与赔偿关系有着怎样变化?这是本节要探讨的问题。首先,分析赔偿本身的变量因素;其次,分析赔偿在我国法律制裁体系中的现状;最后,结合赔偿理论评析在我国语境下赔偿与责任存在的问题。

一、赔偿本身的变量因素:组织性在赔偿中的作用

布莱克认为社会控制样式有四种:刑罚、赔偿、治疗和和解。每种样式都有对不轨行为的界定方式,并有各自的对策。刑罚性样式以禁止、违反、有罪和报应之类的语言来表达。和解性样式聚焦于关系并力图恢复冲突当事人之间的和谐。治疗性样式聚焦于遭受反常状态折磨的人并力图帮助他们。与前三种样式相反,赔偿性样式主要关注行为后果,而非行为本身、行为可能破坏的关系或作为行动者的人。它考量特定受害者的灾难并处理谁应当提供救济的问题。❷ 布莱克对社会控制样式的分类正好对应了三个惩罚正当性原理:报应、赔偿和修复。他指出,这四种社会控制样式,在不同的文化或环境中,相同的一个行为可能被处以不同社会控制样式。同样,赔偿本身也会因不同的因素而变化。

布莱克认为赔偿本身因以下几个因素而变化,首先,赔偿是群体的直接函数。他指出存在联系极为紧密且结构上可互换的家族群体的部落社会,似乎存在最多的赔偿。到了现代社会,发生在组织或群体之间的纠纷,大多也是以赔偿方式解决。而且在现代社会,组织以前所未有程度激增,组织和其他群体数量的增加促进了赔偿性样式的产生和发展。因此,越是个人主义的社会,赔偿越少。❸

其次,赔偿的变化与案件中关系距离、社会地位和组织性有关。一是赔偿是关系距离的曲线函数。布莱克指出在社会距离中等时最可能发生赔偿,而在亲密性的两端即极其亲近或极其疏远的人中,赔偿较少出现。如在家庭中丈夫杀死了妻子,赔偿就不易发生。再如在同一个社会成员之间发生的伤害案件往

---

❶ 董柳.中国式私了遇尴尬[N].羊城晚报,2012-04-22.
❷ 唐纳德·布莱克.正义的纯粹社会学[M].徐昕,田璐,译.杭州:浙江人民出版社,2009:48.
❸ 唐纳德·布莱克.正义的纯粹社会学[M].徐昕,田璐,译.杭州:浙江人民出版社,2009:53-54.

往进行赔偿,而不同社会成员之间赔偿的可能性较小。二是向上的案件比向下的案件更具有赔偿性。这涉及社会地位与赔偿的关系问题。布莱克指出,若受害者是社会地位低的人,而侵害者是社会地位高的人,即向上案件,在这种案件中赔偿容易发生。如在我国发生的胡斌案、李启铭案等就是如此。胡斌是"富二代",李启铭是"官二代",从案件中的受害者的身份来看,属于"社会地位低"的类型,所以赔偿容易发生。但若受害者是社会地位高的人,侵害者是社会地位低的人,即向下案件,在这种案件中赔偿就不容易发生。通常向下案件,通过刑罚方式来处理。如在我国发生的许霆案,❶在我国语境下,银行与许霆之间的社会地位高低很明显判断出来,从案件始末来看,银行没有打算通过赔偿的方式解决这次纠纷,而是选择了刑事诉讼方式。这就证明了向下案件,赔偿方式解决纠纷不容易发生。三是针对群体的案件比针对个人的案件更具有赔偿性。这涉及赔偿与组织性的关系问题。布莱克指出在部落社会,血缘关系群体总被要求给予赔偿。在现代社会,群体尤其是商业组织经常被起诉要求损害赔偿。如个人受到商业组织侵害时,他们并不想通过刑罚制裁该组织,而是想要金钱解决。❷

第三,责任与社会距离和组织性有关。在现代法律中,责任主要分为三种:过错责任、严格责任和无过错责任。在英美法系中,过错责任既要有损害行为又要有特定的主观性,严格责任仅产生于损害行为,无过错责任既不考虑损害行为又不考虑主观性。从过错责任到严格责任再到无过错责任,可以说责任的范围越来越宽泛。关于责任与社会距离的关系,布莱克指出责任的变化与社会距离成正比。即受害者与侵害者之间关系越疏离,对故意要求越少,责任就越绝对,或者说责任越宽泛。比如两个亲密朋友之间发生了侵害行为,一方要求侵害者承担责任,就要看对方是否故意,如果是过失就可能获得原谅。但是在两个比较疏离的人中发生同样的侵害行为,受害人可能不管主观性的问题,即不管是故意还是过失,都会要求对方赔偿。关于责任与组织性的问题,布莱克指出,群体的责任大于个人责任。也就是说,严格责任和无过错责任标准更经常适用于集体而不是个人。用我国的现实情况可以印证布莱克的观点。如我国的严格责任和无过错责任也主要是适用组织(包括公司),很少适用个人。

通过对布莱克赔偿理论的叙述和分析,他的赔偿理论有一个很明显的关键

---

❶ 许霆案案情:2006年4月21日,广州青年许霆与朋友郭安山利用ATM机故障漏洞取款,许取出17.5万元,郭取出1.8万元。事发后,郭主动自首被判处有期徒刑一年,而许霆潜逃一年落网。2007年12月一审,许霆被广州中院判处无期徒刑。2008年2月22日,案件发回广州中院重审改判5年有期徒刑。案情内容来自百度百科,http://baike.baidu.com/view/1434264.htm,2015年10月30日访问。

❷ 唐纳德·布莱克.正义的纯粹社会学[M].徐昕,田璐,译.杭州:浙江人民出版社,2009:54-56.

词即组织性。从组织性的角度,可以抽出两条比较重要的结论:一是赔偿更容易针对组织而发生。即由组织性数量的增加促使了赔偿的发展,赔偿一般指向组织而不是个人,即赔偿更容易针对组织而不是个人。二是严格责任和无过错责任更多适用于组织。布莱克还指出,在现代社会,还出现了两个现代趋势,一是责任转移,即由个人承担的责任转向组织承担。如发生在深圳的一个案例是从楼上抛下玻璃,而且这个小区正好是临街,结果把一个小孩砸死了,找不到行为人,最后法院判决由物业公司承担赔偿责任。[1] 事实上,物业公司并不是直接的侵害人,由物业公司承担责任表明了一种责任转移。这是当今组织日益增加责任赔偿的一个发展趋势。二是组织依赖。在现代社会,组织的数量和作用日益增长,个人越来越依赖组织,如同中国过去个人依赖家庭一样。在今天风险社会,依靠一个人的力量可能无法承担风险或抵挡风险。如在灾难面前,个人需要依靠组织的帮助才能渡过难关。可以说,布莱克在20世纪80年代揭示出来的两个趋势,在今天变得越来越清晰和贴切。

总之,在传统的法律制裁中,关于责任与赔偿的关系,绝大部分赔偿限定在过错责任上,严格责任和无过错责任只是例外。现在由于人们对组织依赖的增强,正如布莱克描述的一样,越来越多的人在组织中谋生,从组织中获取生活必需品,在组织中学习、休闲和玩耍,现代人离开了组织,任何事情都会变得困难。[2] 因而由于组织性的介入,使得赔偿在责任的要求上变得越来越宽泛,即有更多基于严格责任和无过错责任的赔偿出现,而且有时把责任转向了组织身上。

二、赔偿在我国制裁体系中的过去、现在与未来

(一)赔偿在我国古代法律中的兴起、发展与衰落

从现有的文献记载看,可以肯定的是,自西周以后,已经出现了对侵害他人财产(主要是公产)的行为要求承担赔偿责任的法律规定。不过在先秦时期,侵害国家公物的损害赔偿,法律有专门的规定,以主观过错为追究赔偿责任的重要条件。但涉及私人财产损害赔偿,法律未主动介入,为维护社会稳定,官府极力促成当事人和解。在秦汉时期,相比先秦,赔偿责任扩展到了契约行为,即侵害官私财产和因契约行为产生的损害要承担赔偿责任。田振洪博士指出,秦汉法律涉及赔偿规定大多集中在侵害财产损害赔偿方面,而对人身侵害多采取刑事

---

[1] 王利明:《论侵权法的发展》,2010年9月15日,http://www.civillaw.com.cn/Article/default.asp?id=47424,2015年10月30日访问。

[2] 唐纳德·布莱克.正义的纯粹社会学[M].徐昕,田璐,译.杭州:浙江人民出版社,2009:61.

制裁。❶ 到了唐代出现了侵害财产的赔偿、侵害人身行为的赔偿和因契约行为而产生的损害赔偿三个方面。侵害财产的赔偿主要表现为侵害官私蓄产的赔偿、毁亡官私器物的赔偿、侵盗公私田地的赔偿和因脏罪而产生的赔偿。侵害人身损害赔偿主要表现为蓄产致人伤害的赔偿、过失伤人赎铜入伤损之家、枉入人徒流刑的补偿和保辜。因契约行为而产生的损害赔偿主要表现为违限不偿的损害赔偿、毁亡、侵害财物的损害赔偿以及雇工契约中关于抛工、误工的损害赔偿。虽然在唐代侵害人身行为主要受刑事制裁,但是也会考虑侵害人身行为给受害人带来的财产损失,因此,加害人在承担刑事责任的同时,也会根据实际情况被要求赔偿受害人的经济损害。田振洪指出,唐朝的人身赔偿是作为刑事制裁的附属物,而不是一个独立的责任形式。一般而言,赔偿是由国家向加害人征收一定的铜交给受害人,赔偿受害人只是刑事制度的间接结果。总体上看,唐代法律在注重保护公共利益的同时,也注意发挥损害赔偿制度在维护受害人权益的作用,而且在当时其损害赔偿制度已经比较完善和系统,同时在用赔偿解决纠纷过程中还兼顾了情与法的结合。可以说,从秦汉到唐代,无论国家出于什么目的,规定损害赔偿制度可以起到补偿受害人损失和缓解人际关系紧张的功能,在一定的程度上还有惩罚加害人的作用。❷

唐朝的法律规定有着相当高的水准,损害赔偿的基本框架在唐代的法律中大致地确定下来。田振洪指出赔偿制度虽然从秦汉发展到唐代,但仍然有其不足。一是对人身损害赔偿的范围有限,仅限于几种情形,大部分的人身损害行为将遭受刑事制裁。二是人身损害赔偿只是刑事制裁的附属物。虽然唐代的损害赔偿有其不足,但不影响其损害赔偿制度的基本框架,后面的历朝历代也都是在此基础上的完善和发展。如在元代出现了烧埋银,即对于不法致人死亡的,加害人除了受到刑罚外,还要给受害人的家属一定数额的丧葬费。对于因伤害致残的还要赔付养赡银。在元代的这些做法,被明清所继承,对后世影响较大。如我国现在的《民法通则》第119条就有类似的规定:"侵害公民身体造成伤害的,应当赔偿医疗费、因误工减少的收入、残废者生活补助费等费用;造成死亡的,并应当支付丧葬费、死者生前抚养的人必要的生活费等费用。"可以说,烧埋银和养赡银把在唐代赔偿仅是刑事制裁的附属物地位推进到了赔偿脱离刑罚体系,并成为一种立法直接规定的责任方式。还有就是出现在我国少数民族社会的命价银,如在蒙、藏、傣、彝等少数民族地区流行命价银。总之,继唐代之后,在元明清

---

❶ 田振洪.汉唐时期的损害赔偿制度[D].北京:中国政法大学,2008:60.
❷ 田振洪.汉唐时期的损害赔偿制度[D].北京:中国政法大学,2008:162-167.

时代,把赔偿范围大大地扩展,基本上涵盖了侵害人身损害的各种形态,也把赔偿从依附于刑事制裁中独立出来。

从西周到清末,我国古代法律中,一直存在财产方面的损害赔偿,对于人身损害赔偿,其赔偿范围是逐步扩大,最后基本上适用各种人身损害赔偿形态;其地位由依附于刑事制裁并逐步地成为一种独立的责任方式。纵观我国古代赔偿损害制度,虽然有利于受害人和缓解紧张人际关系,但是其缺陷始终为人们所诟病,对赔偿产生抵触(因为我国长期是刑民不分,所以这里指的赔偿主要是刑罚中的赔偿)。至今人们对刑罚中的赔偿仍抱有抵触态度。一是赔偿(或补偿)受害人部分原因不是因他们及其家属受到了伤害,而是以罪犯情有可原、其罪可免为前提,是出于对罪犯的怜悯。❶ 如古代的赎刑,赎刑在我国历代都有,但制度不尽相同。在古代五刑中,上至死刑,下到杖、笞,都可以赎。如过失杀人不处死刑,以钱赎罪。这虽有其合理性,但从一个侧面反映赔偿是以犯罪人为中心,而不是以受害人为中心。二是赔偿制度被滥用。如赎刑在明朝达到了极致,明朝欲以赎例之宽,济刑律之猛,借赎刑以敛财筹资,笼络、感召官吏,乃不限身份,不限刑级,不囿钱财,广施赎刑。❷ 据历史记载,对无力赎罪者,明朝甚至强迫其设法赎罪,否则即使已过刑期,也"久系不释",天下穷人为多,故常"拘系满狱"。❸ 三是赔偿制度放纵了罪犯。从西周至元代,赎刑有着严格的限制,一般针对过失类杀人。但到了明清时期,对于罪犯而言,只要他有足够的财力,无论情节轻重,都可以钱赎罪,免于处罚。这也是现代反对赔偿的理由之一,对罪犯没有威慑力,不能达到预防犯罪的效果。四是赔偿制度有失公平。如赎刑,会导致"如此则富者得生,贫者独死,贫富异刑而法不一"。❹ 司马迁在《报任安书》中说:"家贫,货赂不足以自赎。"终于受到宫刑。可见赎刑的得益者,主要是富贵之家。

通过对古代损害赔偿制度的梳理和分析,可以简单归纳出我国古代法中的损害赔偿制度的主要不足:以犯罪人为中心,忽视受害人;被滥用可能导致的腐败;威慑不足;对富人有利。这些不足,最终导致了损害赔偿制度在我国法律制裁体系近现代化的过程中衰落。我国现代赔偿理论的存在的问题,其实在我国古代赔偿制度中早就遇到过,我们踏着历史的巨轮重复着过去面临的问题。

(二)赔偿在我国当代法律制裁体系中蹒跚前行——以"赔钱减刑"为例

2010年2月9日,最高法公布《关于贯彻宽严相济刑事政策的若干意见》

---

❶ 张群.元、明、清时期人命赔偿法制研究[D].长沙:南开大学历史学院,2003:22.
❷ 李光灿,张国华.中国法律思想通史(三)[M].太原:山西人民出版社,2001:413.
❸ 张群.元、明、清时期人命赔偿法制研究[D].长沙:南开大学历史学院,2003:21-22.
❹ 张群.元、明、清时期人命赔偿法制研究[D].长沙:南开大学历史学院,2003:21.

（以下简称《意见》），意见明确，被告人案发后对被害人积极进行赔偿，并认罪、悔罪的，依法可以作为酌定量刑情节予以考虑。该《意见》一出，再一次引起"赔钱减刑"的大讨论。因在此之前，2007年广东东莞尝试"赔钱减刑"。❶"赔钱减刑"开始引起人们的讨论。

从2007年到现在，媒体和民众对"赔钱减刑"持负面（或怀疑）的态度，而法律界的法学专家、法官、检察官、警察和律师等给予"赔钱减刑"正面的解读，认为媒体和民众对"赔钱减刑"是一种误读。他们认为之所以会误读有四个原因：对法官的不信任导致公众质疑；报应思想和仇富心态根深蒂固；公共舆论未站在司法专业立场；缺乏相应的配套机制作为支撑等。❷ 从民众对"赔钱减刑"的评论看，可归纳以下几个方面：民众不信任司法人员，担心在执行的过程中出现司法腐败；民众质疑"赔钱减刑"有悖平等，即富人犯罪可以用钱买命，穷人就该死。民众担心"赔钱减刑"社会不安全，一定条件下允许以钱买命，觉得这个社会很不安全，有钱更大程度上能左右别人的生命，而不受应有制裁或制裁太轻微。❸ 民众评论的"赔钱减刑"现象现在面临的境遇与过去损害赔偿制度面临的类似。即"赔钱减刑"中会出现腐败、威慑不足和对富人有利。

但是现在的"赔钱减刑"与过去的损害赔偿制度不同在于：首先，"赔钱减刑"关注到了犯罪人和受害人双方，而过去的损害赔偿关注的是犯罪人，间接的有利于受害人。也就是说，在现代社会受害人的地位上升，受害人在"赔钱减刑"过程中地位很重要，一般会寻求受害人及其家属的谅解或原谅，受害人的意见在案件中起着很大的作用。其次，司法人员的腐败得到有效控制。现在的司法人员与过去的司法官员相比，受到了极大的制约。特别是现在的网络和媒体对司法人员的监督，使得他们在司法过程中相对不敢腐败。第三，并不是所有对被害人做出赔偿的被告人，人民法院都一律给予从轻处罚。对于那些犯罪手段极其恶劣，犯罪后果极其严重，社会危害性大的恶性案件，即使被告人愿意或已经对被害人做出实际赔偿，人民法院仍应依法予以严惩。所以富人并不一定能够用金钱逃避刑罚的制裁。当然，如果富人对被害人积极进行赔偿，并认罪、悔罪的，那么根据量刑情节酌情从轻处罚是宽严相济原则的体现，而不应该是富人就怀疑公正性。第四，赔偿并不一定降低惩罚的威慑效果。威慑效果与惩罚的

---

❶ 广东省东莞市法院在多宗刑事附带民事赔偿的案件中，提倡对民事部分进行调解，并对做出经济赔偿的被告人给予从轻处罚。在一起抢劫杀人案中，被告人就因对被害方的积极赔偿，获得死缓的判决。而像这样的判例在东莞已超过几十宗。这一做法被人们称为"赔钱减刑"。
❷ 彩登枝."赔钱减刑"因何遭误读［N］.法制日报，2007－02－12.
❸ 罗彬."赔钱减刑花钱买命是不是误读［N］.重庆日报，2010－02－10.

确定性、及时性和严厉性有关,所以威慑效果不一定仅仅强调惩罚的严厉性,实际上,确定性和及时性比严厉性更能够起到威慑效果。一方面在现代科技技术越来越发达的今天,犯罪被发现的概率越来越高,这就意味着更容易被惩罚。另一方面,在信息网络发达的今天,一个案件有可能成为全社会的新闻,被告人或犯罪人被推到舆论的风口浪尖上,任由民众去批判指责。我们看到,胡斌案、李启铭案中的被告人在看守所里流下了悔恨的泪,这些曾经高傲的"富二代""官二代"却在舆论的压力下,低下了头,不敢以脸面示人。也许他们宁愿被关得更久,也不愿意曝光在媒体之下。这说明,舆论的谴责不一定就没有严厉性,相反,对某些人可能严厉到了生不如死的地步。

可以说"赔钱减刑"与过去的损害赔偿已经不可同日而语,但是仍然面临着极大争议,这表明赔偿在我国目前还没有被广泛接受。特别是赔偿与刑罚的关系上,远没有达成共识。国家层面和法律共同体大都认可"赔钱减刑"的法律价值和社会意义,即实现权利救济和社会和谐。但舆论和民众担心"赔钱减刑"在执行过程中出现的负面影响。这些担心并不是无的放矢,一是这些负面影响有着深厚的历史原因。因为过去损害赔偿的负面影响,在今天并没有被消除,而只是相对地得到遏制。二是这些负面影响从理论上也没有被解决。我国过去损害赔偿和现在的"赔钱减刑"的负面影响,如威慑不足、补偿不足、社会的谴责性不足等,在现代的赔偿理论中也没有得到彻底解决。所以"赔钱减刑"的争论,也是有着积极意义,它可以促使赔偿的理念得到进一步的深化,以求赔偿理念最终被民众接受或认可。当然除了赔偿理念的阐释之外,还需要在制度上降低"赔钱减刑"负面影响。

虽然"赔钱减刑"引起极大争议,但是在立法和司法上,仍在谨小慎微地推进。在立法上最高人民法院于1999年10月印发的《全国法院维护农村稳定刑事审判工作座谈会纪要》指出:"对于起诉到法院的坑农案件,要及时依法处理。对犯罪分子判处刑罚时,要注意尽最大可能挽回农民群众的损失。被告人积极赔偿损失的,可以考虑适当从轻处罚"。在实践上,如广东东莞的"赔钱减刑"尝试,还有其他地方的法院和检察院的实践。这表明,在国家层面已经接受了赔偿理念,并努力地推行这种理念。就目前而言,"赔钱减刑"的条件受到严格的限制,并且还规定赔钱不是一定就会减刑,以此打消民众的疑虑。总之,赔偿在我国当代法律制裁体系的争议中谨慎前行。

(三)以现代赔偿理论建构我国未来法律制裁体系

在前文中,已指出理念的改变会导致制度的改变,但我国长期有着重刑主义思想,这种思想至今仍然影响着民众的信念。而且长期的威慑主义不仅限制了报应的发展,也限制了修复和赔偿的形成和发展。另外,即使"赔钱减刑"能够在我国现实中施行,也与在本书中提出的赔偿理论相距甚远,我们提出的赔偿理论是以受害人为中心,兼顾犯罪人和社会其他人的结合,是受害人与犯罪人双方主导的司法过程,司法机关是退居其次,隐藏在背后作为最后的保障。而今天的"赔钱减刑"如福柯所言是国家权力策略的运用,司法机关仍然是主导地位,它的试行是因为法院为了激励犯罪人赔偿受害人从而解决执行难的问题,其目的开始似乎并不是很高尚,它是一个很世俗的激励机制。当然不排除客观上都有利于双方当事人,同时也有利于社会的和谐。

不仅重刑思想影响了赔偿理念在我国的扩展,而且由于我国幅员广阔,人员众多,某一种理念从形成到发展最后被普遍接受,也需要一个漫长过程,不可一蹴而就。就拿近年来推行的宽严相济政策来说,一些律师、法官、检察官也并没有领会这种政策的精神,甚至因为他们本身受传统思想的影响,排斥宽严相济的政策,这些法律共同体反妨碍赔偿理念的传播。这说明,一个政策或一个理念要推行,一定得做好先前的准备工作,至少让大部分法律共同体取得价值信念,形成哈特所说的"内在观点"。总之,依据目前现实国情,现代赔偿理论要被我国民众接受还有相当长一段路要走。

三、组织性对我国赔偿责任的影响

通过对我国法律制裁体系从古到今的梳理和分析,证明我国很早就出现了赔偿的法律规定,而且古代法奉行的是结果责任原则,即只要给他人造成损害,就要负赔偿责任,这是一种"有加害事实就有责任"的客观归责原则。[1] 我国古代法奉行的结果责任原则并不是绝对的,在有些因素下还会考虑侵害人的主观动机,从整体上看,侵害人承担损害赔偿责任大小,由受害人财产损失的程度决定。但在大量移植借鉴西方法律,特别是大陆法系的法律,我国法律规定的赔偿转向了过错责任原则,严格责任成为一种例外。虽然我国现代法律规定了过错责任原则,但是在民间仍然受严格责任思想影响,当自己受到了损害,就要求对方给予赔偿,至于对方有没有过错,在很多情况下,受害人并不一定关心。

波斯纳认为,在初民社会存在严格责任,主要是严格责任比过错责任更有效率。[2] 因为信息费用问题,在那时要确定有没有过错,费用很高。那么在国家形

---

[1] 吴汉东.试论知识产权的"物上请求权"与侵权赔偿请求权——兼论<知识产权协议>第45条规定之实质精神[J].法商研究,2001(5):3.

[2] 理查德·A 波斯纳.正义/司法的经济学[M].北京:中国政法大学出版社,2002:201.

成以后,为什么在我国赔偿还仍然坚持严格责任?当然不排除严格责任更经济和有效率,在这里本研究不从波斯纳的经济学进路分析这个问题,而是依据布莱克的社会学的进路分析我国长期存在的严格责任问题。

(一)组织性:从父权本位到人民本位❶

瞿同祖先生认为中国古代法律的主要特征表现在家族主义和阶级概念上,而中国的家族是父系的,亲属关系只从父亲方面来计算,母亲方面的亲属是被忽略的,她的亲属我们称为外戚,以别于本宗。❷ 因此,在父权本位时代,"从家法与国法,家族秩序与社会秩序的联系中,我们可以说家族实为政治、法律的单位,政治、法律组织只是这些单位的组合而已。……每个家族能维持其单位内之秩序而对国家负责,整个社会的秩序自可维持。"❸汉学家达顿认为,在中国传统社会,家庭及其在社群中的延续形式是社会生活的核心;在家庭单位之外和之上并没有具有个体性的主体观念。所有形式的社会规制和调控均是在家庭的基础之上运作。❹ 在新中国成立以后,中国社会由父权本位进入到了人民本位时代,在人民本位下,集体性是社会主义的核心,而在集体性中个体地位也是缺失的。也就是说,在父权本位下是以家庭为核心,在人民本位下以集体性为核心,从父权本位到人民本位,就是从家庭转向了集体,但无论是家庭还是集体,个体性都是缺失的。费孝通指出:"中国的家是一个事业组织,家的大小是依着事业的大小而决定的"。❺ 这表明从古至今组织性在我国社会中一直存在,并起着重要作用。

(二)组织性与我国赔偿制度中严格责任的关系

按照布莱克的赔偿理论,群体促进了赔偿的形成和发展,因为在群体中的赔偿比个人之间的赔偿更可能出现,针对群体的案件比针对个人的案件更具有赔偿性。如果把这个理论用来解释我国古代存在的赔偿现象也是可行的。在传统社会,家庭成为社会的核心,个体性地位缺乏,因此,个体的侵害行为,一般而言会由家族承担责任。家族中个体的侵害行为可能会成为两个家族之间的纠纷。在我国传统社会,如费孝通先生所言是一个熟人社会。在熟人社会发生的纠纷,如果是家族内部发生的损害,这种损害赔偿就不容易发生,因为可能获得宽容;

---

❶ 组织性可以指群体、家庭或集体。从父权本位到人民本位在此是借用:迈克尔·R 达顿.中国的规制与惩罚——从父权本位到人民本位[M].北京:清华大学出版社,2009.

❷ 瞿同祖.中国法律与中国社会[M].北京:中华书局,2007:1.

❸ 瞿同祖.中国法律与中国社会[M].北京:中华书局,2007:28.

❹ 迈克尔·R·达顿.中国的规制与惩罚——从父权本位到人民本位[M].北京:清华大学出版社,2009:12.

❺ 费孝通.乡土中国 生育制度[M].北京:北京大学出版社,2000:40.

如果是发生在两个家族之间因侵害造成的损害,这时就容易发生赔偿;一方面是侵害方的家族尽力想通过赔偿方式修复造成的损害,达成双方的和解,缓解因侵害发生的紧张关系。另一方面若因侵害,被送交官府,侵害人将会受到极为严酷的法律惩罚。因此家庭和社群会尝试在内部来处理那些桀骜不驯的人,尽量的内部处理纠纷,那么赔偿就是化解矛盾的方式。这就是我国古代社会一直存在用赔偿来解决纠纷或作为一种社会控制方式的原因。

自新中国成立以来,集体性成为社会主义的核心。按照布莱克的赔偿理论,在集体中,集体责任大于个人责任,个人责任容易转移由组织承担,因为在集体性下,个体地位缺乏,如果有个体也是在集体性下的个体,受集体约束。当集体中的个人发生侵害行为造成损害,组织会出面进行协调,以赔偿损害的方式达成和解。如果组织中个体无力赔偿,组织会先赔付受害人,然后再向侵害人追偿。但是自改革开放以来,个体从集体性中解放出来,个体越来越获得更多独立性。正如布莱克所言:"越是个人主义的社会,赔偿越少。"❶我们看到,当人们发生纠纷后,越来越多地寻求诉讼方式解决,而不是以赔偿方式达成和解。在现代刑法中,一般也不允许用赔偿方式代替刑罚。可以说,真正反对或减少用赔偿方式解决纠纷,是个体性从家庭和集体性中脱离出来之后。

在家庭和集体性占主导地位的社会,个体地位是缺乏的,按照布莱克的赔偿理论,责任随组织性而变化,而严格责任和无过错责任标准更经常适用于集体而非个人。❷ 正是因为在我国古代社会家庭占据主导地位,所以对赔偿的责任基础一般是以严格责任为基础,这也就是我国古代法中损害赔偿奉行的是结果责任原则,而不是过错责任原则的原因。同时,布莱克还指出,向上的案件比向下的案件更具有赔偿性。这解释了在古代社会个体对国家的侵害一般适用刑罚,国家对个体的侵害一般用赔偿解决。在今天也同样如此,个体对组织或国家的侵害,一般适用刑罚,组织或国家不太愿意和个体之间达成赔偿和解,但是组织或国家对个体的侵害,很难启动刑罚,一般用赔偿方式解决。

总之,基于组织性,导致了在我国传统社会,出现了损害赔偿制度,并且是适用严格责任原则。现在,我国出现了集体性和个体性并列的情形,个体性获得了独立地位,因而在法律中以过错责任原则为主导,以严格责任和无错责任原则为例外。但正是因为我国仍然存在着集体和家庭这样的组织,并在社会中起着重要作用,因此,严格责任和无错责任在适用的过程中相比其他国家要多得多。虽

---

❶ 唐纳德·布莱克.正义的纯粹社会学[M].徐昕,田璐,译.杭州:浙江人民出版社,2009:53.
❷ 唐纳德·布莱克.正义的纯粹社会学[M].徐昕,田璐,译.杭州:浙江人民出版社,2009:58.

然用赔偿的方式解决刑事案件,一般是不允许的,但是在私底下仍然存在大量的用赔偿私了案件。用现代法治理念建构起来的法律制裁体系,仍然面临着组织性的影响,不得不接纳赔偿作为一种制裁形式。

(三)组织性对我国赔偿主体的影响

用赔偿解决纠纷,在现代法治理念和个人主义的影响下,引起人们的争议,特别是用赔偿替代或部分替代刑罚更是引起极大的争论。但因组织性对我国赔偿主体影响深远,导致我国长期存在损害赔偿制度,又因国家法对赔偿范式的挤压,进而形成了我国独特地"私了"赔偿文化。

1. 传统社会用赔偿解决纠纷的作用

赔偿制度在解决纠纷中的作用,一般来说是有利于受害人和有利于缓解对立,本研究在这里将从组织性论证赔偿方式有助于消除对立,维护社会稳定;从严格责任的角度论证赔偿方式有利于受害人。

(1)有利消解对立,维护社会稳定。上述已经论证过,在我国家庭和集体占据重要地位的社会,个体地位是缺乏的,因而个体的侵害行为,其责任主要是集体责任,这个集体责任主要是由家族或(家庭)承担的。由于是集体责任这就为赔偿创造了条件,能够让赔偿得到实现,而不会因个体无能力赔偿,导致复仇或世仇。所以用赔偿的方式有利于缓解紧张的人际关系,也有利于社会的稳定。一方面受害人损害得到赔偿,即在经济上补偿了受害人,一定程度上消除了损害,并抚慰受害人的心理和平复受害人的报复欲望;另一方面,由于刑罚的严酷,加害人也愿意用赔偿的方式解决纠纷。这样也避免了因严酷的刑罚引起加害人及其家属的恨,进而引起新的冲突。如果双方达成和解,也就缓解当事人之间的对立,对稳定社会秩序有利。

(2)补偿受害人的作用。在传统社会,赔偿是基于严格责任,即赔偿责任的成立不以加害人负有刑事责任为前提,而是取决于当事人的违法行为是否造成受害人的经济损失。[1] 这无论是从主观上还是客观上都有利于受害人。严格责任一方面是出于经济效率原因,查清过错信息费用过高所致,但是也与我国存在的组织性有关。不过黄宗智先生指出,我国存在严格责任的原因是由于中国法律的思维模式即实用的道德主义的影响。这种实用道德主义的基本态度是优先考虑解决实际问题,而不是贯彻抽象原则,因此法律很自然地承认现实中过错损害和无过错损害两种情形都是存在的,并不因为形式主义的侵权法构造而忽略

---

[1] 田振洪.汉唐时期的损害赔偿制度[D].北京:中国政法大学,2008:165-166.

后一种情形。❶ 严格责任在我国长期存在的原因可能有争议,但是一个事实不能否定,即严格责任不仅在过去存在,现在仍然存在。只是过去严格责任比现在更广泛实用,现在由于受到现代法治理念的限制,主张法律形式主义,所以,严格责任的范围大大被限制。但从过去严格责任的实际情况看,确实是有利于受害人的损害补偿。

(3)体现对加害人的怜悯和惩罚。赔偿制度有益于受害人,其实并不是国家法律的目的,消除对立,维护社会秩序稳定才是赔偿的目的,赔偿受害人只是国家达到目的的手段。对于加害人的惩罚也是如此。一方面用赔偿减轻或替代刑罚来体现对加害人的怜悯。以赎罪银为例,在开始的时候,赎罪银并不是交给受害人,而是归国家所有。自唐代开始,对于过失杀人的赎罪银才给受害人家属。即使赎罪银给受害人家属,其原因也不是因为损害要赔偿,而是因为犯罪人的罪行可以原谅,❷用赔偿的方式减轻或替代刑罚来表示对犯罪人的怜悯。另一方面用赔偿的方式对罪犯予以惩罚,达到惩戒和遏制的目的。主要表现为惩罚性赔偿。以古代盗窃为例,盗窃要加倍赔偿。如汉代有"盗脏加责",唐律规定"盗者,倍备"。

2. 传统社会赔偿反映出的问题

传统社会赔偿制度因为有利于富人或上层社会的人、威慑不足、有失公平和腐败等,一直遭到人们的诟病,以至于现在一提到赔偿减刑,人们表现出不赞成的反应。在笔者看来,这些负面影响是大家普遍能看到的共识问题,但本文将从组织性的角度,指出赔偿制度在我国反映出一些新问题:即我国缺乏规训的个体和承担责任的个体。

(1)缺乏规训的个人主体。在我国传统社会,家族或家庭占据着重要的地位(今天,家庭仍然在社会中起着重要作用)。中华人民共和国成立至今,集体性占据着重要地位。而且在家庭和集体性占据重要地位的社会,个体性的主体观念是缺乏的。正如俞吾金、李汉林和苏绍智所言,集体性的主要问题在于它没能允许个体性的发展。对于组织体的过度重视导致了个体地位的缺失,只有冲破组织体的樊篱,个体才能被认知为独立的主体。❸ 因此,在传统社会所有形式的社会规制和调控均是在家庭的基础之上运作,然后再由家庭来规制家庭内部成员个体;在当下社会,主要形式的社会规制和调控在组织的基础之上运作,然

---

❶ 黄宗智. 过去和现在——中国民事法律实践的探索[M]. 北京:法律出版社,2009:165.
❷ 赎罪银在很长一段时期,是有着严格限制的,并不是什么罪都可以赎的,只是到了明清时,才扩大化。
❸ 迈克尔·R·达顿. 中国的规制与惩罚——从父权本位到人民本位[M]. 北京:清华大学出版社,2009:14.

后由组织来规制组织的内部成员。也就是说,在传统社会规训的主体是家庭,在现代社会规训的主体是组织体。由此,我们发现在我国从古至今不仅缺乏个体性的主体,而且还缺乏规训的个体性的主体。正如汉学家达顿所说,个体地建构起来的主体形式在中国根本就是一种缺失的话语形式,……在中国我们也找不到关于个体地建构起来的、一言一行均合规训体制的规训主体的观念。❶

由于缺乏规训的个人主体,所以一旦发生侵权或犯罪案件,加害人的家庭或单位就会主动出来和受害人及其家属和解,愿意给予补偿寻求宽恕。从胡斌案、孙伟铭案和李启铭案,我们都看到了犯罪人的家属积极活动,愿意以赔偿争取受害人家属的宽恕。无论过去还是现在家庭与其成员之间有着一种无法割断的牵累关系,这种牵累的力量促使绝大部分加害人的家庭去找"关系",这个关系表现为去找司法机关求情或向受害人及其家属寻求和解等。这正好印证了被人们常说的"打官司就是打关系"。为什么要"打关系"?因为绝大部分家庭无法割断与加害人之间的牵累联系,家庭无法放手不管,个体是在家庭下的个体,个体是一个不受规训的主体。只有当一个规训的个体性的主体观念被普遍接受时,家庭才会从案件中退出不管。正是由于家庭的牵累力量,促使了赔偿数量的增长,而赔偿的过程中规训的个体性主体多少被忽视。正如布莱克所言,越是个人主义的社会,赔偿越少。

(2)缺乏承担责任的个人主体。由于在我国既缺乏个体性又缺乏规训的个人主体,进而导致了也缺乏承担责任的个人主体。在以家庭为规训对象的情况下,对受害人的赔偿主要是由家庭(或家族)来承担。在集体责任下,个人责任往往被忽视,责任主要由集体承担。因为在集体责任下,个人责任边界是模糊不清的,追究个人责任的努力非常困难。名义上的集体负责,如果没有详细分派集体中每个人的责任,就必然会诱发个人不负责任的行为倾向,甚至于彻底湮没个人的责任感。❷ 如在我国存在的"集体决定""组织决定""审判委员会决定"等,这些决定如果造成了对他人的侵害,一般是由组织赔偿,这就忽视了承担责任的个体,没有承担责任的个体,其后果必然是听任错误或失误蔓延。正如哈耶克指出:"如果让人们共同承担责任,而不在同时规定一个共同的义务和协调的行动,结果便经常是无人真正负责。每个人都有的财产实际上是无主财产,那么每人都承担的责任就是无人负责。"❸

---

❶ 迈克尔·R·达顿.中国的规制与惩罚——从父权本位到人民本位[M].北京:清华大学出版社,2009:14.

❷ 韩志明.论制度惩罚与责任个人化原则[J].四川行政学院学报,2007(3):37.

❸ 哈耶克.自由宪章[M].杨玉生,冯兴元,陈茅等,译.北京:中国社会科学出版社,1999:122.

所以，在我国长期的集体性中，个人责任被忽视，以至于在我国还没有完全建立一个由个人主体承担责任的法律制裁体系。虽然现在正在努力建构个体性主体，但是离个体彻底脱离集体成为一个完全的自由的个体性主体还有一段距离，因为目前集体性和家庭仍然在我国有着根深蒂固的影响力。

第六章 结 论

第一节 解释的问题

从胡斌案、孙伟铭案到李启铭案,这三个案件都出现了被告人事后支付受害人家属较高赔偿,而获得法院减轻量刑的情形,这一"赔钱减刑"现象引起舆论和民众广泛争议。同样最高人民法院 2010 年 2 月出台《关于贯彻宽严相济刑事政策的若干意见》(以下简称《意见》)中对被告人案发后对受害人积极赔偿并认罪、悔罪的,也可以作为酌定量刑情节,该《意见》一出台,也引起了广泛热议。我们再看另外一个"王海现象"。"王海现象"其实质就是惩罚性赔偿问题,在开始时,王海打假被称为"打假英雄",其获双倍索赔也能获得法院支持,后来就受到质疑,质疑其身份即知假买假是否为消费者?王海从最初获支持到后来受质疑,说明惩罚性赔偿在法律中仍然受到限制。虽然现在侵权责任法中有所规定,但仍然实行起来不容易。这两个现象说明,在刑法中用赔偿替代或部分替代刑罚不能获得认同,而在民法中惩罚性赔偿也没有获得普遍认同。这些现象背后体现出是刑法的惩罚性和民法的补偿性的理念。这些理念反映出民众没有充分认识到,赔偿作为一种法律制裁方式的作用。

回到第一章提出的论证的起点,我提出了法律制裁的问题,首先是法律制裁是否还有必要?奥斯丁和凯尔森都认为制裁是法律概念的重要组成部分,而哈特却把制裁排除在了法律概念之外。在我看来,奥斯丁和凯尔森强调了法律的强制性一面,哈特强调了法律的承认(或认同)的一面。而且哈特只是认为制裁不是法律概念中的组成部分,但是并不否定制裁的作用,如他在《惩罚与责任》一书中,就强调了制裁(惩罚)的重要性。因此,制裁没有被排除在法律概念之外也没有从社会生活中被排除。

其次是一个国家制裁(惩罚)制度的正当性问题。既然惩罚不能被排除,而且惩罚又被国家大量地运用,特别是刑事制裁,涉及对人的自由限制和生命的剥夺等,一个国家在实施惩罚时一定要给予正当性的理由。关于惩罚制度正当性的基本原理,有人认为是报应,也有人认为是威慑还有人认为是修复。就目前来看,综合论稍占上风,主要是报应和威慑的二元综合。❶ 在我看来,赔偿也可以作为惩罚制度正当性的基本原理,而这是目前为止被忽视的一个领域。当然在西方自1977年巴内特首先提出恢复性司法概念以来,赔偿作为惩罚正当性原理不断被提及,而在我国,赔偿作为惩罚正当性原理却少被提及和研究。然而,我不认为赔偿可以单独作为惩罚正当性的基本原理,而是主张综合论,不过不是现在普遍接受的报应和威慑的二元综合论,而是报应、威慑、修复和赔偿的综合论。

再次是制裁(惩罚)与责任的关系问题。责任是法律制裁的基础,这在我国已经形成共识,本研究在这里并不是否定责任对制裁的基础地位,相反是赞成。因为在坚持责任的基础上,才能建构综合论的惩罚正当性原理基础,这也是我为什么在法律制裁的问题中特别提到制裁与责任的关系的原因。在我国语境下,一般强调威慑作为惩罚正当性原理基础,而威慑是不基于责任之上,这不利于培养责任观念,也不利于人们有一个稳定预期。报应和赔偿是朝后看,基于责任,却可以克服威慑的问题。在法治社会,威慑尽量少用,仅仅根据情形选择性的运用,重要的是要运用赔偿的方式解决纠纷。

本研究主要质疑刑事制裁中不接受赔偿可以起到如刑罚一样甚或更好的效果,以及民事制裁中对赔偿的狭隘理解和运用,仅把赔偿限定在补偿范围。本研究的主要结论就是赔偿可以作为一种更可行和更道德的法律制裁范式。特别是赔偿可以替代或部分替代刑罚,正如巴内特所说,赔偿作为刑事司法的一种新范式。❷

对赔偿作为一种惩罚方式的强调,可以解释民众为什么反对"赔钱减刑"。从民众反对"赔钱减刑"的理由来看,主要是因为法院把"赔钱减刑"作为一种激励机制,即激励加害人赔偿受害人的机制,所以导致民众误认为"用钱买命"。从赔偿作为一种惩罚方式来看,刑事制裁的轻缓化只有在赔偿方式下才能真正实现,因而"赔钱减刑"体现的本质是刑罚的轻缓化或人道化,民众质疑的"用钱买命"只是表面现象,其实质是存在民众心中根深蒂固的威慑思想,因为在民众看来,赔偿的威慑效果不如监禁和剥夺生命来得更有效。而赔偿作为一种惩罚方式,就是要消除民众根深蒂固的威慑思想,用赔偿的方式来实现刑罚的轻缓化和人道化。

---

❶ 如梁根林认为理想的刑罚制度应当对报应和功利进行整合,使报应和功利同时成为说明国家行使刑罚权的正当性、设定刑罚的合理限度的依据。参见:梁根林.刑事制裁:方式与选择[M].北京:法律出版社,2006:29.

❷ Randy E Barnett, Restitution: A New Paradigm of Criminal Justice, Chapter IV Criminal Law, p489.

遗憾的是，目前我国法律制裁体系并没有给予赔偿作为一种惩罚方式更多的发展空间，没有真正的释放出赔偿作为一种惩罚方式的优越性，而更多地看到了赔偿诸多不足：威慑不足、补偿不足和社会谴责不足等，对赔偿表现出悲观的态度。本研究带着一种积极和乐观的心态，认为赔偿将会是未来一种重要的惩罚方式。本研究的目的之一在于告诉人们赔偿比报应、威慑和修复更具有正当性，我们要抛弃对赔偿的偏见，接受赔偿在生活中存在的意义，虽然赔偿存在这样或那样的不足，但是迈出对赔偿接受的第一步，意义重大。

第二节 充分理由[1]：赔偿作为一种更可行和更道德的法律制裁范式

赔偿作为一种更可行和更道德的惩罚范式，不仅仅表明了一种乐观的心态和信念，它还具有充分理由。在本节中将从前面几章的论述中总结为三个方面，作为赔偿范式的充分理由。在第二章中，我们阐述了赔偿是惩罚的一种正当性形式，即论证了赔偿的正当性；在第三章中，我们阐述了赔偿与责任的关系，指出赔偿具有人际性和关联性，也就是说，赔偿能更好地适应社会，平衡各种利益，即论证赔偿的适应性；在第四章中，我们阐述了法律制裁的变迁过程，指出刑事制裁的轻缓化趋势和民事制裁的严厉化的趋势，在这章中论证了只有赔偿才能兼具让刑事制裁变得轻缓化，同时还能让民事制裁变得严厉化，而且指出，只有在赔偿范式下，刑事制裁的轻缓化或人道化才真正成为现实，即论证了赔偿的必然性和人道性。

一、赔偿的正当性

作为一个国家惩罚制度正当性原理基础，最早的是报应主义，即认为报应作为一个国家惩罚正当性原理基础。报应作为惩罚正当性是有其优点，它建立在"应得""责任"和"公平"的基础之上，强调了公平观念并体现了对人的尊重和个人自治。但是报应也有其明显的缺陷，它过于僵化，因为强调了"应得"，导致犯罪必须得到应有的惩罚，而不考虑后果；它过于消极，因为报应是向后看，强调了行为的严重危害性，只有在严重危害性出现时才能启动惩罚；它忽视了其他社会

---

[1] 在这里借用丹尼尔·W.布罗姆利著作的名字，他的著作是《充分理由——能动的实用主义和经济制度的含义》（上海人民出版社，2008年版）。

因素的影响,一个人犯罪并不一定完全是自己自由意志决定,有时还是社会其他因素引起的结果,不考虑社会其他因素,仅仅强调惩罚,是不能解决问题的。正如李斯特所言,最好的社会政策是最好的刑事政策。❶

威慑主义作为惩罚正当性原理,虽然克服了报应主义的三个缺陷,即威慑主义把重点放在行为的后果上,避免了惩罚的僵化;威慑主义是朝前看,避免了消极;威慑主义考虑到了与其他社会的关系。但是威慑主义也有其自身的缺陷,由于其过于积极、考虑行为的后果,导致出现惩罚无辜或放纵有罪者。如果惩罚无辜者更有利于社会大多数人的幸福,那么在威慑主义看来,这是正当的;如果惩罚有罪者会导致更大的灾难或不惩罚对社会更好,那么在威慑主义看来,这也是允许的。威慑主义不仅会导致惩罚无辜或放纵有罪之人,还会出现惩罚的不合比例性。也就是说,在威慑主义下,人成为目的下的工具或手段。

修复主义作为惩罚正当性原理,现在有两种情形,一个是偏向犯罪人的修复,另一个是偏向受害人的修复。不过目前所说的修复主义主要是指偏向犯罪人的修复。把犯罪人看作是一个"病人",惩罚的措施是"治疗",虽然修复主义在一定程度上有利于犯罪人,但是也存在明显不足,"病人"与"正常人"是相对的,谁来判断"正常",一般是由精英们来判断,这就为侵犯人权提供了温床或机会,正如费拉拉所说,无论谁怎样精英,没有权力把他们有关一个正常人的概念强加给其他人。无论是报应、威慑还是偏向犯罪人的修复,都是以犯罪人为中心,忽视了受害人。转向受害人的修复强调了以受害人为中心,保障了受害人的损失得到补偿,这是当今正在兴起的恢复性司法所关注的重点,是未来发展的一个方向,也为我们提出的赔偿理论创造了条件。❷ 但是转向受害人的修复与偏向犯罪人的修复都有不足:威慑不足和责备性不足。

上述报应、威慑和传统修复作为惩罚正当性原理,都有其优点和缺陷,都不具有完全的覆盖性。赔偿相比前三者,具有更为广泛的覆盖性。赔偿向后看,兼具了报应的一面;赔偿涉及了不利后果,不仅强调了补偿性,还强调了惩罚性赔偿,因而也具有威慑一面;赔偿兼具对受害人和犯罪人的双重修复,赔偿以受害人为中心,补偿或赔偿了受害人的损失,达到修复受害人损失之目的,因用经济的方式惩罚犯罪人,避免给犯罪人贴上耻辱标签,有利于犯罪人重新回归社会。也即是说,赔偿兼具了报应、威慑和传统修复的各自优点,因而赔偿具有作为法

---

❶ 梁根林.刑事政策:立场与范畴[M].北京:法律出版社,2005:8.
❷ 转向受害人的修复其实就是我们提出赔偿理论的前提背景,它为赔偿理论的兴起提供了基础。但是转向受害人的修复仍然还处在发展之中。

律制裁（惩罚）的正当性原理基础。但赔偿在解决纠纷时的威慑不足、责备性不充分、有利于富人、腐败等问题，它也不能单独作为惩罚正当性原理基础，而应是综合论，❶即报应、威慑、修复和赔偿的综合论。

二、赔偿的适应性

凯恩认为责任是一种人际现象，基于责任是制裁的基础，由此推出法律制裁也具有人际性的特征。也就是说，法律制裁在实施的过程中，要考虑到受害人、行为人和共同体（社会其他人）三方面，而不能只考虑其中某一方面。在传统的惩罚正当性原理中，报应和传统修复都是以行为人为中心，忽视受害人；威慑也以行为人为中心，虽考虑到了社会其他人，但仍然忽视了受害人。即三者都忽视了受害人。只有在赔偿条件下，以受害人为中心，同时兼顾行为人和社会其他人，才真正地把受害人、犯罪人和共同体三者都兼顾起来了。如赔偿理论主张在一般情况下加害人给予受害人充分赔偿，就不应再对加害人进一步的惩罚，否则在法律上和道德上都是不允许的。只有在特殊情况下，考虑到判决可能影响社会其他人时，才可以给予惩罚性赔偿或刑罚。可以说，赔偿具有极大的适应性，坚持充分补偿为原则，在案件涉及人际性时，又可以例外，适用惩罚性赔偿或刑罚。

诺里认为责任具有关联性，即责任与社会情境之间的关联性。基于逻辑的推理，我们认为赔偿也具有关联性，赔偿的关联性要求把行为人的行为与社会情境或社会背景联系起来，赔偿的额度有时会基于社会情境或背景而变化。这就解释了不同的案件，数额赔偿会有不同。

总之，因赔偿具有人际性和关联性，比报应、威慑和传统修复更好地适应社会的各种情形。我们认为一个国家有能力规制社会，但没有能力预知规制的风险。而赔偿是面对规制风险的最好选择。

三、赔偿的人道性和必然性

邓子滨先生指出法律制裁的变迁是一个历史回归的过程，即从初民社会的宽和到严酷，又从严酷转向宽缓的变迁过程。❷他对法律制裁变迁过程的总体趋势判断是正确的。但是在总体趋势之下，又有所不同。在当今社会，不同法律

---

❶ 在我国也有人提出惩罚正当性原理基础的综合论，不过一般是指报应和功利折中的综合论，本研究的综合论比传统的综合论更广泛。
❷ 邓子滨.法律制裁的历史回归[J].法学研究,2005(6).

部门的制裁并不是一味地变得宽缓,而是一种二元趋势,即刑事制裁的轻缓化和民事制裁的严厉化的趋势。

就刑事制裁的轻缓化来看,表现在两个方面:一是由严酷的肉刑和死刑转向监禁的自由刑,这一转变民众都认为这是一种轻缓化的表现。二是从监禁刑向保安处分、社区矫正等转变,这种转变也被认为是刑罚轻缓化的表现。但福柯却认为这些转变不过是权力策略使用得更隐蔽和更有效的缘由,其惩罚的本质没有改变,即规训和社会控制。因为保安处分和社区矫正中的行为人仍然在国家权力掌控之中,行为人仍然是国家规训的"客体",而不是"主体"。行为人没有自由决定的权利,受害人也没有决定行为人是受何种处遇的权利,而一切最终的决定归结于国家权力。只有赔偿范式才真正地实现了刑事制裁的轻缓化或人道化。按照赔偿理论,赔偿主要是由双方当事人自由意志的协商,国家权力作为背后的保障。对于受害人而言,要求损害得到充分补偿;对于加害人而言,当其给予受害人充分补偿后,国家不得在进一步地给予惩罚;只有在案件涉及了国家和社会其他人的利益时国家才可以施以补偿以外的惩罚。赔偿理论限定了国家权力介入的条件,给予当事人双方自由选择的权利。在赔偿理论下,人成为"主体"而不是"客体",这时赔偿作为刑事制裁范式才真正地实现了轻缓化或人道化。

从严酷的刑罚转向监禁的自由刑,这种变化并不是某个人或某个机构精心策划、刻意推行的。虽然有启蒙思想家提倡人道主义和法学研究者要求刑事制度改革的功劳,但整个事态的推移具有历史必然性,为不同因素相互作用的合力所决定。❶ 同样,由监禁刑向保安处分、社区矫正转变也具有历史必然性。在21世纪,当人们把制裁的中心由犯罪人转向了受害人时,赔偿作为一种主要的惩罚方式也成为历史必然。

总之,赔偿相比报应、威慑和传统修复作为惩罚正当性原理基础,更具有优越性,因为赔偿兼具了三者的各种优势;赔偿具有人际性和关联性,具有更好的适应性;赔偿作为一种主要惩罚正当性原理形式是历史发展的必然性决定的,并且只有在赔偿范式下,刑事制裁的轻缓化或人道化才真正地成为现实,因为赔偿把人从规训的"客体"变成了"主体"。

---

❶ 季卫东.正义思考的轨迹[M].北京:法律出版社,2007:43-44.

参考文献

一、中文类

(一) 专著

[1] 燕树棠.公道、自由与法[M].北京:清华大学出版社,2006.

[2] 张芝梅.美国的法律实用主义[M].北京:法律出版社,2008.

[3] 陈景辉.法律的界限——实证主义命题群之展开[M].北京:中国政法大学出版社,2007.

[4] 刘星.法律是什么[M].北京:中国政法大学出版社,1998.

[5] 刘星.语境中的法学与法律——民主的一个叙事立场[M].北京:法律出版社,2001.

[6] 王立峰.惩罚的哲理[M].北京:清华大学出版社,2006.

[7] 季卫东.正义思考的轨迹[M].北京:法律出版社,2007.

[8] 黄宗智.过去和现在——中国民事法律实践的探索[M].法律出版社,2009.

[9] 王皇玉.刑罚与社会规训[M].台湾:元照出版公司,2009.

[10] 王卫国.过错责任原则:第三次勃兴[M].北京:中国法制出版社,2000.

[11] 戴炎辉.中国法制史[M].中国台湾:三民书局股份有限公司,1978.

[12] 曾隆兴.详解损害赔偿法[M].北京:中国政法大学出版社,2004.

[13] 张文显.法理学[M].第2版.北京:高等教育出版社,2005.

[14] 张文显.法学基本范畴研究[M].北京:中国政法大学出版社,1993.

[15] 朱景文.法理学研究(下册)[M].北京:中国人民大学出版社,2006.

[16] 冯军.刑事责任论[M].北京:法律出版社,1996:12-16.

[17] 郎咸平.郎咸平说:公司的秘密[M].北京:东方出版社,2008.

[18] 蔡枢衡.中国刑法史[M].南宁:广西人民出版社,1983.

[19] 曲新久.刑法的精神与范畴[M].北京:中国政法大学出版社,2003.

[20] 张维迎.信息、信任与法律[M].北京:生活·读书·新知三联书

店,2006.

[21] 强世功.法律的现代性剧场——哈特与富勒论战[M].北京:法律出版社,2006.

[22] 强世功.惩罚与法治——当代法治的兴起(1976-1981)[M].北京:法律出版社,2009.

[23] 周长军,于改之.恢复性司法——法理及其实践展开[M].济南:山东大学出版社,2008.

[24] 周长军,王胜科.恢复性正义的实现——恢复性司法的理论维度与本土实践[M].济南:山东人民出版社,2010.

[25] 张红.司法赔偿研究[M].北京:北京大学出版社,2007.

[26] 陈瑞华.程序性制裁理论[M].北京:中国法制出版社,2010.

[27] 李光灿,张国华.中国法律思想通史(三)[M].太原:山西人民出版社,2001.

[28] 瞿同祖.中国法律与中国社会[M].北京:中华书局出版,2007.

[29] 费孝通.乡土中国 生育制度[M].北京:北京大学出版社,2000.

[30] 邓正来.谁之全球化？何种法哲学——开放性全球化观与中国法律哲学建构论纲[M].北京:商务印书馆,2009.

[31] 邓正来.中国法学向何处去——建构"中国法律理想图景"时代的论纲[M].北京:商务印书馆,2006.

[32] 张曙光.经济制裁研究[M].上海:上海人民出版社,2010.

[32] 陈晓明.修复性司法的理论与实践[M].北京:法律出版社,2006.

[33] 陈兴良.刑法哲学[M].北京:中国政法大学出版社,1992.

[34] 陈兴良.刑事法评论——恢复性司法:一种新型司法模式(第1卷)2005.

[35] 张明楷.法益初论[M].北京:清华大学出版社,1999.

[36] 邱兴隆.关于惩罚的哲学[M].北京:法律出版社,2000.

[37] 邱兴隆.刑罚理论评论——刑罚的正当性反思.中国政法大学出版社,1999.

[38] 马克昌.刑罚通论[M].武汉:武汉大学出版社,1999.

[39] 高铭暄等.刑法学原理[M].北京:中国人民大学出版社,1993.

[40] 徐昕.论私力救济[M].北京:中国政法大学出版社,2005.

[41] 中国大百科全书总编辑委员会.中国大百科全书(法学卷)[M].北京:中国大百科全书出版社,2004.

[42] 梁启超.饮冰室合集[M].北京:中华书局,1989.

[43] 梁根林.刑事政策:立场与范畴[M].北京:法律出版社,2005.

[44] 梁根林.刑事制裁:方式与选择[M].北京:法律出版社,2006.

[45] 苏力.送法下乡——中国基层司法制度研究[M].北京:中国政法大学出版社,2002.

[46] 张芝梅.美国的法律实用主义[M].北京:法律出版社,2008.

[47] 张文显.法哲学范畴研究[M].修订版.北京:中国政法大学出版社,2001.

[48] 韩忠谟.法学绪论[M].北京:北京大学出版社,2009.

[49] 金福海.惩罚性赔偿制度研究[M].北京:法律出版社,2008.

[50] 吕世伦.现代西方法学流派(上卷)[M].北京:中国大百科全书出版社,2000.

[51] 刘作翔.多向度的法理学研究[M].北京:北京大学出版社,2006.

[52] 刘作翔.法理学[M].北京:社会科学文献出版社,2005.

[53] 蔡定剑.历史与变革——新中国法制建设的历程[M].北京:中国政法大学出版社,1999.

[54] 王立峰.论惩罚性损害赔偿[M]//民商法论丛(第15卷).北京:法律出版社,2000.

(二)译著

[1] [澳]迈克尔·R 达顿.中国的规制与惩罚——从父权本位到人民本位[M].郝方昉,崔杰,译.北京:清华大学出版社,2009.

[2] [美]哈伯特·L 帕克.刑事制裁的界限[M].梁根林,王亚凯,周折,译.北京:法律出版社,2008.

[3] [美]劳伦斯·M 弗里德曼.法律制度——从社会科学角度观察[M].李琼英,林欣,译.北京:中国政法大学出版社,2004.

[4] [美]米勒.萨尔金德.研究设计与社会测量导引[M].风笑天,译.重庆:重庆大学出版社,2004.

[5] [美]詹姆斯.实用主义:一些旧思想方法的新名称[M].陈羽纶,孙瑞禾,译.北京:商务印书馆,1997.

[6] [美]杰克·奈特.制度与社会冲突[M].周伟林,译.上海:上海人民出版社,2009.

[7] [意]T·阿奎那.阿奎那政治著作选[M].马清槐,译.北京:商务印书馆,1982.

[8] [英]约翰·奥斯丁.法理学的范围[M].刘星,译.北京:中国法制出版社,2003.

[9] [英]汉斯·凯尔森.法与国家的一般理论[M].沈宗灵,译.北京:中国大百科全书出版社,2003.

[10] [英]哈特 H L A.法律的概念[M].许家馨,李冠宜,译.北京:法律出版社,2008.

[11] [英]哈特 H L A.法律的概念[M].张文显,等译.北京:中国大百科全书出版社,2003.

[12] [美]约翰·菲尼斯.自然法与自然权利[M].董娇娇,等译.北京:中国政法大学出版社,2005.

[13] [美]富勒.法律的道德性[M].郑戈,译.北京:商务印书馆,2005.

[14] [美]博登海默.法理学:法律哲学与法律方法[M].邓正来,译.北京:中国政法大学出版社,1999.

[15] [英]丹尼斯·罗伊德.法律的理念[M].张茂柏,译.北京:新星出版社,2006.

[16] [德]托马斯·莱塞尔.法社会学导论[M].高旭军,等译.上海:上海人民出版社,2008.

[17] [美]唐纳德·J 布莱克.法律的运作行为[M].唐越,苏力,译.北京:中国政法大学出版社,2004.

[18] [德]京特·雅科布斯.规范·人格体·社会——法哲学前思[M].冯军,译.北京:法律出版社,2007.

[19] [美]理查德·波斯纳.并非自杀契约——国家紧急状态时期的宪法[M].苏力,译.北京:北京大学出版社,2010.

[20] [德]柯武刚,史漫飞.制度经济学———社会秩序与公共政策[M].韩朝华,译.北京:商务印书馆,2002.

[21] [美]哈特 H C A.惩罚与责任[M].王勇等,译.北京:华夏出版社,1989.

[22] [德]康德.法的形而上学原理——权利的科学[M].沈叔平,译.北京:商务印书馆,1991.

[23] [美]斯蒂文·J 伯顿.法律的道路及其影响——小奥利弗·温德尔·霍姆斯的遗产[M].张芝梅,陈绪刚,译.北京:北京大学出版社,2012.

[24] [澳]斯马特 J J C,威廉斯 B.功利主义:赞成与反对[M].北京:中国社会科学出版社,1992.

[25] [英]边沁.道德与立法原理导论[M].时殷弘,译.北京:商务印书馆,2000.

[26] [英]约翰·密尔.功用主义[M].唐钺,译.北京:商务印书馆,1957.

[27] [意]贝卡利亚.论犯罪与刑罚[M].黄风,译.北京:中国法制出版社,2005.

[28] [德]格哈德·瓦格纳.损害赔偿法的未来——商业化、惩罚性赔偿、集体性损害[M].王程芳,等译.北京:中国法制出版社,2012.

[29] [德]黑格尔.法哲学原理[M].范扬,张企泰,译.北京:商务印书馆,2009.

[30] [德]汉斯·约阿希德·施奈德.国际范围内的被害人[M].许章润,等译.北京:中国人民公安大学出版社,1992.

[31] [美]波斯纳.正义/司法的经济学[M].苏力,译.北京:中国政法大学出版社,2002.

[32] [美]唐纳德·布莱克.正义的纯粹社会学[M].徐昕,田璐,译.杭州:浙江人民出版社,2009.

[33] [澳]皮特·凯恩.法律与道德中的责任[M].罗李华译,张世泰校.北京:商务印书馆,2008.

[34] [英]艾伦·诺里.刑罚、责任与正义——关联批判[M].杨丹译,冯军审校.北京:中国人民大学出版社,2009.

[35] [法]埃米尔·涂尔干.社会分工论[M].渠东,译.北京:生活·读书·新知三联书店,2008.

[36] [美]迈克尔·戈特弗里德森,特拉维斯·赫西.犯罪的一般理论[M].吴宗宪,苏明月,译.北京:中国人民公安大学出版社,2009.

[37] [美]罗伯特·C 埃里克森.无需法律的秩序——邻人如何解决纠纷[M].苏力,译.中国政法大学出版社,2003.

[38] [美]埃里克·A 波斯纳.法律与社会规范[M].沈明,译.北京:中国政法大学出版社,2004.

[39] [美]迈克尔·瑞斯曼.看不见的法律[M].高忠义,杨婉玲,译.北京:法律出版社,2009.

[40] [美]罗伯特·阿克赛尔罗德.合作的进化[M].吴坚忠,译.上海:上海世纪出版集团,2009.

[41] [美]罗斯科·庞德.通过法律的社会控制[M].北京:商务印书馆,2008.

［42］［美］艾伯特·O 赫希曼.转变参与——私人利益与公共行动［M］.上海:上海人民出版社,2008.

［43］［美］威廉·伊恩·米勒.以眼还眼［M］.郑文龙,廖益爱,译.杭州:浙江人民出版社,2009.

［44］［美］博西格诺,等.法律之门［M］.邓子滨,译.北京:华夏出版社,2002.

［45］［法］孟德斯鸠.论法的精神(上册)［M］.张雁深,译.北京:商务印书馆,1995.

［46］［法］米歇尔·福柯.规训与惩罚:监狱的诞生［M］.刘北成,杨远婴,译.北京:生活·读书·新知三联书店,2007.

［47］［英］吉米·边沁.立法理论［M］.李贵芳,等译.北京:中国人民公安大学出版社,2004.

［48］［意］恩里科·菲利.犯罪社会学［M］.郭建安,译.北京:中国人民公安大学出版社,1990.

［49］［美］丹尼尔·W 布罗姆利.充分理由——能动的实用主义和经济制度的含义［M］.上海:上海人民出版社,2008.

［50］［意］加罗法洛.犯罪学［M］.耿伟,王新,译.北京:中国大百科全书出版社,1996.

［51］［日］田中英夫,竹内昭夫.私人在法实现中的作用［M］.李薇,译.北京:法律出版社,2006.

［52］［美］约翰·罗尔斯.正义论［M］.何怀宏,何包钢,廖申白,译.北京:中国社会科学出版社,2001.

［53］［英］哈耶克.自由宪章［M］.杨玉生,冯兴元,陈茅,等译.北京:中国社会科学出版社,1999.

［54］［英］约瑟夫·拉兹.法律体系的概念［M］.吴玉章,译.北京:中国法制出版社,2004.

［55］［美］埃尔菲·艾恩.奖励的惩罚［M］.程寅,艾斐,译.上海:上海三联书店,2006.

［56］［美］理查德·A 波斯纳.法理学问题［M］.苏力,译.北京:中国政法大学出版社,2002.

［57］［英］安东尼·奥格斯.规制:法律形式与经济学理论［M］.北京:中国人民大学出版社,2009.

［58］［美］米尔斯·C 赖斯.社会学的想象力［M］.陈强,张永强,译.北京:

生活·读书·新知三联书店,2008.

[59][法]卢梭.社会契约论[M].何兆武,译.北京:商务印书馆,2001.

[60][英]梅因.古代法[M].沈景一,译.北京:商务印书馆,1996.

[61][法]古斯塔夫·勒庞.乌合之众——大众心理研究[M].冯克利,译.桂林:广西师范大学出版社,2009.

[62][美]沃尔特·李普曼.公众舆论[M].阎克文,江红,译.上海:上海世纪出版集团,2009.

[63][美]曼瑟尔·奥尔森.集体行动的逻辑[M].陈郁,郭宇峰,李崇新,译.上海:格致出版社,2009.

[64][美]安德鲁·奥尔特曼.批评法学——一个自由主义的批评.信春鹰,杨晓峰,译.北京:中国政法大学出版社,2009.

[65][英]阿蒂亚.ｐｓ"中彩"的损害赔偿[M].李利敏,李昊,译.北京:北京大学出版社,2012.

[66][澳]彼得·凯恩.阿蒂亚论事故、赔偿及法律[M].王仰光,等译.北京:中国人民大学出版社,2008.

(三)期刊论文

[1]胡水君.社会理论中的惩罚:道德过程与权力技术[J].中国法学,2009(2).

[2]苏力.语境论——一种法律制度研究的进路和方法[J].中外法学,2000(1).

[3]刘星.法律"强制力"观念的弱化——当代西方法理学的本体论变革[J].外国法译评,1995(3).

[4]邓子滨.法律制裁的历史回归[J].法学研究,2005(6).

[5]陈兴良,周光权.超越报应主义与功利主义:忠诚理论——对刑法正当根据的追问[J].北大法律评论,1998,1(1).

[6]邱兴隆.穿行于报应与功利之间——刑罚"一体论"的解构[J].法商研究,2000(6):32.

[7]张明楷.责任主义与量刑原理——以点的理论为中心[J].法学研究,2010(5).

[8]陈屹立,陈刚.威慑效应的理论与实证研究:过去、现在与未来[J].经济制度研究,2009(3).

[9][德]Detlev Frehsee.德国刑事法律中的赔偿和犯罪人——被害人和解:发展历程与理论内涵[J].陈虎,译.人大法律评论,2009.

[10] 陈晓明. 论修复性司法[J]. 法学研究,2006(1):57.

[11] 宋英辉,许身健. 恢复性司法程序之思考[J]. 现代法学,2004(3).

[12] 苏力. 复仇与法律——以<赵氏孤儿>为例[J]. 法学研究,2005(1).

[13] 赵秉志,彭新林. 论民事赔偿与死刑的限制适用[J]. 中国法学,2010(5).

[14] 陈光中,葛琳. 刑事和解初探[J]. 中国法学,2006(5).

[15] 戴昕. 威慑补充与"赔偿减刑"[J]. 中国社会科学,2010(3).

[16] 于天敏. 因被告人方赔偿而改判的死刑案件情况分析[J]. 人民检察,2009(8).

[17] 邱清. 经济合同法应对惩罚性违约金和赔偿性违约金作分别规定[J]. 探索与争鸣,1987(4).

[18] 韩志明. 论制度惩罚与责任个人化原则[J]. 四川行政学院学报,2007(3).

[19] 吴汉东. 试论知识产权的"物上请求权"与侵权赔偿请求权——兼论<知识产权协议>第45条规定之实质精神[J]. 法商研究,2001(5).

[20] 刘凌梅. 西方国家刑事和解理论与实践介评[J]. 现代法学,2001(2).

[21] 陈硕. "赔钱减刑"的激励机制[M]//苏力. 法律和社会科学(第五卷). 北京:法律出版社,2009.

[22] 王利明. 惩罚性赔偿研究[J]. 中国社会科学,2000(4).

[23] 周永坤. 论法律的强制性与正当性[J]. 法学,1998(7).

[24] 沈宗灵. 法律责任与法律制裁[J]. 北京大学学报(哲学社会科学版),1994(1).

[25] 姚洋. 制度是人类的有意创造[J]. 财经,2008(21).

[26] 陈刚、李树、陈屹立. 中国犯罪治理的财政支出偏向:选择"大棒"还是"胡萝卜"?[J]. 南开经济研究,2010(2).

[27] 邹爱华. 质疑"法律规范由假定、处理和制裁构成"[J]. 湖北大学学报(哲学社会科学版),2003(4).

(四)学位论文

[1] 吴新民. 柏拉图的惩罚理论[D]. 杭州:浙江大学,2007.

[2] 钱锦宇. 论法律的基本必为性规范[D]. 济南:山东大学,2008.

[3] 余艺. 惩罚性赔偿研究[D]. 重庆:西南政法大学,2008.

[4] 苗炎. 哈特法律规范性理论研究——以法律实证主义传统为背景的分析[D]. 长春:吉林大学,2007.

［5］田振洪.汉唐时期的损害赔偿制度［D］.北京：中国政法大学，2008.

［6］桑本谦.私人之间的监控与惩罚［D］.济南：山东大学，2005.

［7］葛磊.刑事制裁体现近现代史纲［D］.北京：北京大学，2007.

［8］侯雪.刑事损害赔偿法律制度研究［D］.长春：吉林大学，2010.

［9］黄鸿图.惩罚性损害赔偿制度之研究——兼论两岸＜消保法＞之法制［D］.北京：中国政法大学，2006.

［10］陈屹立.中国犯罪率的实证研究：基于1978—2005年的计量分析［D］.济南：山东大学，2008.

［11］杜雪晶.中国非刑罚化论纲［D］.长春：吉林大学，2005.

［12］郭欣.法律强制理论研究［D］.长春：吉林大学，2006.

［13］瓮怡洁.刑事赔偿制度研究［D］.北京：中国政法大学，2006.

［14］冯娜.国家赔偿责任理念与机制研究［D］.长春：吉林大学，2008.

［15］房永凤.被害人权利救济与刑事损害赔偿［D］.济南：山东大学，2007.

［16］姚学勇.恢复性司法制度研究［D］.上海：复旦大学，2008.

［17］杨道弘.纯粹性的追求——Hans Kelsen的基本规范理论［D］.中国台北：台湾大学，民国95年。

［18］陈至求.论民事赔偿对刑罚适用的不当影响及其对策——以湘潭市区基层法院2002—2006年判案为例［D］.湘潭：湘潭大学，2007.

［19］张群.元、明、清时期人命赔偿法制研究［D］.天津：南开大学历史学院，2003.

［20］宋乾.宋代赔偿制度研究［D］.石家庄：河北大学，2005.

［21］刘丽容.密尔功利主义伦理思想研究［D］.兰州：西北师范大学，2007.

［22］杨智晶.试论马克思对惩罚正当性的怀疑［D］.武汉：华中科技大学，2007.

［23］周姬.惩罚本原的法理分析［D］.广州：中山大学，2005.

［24］阮建平.二战后美国对外经济制裁［D］.武汉：武汉大学，2004.

［25］刘超杰.国际政治中的制裁研究［D］.北京：中央党校，2006.

［26］邵亚楼.国际经济制裁：历史演进与理论探析［D］.上海：上海社会科学院，2008.

［27］张金翠.从维护"人权"到防止"威胁"——1989年美国对华军事制裁研究［D］.上海：复旦大学，2007.

（五）电子文献和报纸

［1］赵庄.理性经济人是虚幻的［EB/OL］.http：//www.tianya.cn/publicforum/Content/develop/1/115518. shtml.

［2］季卫东.《规训与惩罚》简评［EB/OL］. http://www. civillaw. com. cn/article/default. asp? id = 23132.

［3］王小东. 法学家的"理性"无权凌驾于公众的"感情"之上［EB/OL］. http://www. caogen. com/blog/infor_detail. aspx? id = 60&articleId = 15911.

［4］António Katchi. 澳门民法典规定之法律行为中的私法上的制裁［EB/OL］. http://www. dsaj. gov. mo/MacaoLaw/cn/Data/prespectiva/issued11/c1. pdf

［5］秦德良."严打"刑事政策及其实践的历史考察［EB/OL］. http://news. sohu. com/20070314/n248708618. shtml.

［6］王利明. 论侵权法的发展［EB/OL］. http://www. civillaw. cn/Article/default. asp? id = 47424.

［7］黄尔梅."赔钱减刑"是误读［EB/OL］. http://www. chinacourt. org/html/article/200903/06/347490. shtml.

［8］周远征. 重庆打黑交卷 1034 名官员被判刑［N］. 中国经营报，2011 - 01 - 29.

［9］陈小瑾. 如何评估重庆打黑运动？［N］. 南方周末人物周刊，2009 - 10 - 27.

［10］陈卫东. 打破"先刑后民"让司法价值回归［N］. 新京报，2005 - 01 - 06.

［11］彩登枝."赔钱减刑"因何遭误读［N］. 法制日报，2007 - 02 - 12.

［12］罗彬."赔钱减刑花钱买命是不是误读［N］. 重庆日报，2010 - 02 - 10.

二、外文文献

［1］Joseph Raz. The Concept of a Legal System：An Introduction to the Theory of Legal System［M］. New York ：Oxford University Press，1980.

［2］Hans Kelsen，Pure Theory of Law［M］. Trans. Max Knight，Berkeley，Los Angeles：University of California Press，1967.

［3］Hart H L A，The Concept of Law［M］. Oxford University Press，1983.

［4］Homles，The Path of the Law. Harvard Law Review，1897，(8).

［5］Ronald Dworkin. Law's Empire［M］. Harvard：Harvard University Press，1986.

［6］GöranDuus – Otterström. Punishment and Personal Responsibility，Göteborg：Göteborg University，Department of Political Science，2007.

［7］Hart H L A. Punishment and Responsibility：Essays in the Philosophy of

Law [M]. Oxford: Clarendon Press, 1995.

[8] Davidboonin. The Problem of Punishment[M]. New York : Cambridge University Press, 2008.

[9] Charles F Abel, Frank H Marsh. Punishment and Restitution: A Restitutionary Approach to Crime and the Criminal [M]. Westport, Conn: Greenwood Press, 1984.

[10] Peter J Ferrara, Retribution and Restitution: A Synthesis[J]. The journal of Libertarian Studies, 1982, v1(2):1982.

[11] Randy E Barnett. Restitution: A new paradigm of criminal justice. Chaper IV Criminal Law.

[12] LeoZaibert. Punishment and Retribution[M]. Aldershot, Hants, England ; Burlington, VT : Ashgate Pub, 2006.

[13] Christine Horne. The Rewards of Punishment: A Relational Theory of Norm Enforcement[M]. Stanford: Stanford University Press, 2009.

后　记

　　本书是在我博士学位论文基础上修改而成的。由于一直想对博士论文再进一步地深入探讨,致使本书拖延至今才得以面世。虽然我尽力想让本书更完整一些,但赔偿问题过于复杂和宽广,一时难以达到预期目标。就此把本书作为一个阶段性的研究成果,算是对关心和支持我的老师、朋友和亲人的一种交代,也是对自我的安慰。这未完成的事业成为我新的起点,在今后工作中我将沿着赔偿这个主题继续探索研究。对于本书,若存在错误与不足,完全是我个人责任,恳请读者批评指正。

　　回顾本书写作,当我决定以赔偿为研究主题时,自己并不相信赔偿可以替代或部分替代刑罚。以至于迟迟不能动笔,可以说思考和内心说服自己的时间要比真正动手写论文的时间还要长。痛苦的煎熬让我左右为难:坚持还是放弃?我这才发现,经过十几年的法律学习,已经让我形成了法律形式主义的思维,而这种思维却成为我动手写作的最大障碍,一个自己就不相信的理念,如何让别人相信。

　　在开题报告中恩师罗洪洋教授指出,我收集整理的国外文献没有了解到最新的前沿动态。于是2010年的初夏,我决定去国家图书馆查英文资料,看看国外最新动态在这方面的研究如何?在查询资料的过程中,了解到国外已经有一些研究,而且比我想象的还要超前。这就给我有了一点信心。同时,近几年在我国热议的"赔钱减刑"现象,也为我提供了现实的素材。经过一年多的时断时续的写作,终于完成了我的博士论文,感到欣慰的是,在写作的过程中,我从一开始拒绝赔偿理念到现在完全接受了赔偿是一种更可行和更道德的制裁方式,这个过程是对自我信念的一种超越。

　　就本书的写作和修改而言,这里我要感谢一些人。首先,感谢我的博士生导师罗洪洋教授。罗老师在选题和开题过程中,给予了我莫大支持和鼓励,没有这种支持和鼓励,我可能坚持不下来。在写作过程中,罗老师提出了诸多具体写作思路和修改意见,我受益匪浅。在论文出版时,罗老师欣然答应为本书作序,也让本书增色不少。其次,感谢导师组的张斌峰教授和张德淼教授。张斌峰老师一直对我很关心,也给了我莫大鼓励,在我写作过程中还给予诸多提点和指导。

张德淼老师在开题报告时,给我提出的宝贵意见和建议,他的建议给了我很好的启发。再次,感谢中南财经政法大学童德华教授,童老师在我论文的选题时给予了启发性的建议。感谢师兄聂长建、韦志明、余继田,我在论文的选题时,和他们进行了多次探讨。感谢何跃军、王广波、兰艳、杨晓娜、马俊同班同学为我论文写作所提供的帮助。感谢刘珂、唐昌皓、李颖、徐明、刘强、徐刚、何园、冉婷等同门师弟师妹对我在论文写作过程中的关心。你们的友谊我永远不会忘记。

最后,感谢我的硕士导师中南民族大学王瑞龙教授,多年来我的每一步成长,都凝聚着他的心血和期盼。感谢我的爱人黄红艳女士,在三年求学中,她分担了我的一些压力,并在生活上给予我照顾,学业上也给予我鼓励。更重要的是,有了你们的支持,才得以使我安心的完成学业。

行文至此,我想把这本书作为一个礼物,献给我的父母。

向朝霞

2016 年 2 月